THE BOOKS

EDITED BY MISHIMASHA

365人の本屋さんが
どうしても届けたい「この一冊」

ミシマ社 編

目 次

はじめに

今年の春先のことです。

「すみません、突然ですが……『これだけは、どうしても届けたい』と思っている本、その一冊を教えていただけませんか？」
私たちは、日頃お世話になっている本屋さんに、こんなお願いをしました。

ふだん私たちミシマ社は、取次店などを介さず直接商品を書店へ卸《おろ》す、「直取引」というスタイルで営業をしています。この営業スタイルには、本屋さんと一体となって「一冊」を届けたいという思いがあります。このような日々のやりとりのなかでなによりも強く感じるのは、「本屋さんってすごいなぁ」ということ。本を見る力、それを届ける力、そして――本を愛する気持ち。本屋さんの存在なくして、どんな名著も存在しえない。そう言い切っても過言ではないと実感しています。
その本屋さんたちが「この一冊だけはなにがなんでも届けたい」と思っている本があれば、それは個人的にもぜひとも知りたいですし、その一冊を一人でも多くの方に「届け」ないわけにはいかない。
このように考えたのが、本企画の原点でした。

実際のところ、2009年7月に創刊したウェブ雑誌「平日開店ミシマガジン」（www.mishimaga.com）の「今日の一冊」を通じて、日々、感じていたことでもありました（「今日の一冊」では、全国の書店員さんに週替わりで登場いただき、平日毎日、おすすめの一冊をご紹介いただいています)。書店員さんが「一冊」を紹介するその筆致には、なみなみならぬ「体温」がこもっていて、「これは読みたい!」と一瞬にして思えます。ばかりか、「この本を紹介する方のいる、このお店に行きたい!」という衝動にも駆られます。ですから、実をいうと本書は、私たち自身がもっとも欲していた本ともいえるのです。

ともあれ、こうして全国365書店の書店員さんたちに「この一冊」を選んでいただきました。選書条件はただひとつ、「絶版本」ではないこと(でないと、「届く」ことがむずかしくなりますからね)。
結果、絵本、小説や教養書、科学書、ビジネス書、啓発書などは当然として、ジャンル分け不可能な(奇想天外な?)本までも出てきました。もちろん、これまで読んだことのなかったような類の本も。が、摩訶不思議、そんな本も本屋さんの推薦文を読めばヨダレが出そうな「絶品」本へと大変身……。

「本が好きになった!」という方、「もともと本が好きだったけど、もっと好きになった!」という方で、日本中を包み込みたいなぁ。
本にかかわる私たち全員のそんな願いとともに、本を愛する皆さまとこれから本が好きになる皆さまへ、心からの感謝をこめて本書をお贈りいたします。

2012年7月　ミシマ社代表 三島邦弘

本書の編集方針

▷一日一冊本を読むとしたら……こんな365冊はいかがでしょう？

▷どの本も、書店員さん直筆の手書きキャッチコピーとともに紹介しております。

▷ちなみに、選ばれた365冊はすべて違う本です。

▷「ページ左上」の日付は、その日に読むといいかも、という一案です。書店員さんにご提案いただいた日もあれば、編集部のほうで選んだ日もあります。あくまでも一案ですので、お好きな日にお好きな本を読まれるのが、一番のおすすめです。

▷その「一冊」の「次」に読むのをおすすめする本も選んでもらいました。この「次の一冊」は、メインの365冊と重なっていることもあります。

▷「ページの一番下（左）」には、選書くださった書店員さんのお名前とその本屋さんの情報（書店名、住所、電話番号）を掲載しております。巻末には、「365書店MAP」もあります。

▷「ページの一番下（右）」には、ミシマ社メンバーからの「担当ひとこと」コメントをそえました。＊わ：渡辺佑一、く：窪田篤、は：林萌《めい》、ほ：星野友里、み：三島邦弘

▷各月の扉に、その月に並べた本の特徴を記しています（「1月――一年のはじまりは名作で」など）。ただし、その限りではありません。どの月にも、あえて他ジャンルの本を入れるようにしました。ジャンルに関係なく、面白い本は面白い、というのが本書編集の思いです。

と、いろいろ申しましたが、本書の楽しみ方、読み方は、まったくの自由です。
読んで、触れて、書いて……皆さまの意の向くままに、ご活用いただければこれほど嬉しいことはありません。

1月

一年のはじまりは名作で

January

『新訂　方丈記』

鴨長明《かものちょうめい》（著）、市古貞次《いちこていじ》（校注）

岩波文庫｜1989年｜151ページ｜定価：540円（税別）

ISBN：9784003010013

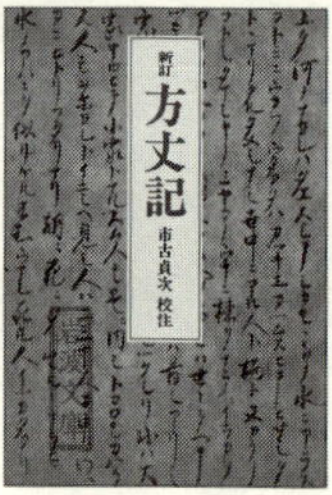

寂寥の深さで
人生は決まる　だからこの一冊

昭和54年、大学を卒業し、最初に勤めたのは金沢のFという書店だった。そのF書店の社長の葬儀の席で、社長の奥さんから一冊の本を手渡された。その本は書き込みでふくれ、ページがはずれた、ボロボロの『方丈記』だった。社長はいつも背広のポケットに入れ、ひとりバスや電車に乗るとそれを読んでいた。人生の哀楽、そんなことを形見分けしていただいた『方丈記』を見るとつくづく感じる。人生を辿《たど》っていると、人は寂《せき》寥《りょう》の凹《くぼ》みを心に数多く負うものであろう。後悔ばかりが心にたまっていく。その癒しのひとつとなるものが本であることは、書店人としてのささやかな喜びと思う。

次の一冊　『ブリューゲルへの旅』中野孝次著／文春文庫
苦悩していたあの頃、この一冊は青春のよき伴走者だった。

金高堂朝倉ブックセンター
新山《しんやま》博之さん選

〒780-8085
高知県高知市大谷公園町20-15
TEL 088-840-1363

誠実、そして堅実。人々が本にふれあえる心の広場。ベテラン書店員、新山さんの存在がお店の魅力です。く

Date
Jan. 2

No. 002

『原色　小倉百人一首 ——朗詠CDつき』

鈴木日出男、山口慎一、依《よ》田《だ》泰《やすし》

文英堂｜2005年｜143ページ｜定価：850円（税別）
ISBN：9784578100829
装丁：奥野章（Graphic Design Office EDDY）

お正月には 小倉百人一首は いかがですか？

競技かるたとしても近年注目されてきた百人一首。よくお客様に「簡単に読めて、でもちゃんとした百人一首の本は何かない？」ときかれるのですが、そんなときコレをおすすめすると百発百中！「きれいね」「わかりやすいわ」「安いのね」（笑）と大好評間違いなしです。再来店時お礼を言われたことも一度ではありません。書店員としての私の株を上げてくれる一冊をこっそり（？）紹介します。写真も豊富に載《の》っていて、学生さんから年配の方まで幅広く楽しんでいただけます。これを読んで来年のお正月は家族かるた大会など開催されてはいかがでしょうか？

次の一冊　『日本の古典をよむ（9）源氏物語（上）』紫式部（原著）、阿部秋生、秋山虔《けん》、今井源《げん》衛《え》、鈴木日出男（校訂・訳）／小学館
これを機に古典に触れてみては？ このシリーズは読みやすいですよ。

くまざわ書店グランデュオ蒲田店
張替《はりがえ》綾さん 選

〒144-0052
東京都大田区蒲田5-13-1
グランデュオ蒲田東館6F
TEL 03-3737-5351

コミックから専門書やちょっと堅めの読み物まで、しっかり並んでいて、ついつい長居してしまいます。わ

Date
Jan. 3

No. 003

『食う寝る坐る　永平寺修行記』

野々村馨《かおる》

新潮文庫｜2001年｜411ページ｜定価:629円(税別)
ISBN:9784101231310｜装丁:新潮社装幀室

平凡なことにこそ真理がひそんでいる!

30歳で会社を辞めて1年間の永平寺での修行体験を綴《つづ》ったノンフィクションです。私たちの生活は、頭を働かせ、体を動かしながら、時の空白を何かで埋めることに汲々《きゅうきゅう》としている感じがします。本書の中で、著者がふと日の光に気づき、その暖かさに驚く場面が出てきます。人間はどうしても劇的なものや変化に富んだものに魅力を感じがちですが、日常の何気ないものの中にこそ、私たちが気づかなくてはいけない何か大切なものがあるのかもしれません。生きるということから余計な思惑《おもわく》やしがらみをとっぱらってしまえば、少しは生きやすくなるはずですよ。

次の一冊　『ひなた弁当』山本甲士著／中公文庫
人間は生きようと思えば、何をしたって生きてゆけるのだ!

恭文堂書店学芸大学店
菅原豪さん選

〒152-0004
東京都目黒区鷹番3-3-19
TEL 03-3712-4049

地元で老若男女から愛される老舗の本屋さん。小さいけれど、ほしい本がそろっている、そんな頼もしいお店です。ほ

Date Jan. 4　No. **004**

『100万回生きたねこ』

佐野洋子

講談社｜1977年｜31ページ｜定価：1400円（税別）

ISBN：9784061272743

100万回読んでも、100万回の感動があります。

甥《おい》と姪《めい》へのプレゼントとして買って、読み聞かせをしていたら、自分が泣いてしまいました……。幼い頃に読んだときは、悲しい猫の話、としか思わなくても、大人になるにつれ、より深く、この絵本のよさがわかってくるはず。こんなに短い物語の中で、こんなにも深く愛を感じることができる作品は、そうそうないと思います。読み継がれるには理由がある、と思わせてくれる、何度読んでも色あせることのない感動を与えてくれる作品です。

次の一冊　『コッコロから』佐野洋子著／講談社文庫
佐野洋子の魅力がわかったところで、小説もどうぞ！　可愛いです。

あゆみBOOKS五反田店
中村百花さん 選

〒141-0031
東京都品川区西五反田1-31-1
日本生命五反田ビル1F
TEL 03-5436-7031

オフィス街かつ繁華街、五反田の喧噪にあって、その佇まいは街のオアシス。一歩入れば心落ち着き、知的興奮が味わえる。わ

2016年春より、TSUTAYA BOOKSTORE五反田店として営業中。

『壬生義士伝《みぶぎしでん》(上)』

浅田次郎

文藝春秋｜2000年｜390ページ｜定価:1524円(税別)
ISBN:9784163191409｜装丁:坂田政則

「壬生義士伝」映画にもテレドラマにもコミックにもなっていますが
この作品こそ、ぜひ、活字で読んで欲しい。

浅田次郎最初の時代小説として刊行されて十数年。未だに読み返すたびに涙があふれる作品。映画、ドラマ等でも描かれていますが、『壬生義士伝』は活字で味わってほしい作品です。南部藩脱藩浪士である新撰組隊士・吉村貫一郎が鳥羽伏見の戦いで傷つき、南部藩蔵屋敷に逃げ込むシーンから始まる。今まですすめてきた人の中には、きつい南部訛《なま》りに詰まってしまったという声もありますが、これが後から効いてくるんです！元隊士や教え子たちから語られる彼の生涯がそれぞれの証言で綴られ、その積み重ねが一気にスパークする後半に至ってのカタルシスは、これぞ小説ならでは！ と思います。(全2巻)

次の一冊　『終わらざる夏』浅田次郎著／集英社
新撰組三部作もよいですが、こちらもおすすめ。

サクラ書店平塚駅ビル店
柳下《やぎした》博幸さん 選

〒254-0034
神奈川県平塚市宝町1-1
平塚ステーションビルラスカ5F
TEL 0463-23-2751

「読者も書店も楽しいお店」を目指している柳下店長もまた、とっても楽しい素敵な方です！
わ

ミシマ

『自分の感受性くらい』

茨木《いばらぎ》のり子

花神社｜2005年｜93ページ｜定価：1900円（税別）
ISBN：9784760218158｜装丁：茨木のり子

どこまでも きびしく、
かぎりなく やさしい 詩の常備薬

「自分の感受性くらい／自分で守れ／ばかものよ」。あまりに峻烈《しゅんれつ》な詩句です。しかし彼女の詩に耳を澄ますうち、ナイフのように鋭いその表現は、どこまでも誠実に生きようとするひとりの人間の、偽りなき心の声であり、人間存在への信頼に基づくほんとうのやさしさであることに思い至るのです。戦後を代表する国民的詩人である彼女の作品は、現代詩文庫などでまとめて読むこともできますが、一篇一篇丁寧に、美しくレイアウトされたこの詩集の重厚な存在感は格別です。心が疲れたとき、挫《くじ》けそうなとき、何度でも読み返したい、常備薬のような詩集です。

次の一冊
『春を恨んだりはしない――震災をめぐって考えたこと』池澤夏樹著／中央公論新社
震災後の世界を、前を向いて力強く生きるために必読の一冊。

ACADEMIA港北店
桜井信夫さん選

〒224-0003
神奈川県横浜市都筑区中川中央1-25-1
ノースポート・モール3F
TEL 045-914-3320

話題の本から専門書まで、硬軟交えた幅広い品ぞろえは港北ニュータウン随一。中央通路のフェア台は要注目です。わ

『台所のおと』

幸田文《こうだあや》

講談社文庫｜1995年｜297ページ｜定価：514円（税別）
ISBN：9784062630276｜装丁：菊池信義

感性の鋭さに嘆息。

この本との出会いは学生の頃。当時は特に印象に残っていなかったのですが、10年余を経て再び読み始め……結果、打ちのめされました。その感性の鋭さに。小編10編すべて、読み進めるごとに幸田文さんその人の佇《たたず》まいが伝わってきます。日常の出来事をこんなに細やかに、丁寧に切り取る感受性。またその言葉の使いかた。素敵な女性になるための指南本は世に数あれど、この一冊で十分と思えるほど、たくさんのものが詰まっています。背筋が伸び、新しい気持ちになれる一冊。これから何年たっても色《いろ》褪《あ》せず、ずっと書店の棚に置かれているだろうと確信しています。

次の一冊　『芝桜』有吉佐和子著／新潮文庫
女性ならきっとわかる、この感じ。こういうタイプ、いますね……。

紀伊國屋書店名古屋空港店
牧岡絵美子さん選

〒480-0288
愛知県西春日井郡豊山町豊場林先1-8
エアポートウォーク名古屋401
TEL 0568-39-3851

名古屋空港に行った際は、ここに立ち寄らないと絶対損！ 飛び立つ飛行機を眺めながら、至福の本選びをぜひ。

『文房具56話』

串《くし》田《だ》孫《まご》一《いち》

ちくま文庫｜2001年｜256ページ｜定価：680円（税別）
ISBN：9784480036063｜装丁：吉田篤弘＋吉田浩美

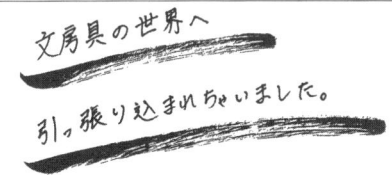

文房具の世界へ
引っ張り込まれちゃいました。

私が現在勤めているお店では、本とステーショナリーを中心とした雑貨も取り扱っているのですが、数年前は、まだ雑貨のことを何も知らなかった私に本とはまったく違う雑貨の魅力を教えてくれたのが本書でした。著者の串田孫一さんといえば、“山”に関する随筆などを思い浮かべる方も多いかもしれませんが、本書は著者の生活の中での“文房具”とのエピソードをアイテムごとに切り取ってあり、文房具の奥深さも知ることのできる一冊です。私にとって1年の始まりの月に初心を思い返させてくれる大切な本です。カバーデザインは吉田篤弘＋吉田浩美。素敵です。

次の一冊

『TooLs 2012　REAL STUFF for FUTURE CLASSICS――USERS GUIDE BOOK』HUgE編集部編／講談社
文房具の次は道具の本です。

FUTABA＋京都マルイ店
明石郁美さん選

〒600-8567
京都府京都市下京区四条通河原町
東入真町68番地 京都マルイ6F
TEL 075-222-5528

日本初!? デパートと融合した本屋さん。各フロアに、それぞれのコンセプトを持った書棚が並びます。

2017年1月に閉店。

『マイ・バック・ページ
──ある60年代の物語』

川本三郎

平凡社｜2010年｜221ページ｜定価：1200円（税別）
ISBN：9784582834840｜装丁：本山木犀

「男」を磨くのだ！

近年の映像化の中で、これはしたり！ と思わず叫びたくなったものは、テルマエ何とかではなく、私にとってはこの本。いったい、どう映画にするの？ そういえば、この作品を映画化へと秋波《しゅうは》を送る関係者がいると川本氏が語っていたか。イケメン映画（川本役が妻夫木聡！）の評価はともかく、古書でしか購入できなかった本書が新刊書店で手に入る。政治やジャーナリズムも興味がない。センチメンタリズムや暴力も関心がない。が、CCR、宮沢賢治、真夜中のカーボーイ……これらの言葉に心くすぐられしものよ、読んで「男」を磨くのだ！

次の一冊　『本と映画と「70年」を語ろう』鈴木邦男、川本三郎著／朝日新書
これも一緒に読むのだ。

戸田書店上越店
渡辺憲彦さん㊜

〒943-0171
新潟県上越市藤野新田字上長池228
TEL 025-527-3311

春日山城下を流れる関川に架かる「謙信公大橋」そばのショッピングモールに位置し、地域文化を担う書籍雑誌専門店。ⓦ

『猛《たけ》き箱舟（上）』

船戸与一

集英社文庫｜1997年｜616ページ｜定価：838円（税別）
ISBN：9784087486360｜装丁：安彦勝博

心を温めてくれる小説は、いくつも知っていても、
魂に火を点ける小説を知らないすべてのひとへ!!

まず上巻17ページまで立ち読みしていただきたい。「二分後に一次攻撃開始……」の先を追わずにはいられなくなり、あっという間にプロローグである、「ある隻腕《せきわん》の死者のおぼろな肖像」を読みきるや慄《おのの》き、レジへと走ってしまうことだろう。本作は、野心に燃えるひとりの青年の壮大なる成長譚《たん》であり、あまりに壮絶で哀しい愛情の物語であり、そしてわが国最高の復讐の物語である。いま一冊売るごとに、読まれるごとに、日本人が失ってしまった熱量を取り戻せると確信する、これぞ欺瞞《ぎまん》と醜《しゅう》聞《ぶん》が吹き荒れる世で魂に火を点けたい者たちが携えるべき凶暴なる聖典だ！（全2巻）

次の一冊

『女王陛下のユリシーズ号』アリステア・マクリーン（著）、村上博基（訳）／ハヤカワNV文庫
誇り高き男たちの姿に熱き涙があふれる、「魂の教養書」決定版！

ときわ書房本店
宇田川拓也さん選

〒273-0005
千葉県船橋市本町4-2-17
TEL 047-424-0750

入口すぐからいきなり圧倒される。エンタメ系が圧倒的で好きな方なら何時間でも居られるだろう。宇田川さんすごい。わ

Date
Jan. 11

No.
011

『エルマーのぼうけん』

ルース・スタイルス・ガネット（作）、
ルース・クリスマン・ガネット（絵）、
わたなべしげお（訳）

福音館書店｜1963年｜116ページ｜定価：1200円（税別）
ISBN：9784834000139｜装丁：辻村益朗＋大野隆介

思い出の1冊に!!

この本は1963年に初版が発行され、2012年4月時点で145刷という名作中の名作です。私自身も子どもの頃に読み、強く印象に残っている一冊です。お話は主人公のエルマーが、びしょぬれのネコに話しかけたことからはじまります。若い頃、旅行家だったネコは、空を飛んでみたいエルマーに綱《つな》につながれたりゅうがいることを話し、そこから“エルマーのぼうけん”がはじまります。この本はほかに「エルマーとりゅう」「エルマーと16ぴきのりゅう」の全3冊で、裏表紙に地図もついているので、それを見ながらエルマーと一緒に冒険してみてください。

次の一冊　『兎の眼』灰谷健次郎著／角川文庫

流泉書房パティオ店
大橋崇博さん選

〒654-0154
兵庫県神戸市須磨区中落合2-2-1
須磨パティオ専門店一番館2F
TEL 078-792-6007

須磨の本屋といえば、流泉書房！お客様との距離が近い、アットホームな本屋さんです。店長の大橋さんは、こわ面ですが（笑）。(く)

Date
Jan. 12

No. **012**

『こども東北学』

山内明美

よりみちパン!セ｜2011年｜152ページ｜定価：1200円（税別）
ISBN：9784781690209｜装丁：祖父江慎＋柴田慧（cozfish）

東北を知ることは
今の自分を見つめ直すことなんだ

「どうして原発をつくってきたの？」と10代の子どもに聞かれたらどう答えますか。巷《ちまた》では原発や放射能関連本が目白押しに出版され、心ある大人は必死に勉強中。でも、生まれたときから電気を使い放題している普通の子どもたちに伝えるべきことはほかにもある。3.11以降、立ち止まって考えることのひとつとして、日本の中央から見た“東北”を知っていくこと。東北の過去と現在、そして未来を見つめる著者のまなざしはどこに住んでいようと無関係ではありません。子どもの問いに向き合うための指針がこの本の中に。大人もぜひ読んで。

次の一冊
『父さんの手紙はぜんぶおぼえた』タミ・シェム＝トヴ（著）、母《も》袋《たい》夏《なつ》生《う》（訳）／岩波書店
父親の手紙が娘に生きる希望を与えた。ユダヤ人の少女の実話。

こども冨貴堂
土井美千代さん選

〒070-0037
北海道旭川市7条8丁目買物公園
TEL 0166-25-3169

お店の佇まい、売場の雰囲気、その空気感から「本と人との出会いを大切にする」想いがあふれる児童書専門店。最高です。わ

『あなたの中のリーダーへ』

西水《にしみず》美恵子

英治出版｜2012年｜213ページ｜定価：1600円（税別）
ISBN：9784862761361｜装丁：英治出版デザイン室

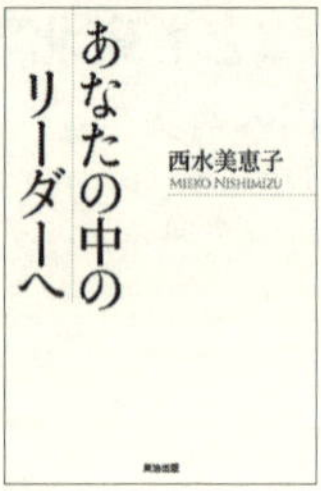

今、「本気のスイッチ」入ってますか？

世界銀行副総裁として「貧困のない世界を創る」という使命のもと、組織文化の改革に取り組んでこられた西水氏。ブータン国王とも親交が深く、本著では幸せのあり方にも言及する。思いがけないご縁で、当店で講演会をしていただいたときのこと。質疑応答での一幕。「人間一人の力は微力である。しかし、けっして無力ではない」と、西水氏は静かに、そして確信を持って答えられた。日本の将来を憂《うれ》い、「本気」になれば何だって変えられるという氏のメッセージを少しでも多くの人に伝えたい。いま、困難に立ち向っているすべての人へ。心が熱くなり勇気づけられる一冊。

次の一冊
『「福」に憑かれた男——人生を豊かに変える3つの習慣』喜多川泰著／総合法令出版
一冊の本との出会いで人生は変わる！ 本当ですよ。

石堂書店
石堂智之さん選

〒222-0011
神奈川県横浜市港北区菊名1-5-9
TEL 045-401-9596

地元著者の講演会やワークショップを企画し、西水氏を招いたこともある石堂さん。「街の本屋に何ができるか」に挑む。わ

Date
Jan. 14

No. 014

『えいやっ！ と飛び出す あの一瞬を愛してる』

小山田咲子《おやまださきこ》

海鳥社｜2007年｜301ページ｜定価：1600円（税別）
ISBN：9784874156490｜装丁：海鳥社

私たちにはたぶん居場所が必要だ。
生きている人の 手や 心の中に。

24歳で急逝《きゅうせい》した著者が感じたこと、考えたことが綴られている。日常のささいなこと、ふと抱く未来への形のない不安や希望、旅、家族、恋愛。読み返すたびに彼女が私の中に息づき、その言葉が何かを形づくる。無力感を感じる夜には「前向きにならずには、強くもなれない」と励まし、何かをやりたいと思うときには「ある人が、何かを本気でやりたいと思った時、その人以外の誰も、それを制止できる完璧に正当な理由など持ちえない」と背中を押す。そして彼女は、私に自らとの向き合い方を示し、知らなかった世界が景色の外にもあると教えてくれる。

次の一冊　『豆腐屋の四季——ある青春の記録』松下竜一著／講談社文芸文庫
生きるということの困難さの中に射す希望という一筋の光。

リブロ別府店
祐保《すけやす》博美さん選

〒874-0920
大分県別府市北浜2-9-1
トキハ別府店4F
TEL 0977-73-8090

温泉と猫で有名な町、別府にあるアットホームな本屋さん。ここで買った本を片手に、のんびり温泉巡りがおすすめです。

『死にゆく者からの言葉』

鈴木秀子

文春文庫｜1996年｜281ページ｜定価:505円(税別)
ISBN:9784167271046｜装丁:油野誠一

特に86頁の「まんどろお月さま」には涙が止まりません。

あるとき、文藝春秋の編集の方からTELが。「くすみさん、この本の注文をいつもたくさんいただきますが、今までどのくらい売ってますか?」「毎月30冊くらい売れてますねえ。えーと10年位続いてますね」「え、そんなに! 日本で一番売ってますよ」「……」ということで、そのことが帯になりました。ちなみに、上のキャッチコピーをPOPにして本に付けてます。きっとそのおかげでしょう。内容は、シスターの鈴木秀子さんと、ガイアシンフォニーに登場する森のイスキアの佐藤初女《はつめ》さんが死のせまった人たちと対話する話です。特に年配の方におすすめで、おすすめした方全員に喜ばれる本です。

次の一冊
『国銅』帚木蓬生《ははきぎほうせい》著／新潮文庫
ミステリーでもサスペンスでもない。天平時代の名もない地味で平凡な男の姿になぜ、これほどに惹きつけられるのか。

くすみ書房大谷地店
久住邦晴さん選

〒004-0041
北海道札幌市厚別区大谷地東3-3-20
キャポ大谷地
TEL 011-890-0008

「売れない文庫」や「中学生はこれを読め」など、ちょっと変わった棚のある街の本屋さん。ほかにも秘密がいっぱいです。わ

2015年6月に閉店。

『人間の建設』

小林秀雄、岡潔《きよし》

新潮文庫｜2010年｜183ページ｜定価：400円（税別）
ISBN：9784101007083｜装丁：新潮社装幀室

この2人がもしまだ生きていたら、今の日本を見て何て言うだろう。是非聞いてみたい。

今まで、小説ばかりの私の読書を変えた一冊です。昭和の知性・小林秀雄と世界的な数学者・岡潔のハイレベルな雑談。個性とは何か、日本人の情緒とは……。二人の好々《こうこう》爺《や》がかわす言葉のキャッチボールは、含蓄がありすぎて、1回読んだだけではもったいない。何度も何度も読んで、そのたびに発見がある、よい本です。僕はこの本がきっかけで、小林秀雄が好きになり、講演会のCDや著作を買うようになりました。店ではもちろんワゴンで、自前のCDを流しました！（笑）

次の一冊
『日本辺境論』内田樹著／新潮新書
読んだ後、絶対こう思う。「うわぁ、オレ、辺境人だぁ」。

ACADEMIAくまざわ書店橋本店
岸孝行さん選

〒252-0146
神奈川県相模原市緑区大山町1-22
アリオ橋本店1F
TEL 042-700-7020

アリオ内にあって500坪と大きいお店。ACADEMIAらしい品ぞろえはもちろん、通路も広くて、ゆったり本が選べます。わ

Date
Jan. 17

No. **017**

Page
024

『働く君に贈る25の言葉』

佐々木常夫

WAVE出版｜2010年｜190ページ｜定価：1400円（税別）
ISBN：9784872905007｜装丁：奥定泰之

学校や、家庭や、会社で働く。
すべての人に贈りたい一冊です。

自店の所属する商業施設で、接客ロープレのコンテストがあった。書店員である私が持参するのは、当然書籍だが、真っ先に浮かんだ候補作が『働く君に贈る25の言葉』だ。前著『そうか、君は課長になったのか。』と同様、奇をてらわないセンスのよいタイトルと、著者の佐々木氏の温かい言葉のつまった本書を選んだのは、至極《しごく》必然であった。この本なら、自信をもってお客さまにすすめられる。それは「働く君」＝「自分」にほかならないからだ。私と「働く君」をつなぐ本書は、今も当店に積んである。

次の一冊　『伝説の外資トップが説く働き方の教科書』新《あたらし》 将《まさ》命《み》著／ダイヤモンド社
仕事のスキルを上げるのは、つまるところ人間力である、という真理を骨太に語る一冊。

有隣堂横浜駅西口ジョイナス店
古田森さん選

〒220-0005
神奈川県横浜市西区南幸1-4 B1F
TEL 045-311-6265

日本列島のように点在している各売場を、販売員の皆さんがフットワークでカバーしている、パワーあふれるすごいお店。わ

『アルジャーノンに花束を』
ダニエル・キイス（著）、小尾芙佐《おびふさ》（訳）

早川書房｜1999年｜485ページ｜定価：820円（税別）
ISBN：9784151101014｜装丁：守先正＋桐畑恭子

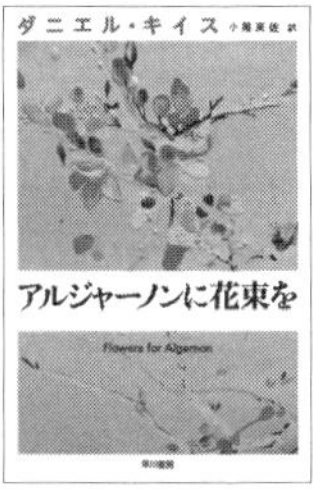

過ぎし想い 褪せること無く あの日のままで

わが子のように愛おしい、この重み。ページを繰るたび感じられる息遣い。私にはけっして忘れえぬ物語がここにある。『アルジャーノンに花束を』は、驚異的な知能を手に入れた白痴の青年チャーリーの、進化と回帰の変遷を彼の手記にて辿《たど》る物語だ。日常の瑣末《さまつ》な喜び、嫉妬、温もり、裏切り、愛、そして喪失からの孤独。人は幼年期を経て知能を獲得し、やがて老年期に入り退行していく。そう！ 同じなのだ。彼の物語は私の物語であり、貴方の物語でもあるのだ。優しさの視座を。心からの笑顔を。できうるなら、貴方にも体験してほしい。

次の一冊　『スタンド・バイ・ミー――恐怖の四季秋冬編』スティーヴン・キング（著）、山田順子（訳）／新潮文庫

ブックスミスミ オプシア店
下窪淳さん選

〒890-0073
鹿児島県鹿児島市宇宿2-3-5
TEL 099-813-7012

桜島を正面に臨む、南九州最大規模書店！ どどーんと大きな存在感で、鹿児島の熱を感じさせてくれます。

『夕暮の緑の光──野呂邦暢随筆選』

野《の》呂《ろ》邦《くに》暢《のぶ》（著）、岡崎武志（編）

みすず書房｜2010年｜240ページ｜定価：2600円（税別）
ISBN：9784622080817｜装丁：尾方邦雄

野呂邦暢を忘れてはいけない。

野呂邦暢を教えてくれたのは岡崎武志・山本善行の『新・文學入門』（工作舎）だった。二人が強烈にプッシュする作家をぜひ読みたいと思った。ようやく手に入れた小説『草のつるぎ・一滴の夏』（講談社文芸文庫）。よかった。エッセイも読みたかったが、新刊はなく、古本も高かった。みすずの大人の本棚シリーズでエッセイ集が出ると聞いて嬉しかった。選者は岡崎さん。間違いなくいい本に決まっている。古本エッセイ「S書房主人」「山王書房店主」も入っていた。これで一安心。さて次は野呂邦暢を文庫で読みたい！！ どこかで出してくれませんか？

次の一冊
『昔日の客』関口良雄著／夏葉社
表題作がまさに野呂邦暢の話。読み比べてください！

田村書店千里中央店
西村宗典さん選
〒560-0082
大阪府豊中市新千里東町1-3-321
せんちゅうパル3・4F
TEL 06-6831-5657

真っ白な店内が美しい！ とってもきれいな本屋さん。いつ行っても元気なスタッフのみなさんが印象的です。

『茶色の朝』

フランク・パヴロフ(物語)、
ヴィンセント・ギャロ(絵)、
高橋哲哉(メッセージ)、藤本一勇《かずいさ》(訳)

大月書店|2003年|47ページ|定価:1000円(税別)
ISBN:9784272600472|装丁:林修三(リムラムデザイン)

息苦しい怖さ。
けど考えさせられます。

ある日、茶色いペット以外飼うことを禁止された架空の国が舞台。多少の違和感を持ちつつも人々はそれを受け入れるが、「茶色」はそれだけではすまなくなって……。めっちゃ怖いんですけど!! パッと見にはかわいらしい感じの大人向け絵本なのに、じわじわと真綿《まわた》でしめられているような無気味さがあるんです。反ファシズムをテーマに描かれた、この寓話《ぐうわ》が刊行されたのは10年ほど前。そのときにもおススメしたい! と思って、あれやこれやと仕掛けてみましたが、今の世の中のほうがよっぽど読んでほしい一冊です。

次の一冊
『かんさい絵ことば辞典』ニシワキタダシ(著)、早川卓馬(コラム)/ピエ・ブックス
え、これ関西弁なん!? 私には目からウロコの本でした。

アバンティブックセンター京都店
浅田友紀さん選

〒601-8003
京都府京都市南区東九条西山王町31
TEL 075-671-8987

子どもの頃から何度も通った、「(当時)京都最大の本屋さん」。今も落ち着き感たっぷりの空間がたまりません。み

『羆《くま》撃《う》ち』

久保俊治

小学館｜2009年｜317ページ｜定価：1700円（税別）
ISBN：9784093878401｜装丁：高柳雅人

これは、生命の讃歌

何という洗練された表現力。まるで森の中のすべての吐息《といき》が聞こえてくるよう。著者は日本で唯一の熊ハンター。ハンターといっても動物を撃つことを楽しむ類ではない。久保氏は獲物と向きあうとき、その動物の生きた歴史を感じとり、仕《し》留《と》めた後は、その生命の存在すべてを背負う姿勢を貫いている。現代において、これほどまでに真摯に向きあい、自然の恵みに感謝し、共生している人間を私は知らない。動物を追い、山に入り、飯盒《はんごう》で飯を食い、木の幹の下で寝る。そして刻一刻と移りゆく自然の状況に耳を澄ませ、森の中へ全感覚を投じていく。“生きる”ということの素晴らしさを、自然への尊敬と生命への深い愛によって伝える、著者渾身《こんしん》のノンフィクション。

次の一冊　『旅をする木』星野道夫著／文春文庫
今を生きる。

三省堂書店京都駅店
早川友哉さん選

〒600-8216
京都府京都市下京区烏丸通塩小路町901
京都駅ビル専門店街ザ・キューブB1
TEL 075-365-8640

よい本を見つけたときの「これはおすすめするぞ！」という気迫がすごいです！ 京都の本も充実していますよ〜。

2018年6月に閉店。

『個人はみな絶滅危惧種という存在──彫刻家・舟越桂の創作メモ』

舟越桂《かつら》

集英社｜2011年｜160ページ｜定価：2800円（税別）
ISBN：9784087806045
装丁：Masashi Fujimura＋Keiko Takahashi
（Masashi Fujimura design office）

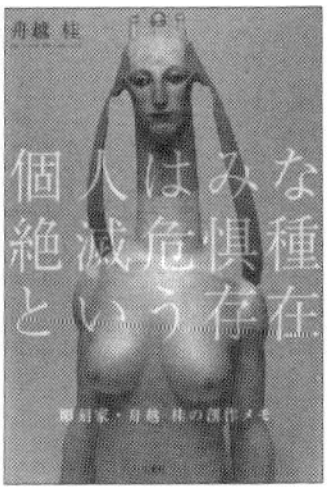

ジャケ買い必至の説得力!!

学生の頃から大好きな創作メモ集です。不思議な魅力を持つ舟越作品は、書籍の装丁も多いので、美術館でなくとも書店の店頭で一度は目にしたことがあるでしょう。舟越桂が30年以上書き続けたメモは、紙きれだったり、走り書きだったり、切り花の回復法だったり、意味不明だったり。その中には作品の寸法や思案したこと、芸術理論、父・保武のことなども多々含まれており、大変興味深い内容です。作品のカラー写真も多く載っていて、舟越桂が好きな方はもちろん、あまり知らないという方も彼の作品に触れるにあたっては十分楽しめる一冊となっています。

次の一冊
『悼む人』天童荒太著／文藝春秋
作品「スフィンクス」が表紙のこの小説が直木賞を受賞しました！

宮脇書店総本店
亀石典子さん選

〒760-0064
香川県高松市朝日新町3-4
TEL 087-823-3152

屋上に観覧車や遊戯施設がある、遊園地のような巨大本屋さん。「全国県別ふるさと図書コーナー」も面白いですよ。

『横道《よこみち》世《よ》之介《のすけ》』

吉田修一

毎日新聞社｜2009年｜423ページ｜定価：1600円（税別）
ISBN：9784620107431｜装丁：原路子

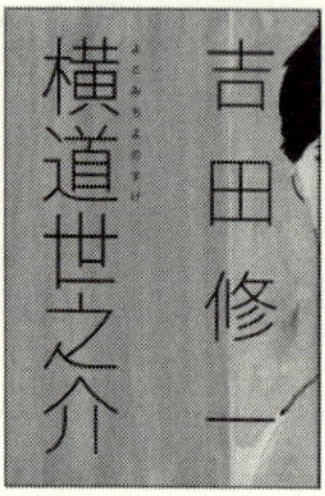

いろんなことに、「YES」って言っているような、
希望の小説です。

「横道世之介」なんていう隙だらけの題名に油断しました。世之介の微笑《ほほえ》ましいキャラクターに笑いながら読み進めると、吉田修一さんらしいリアリティある仕掛けに、胸がきゅっと締めつけられるようなせつなさを覚え、涙があふれました。巧みな情景描写に心奪われた『パーク・ライフ』から、衝撃のラストに震えた『パレード』、罪という概念の根源が揺らぎそうになった『悪人』。同じ作家の作品とは思えないほど、多才な吉田修一さんの本の中でも、「あまりに好き過ぎて、腹が立つくらい」、この本が一番好きです。

次の一冊　『風待ちのひと』伊吹有喜著／ポプラ社
静かな希望を発見できる、そんな本です。

谷島屋ららぽーと磐田店
野尻真さん選

〒438-0801
静岡県磐田市高見丘1200
ららぽーと磐田1階
TEL 0538-59-0358

併設カフェに購入前の本を持ち込み、ゆっくりじっくり選べます。子育てに関する本も豊富で、女性に優しいお店。く

Date Jan. 24　No. **024**　

『旅をする木』
星野道夫

文春文庫｜1999年｜241ページ｜定価：476円（税別）
ISBN：9784167515027｜装丁：三村淳

心に沁み入る 言葉と風景

旅行エッセイが大好きです。CHIENOWAにはシチュエーションコーナーという独自のセレクトコーナーがあって、そのひと棚が旅関連コーナーになってるんです。この本はその棚に欠かせない一冊です。まず題名からしていいです。『旅をする木』。いろいろ想像力が膨《ふく》らみません？ もちろん内容も素晴らしいです。読み進めていくと、普段は感じることのできない日常と並行するもうひとつの時間を感じます。読むといつも視点が一段高くなって視野がふっと広がります。忙しいと感じている人にこそ、ゆっくりと読んでほしい一冊です。

次の一冊　『スティル・ライフ』池澤夏樹著／中公文庫
星野さんと親交が深く、解説も多く書かれている池澤夏樹さんの名作。

CHIENOWA BOOK STORE
塩澤広一さん選

〒351-0011
埼玉県朝霞市本町2-13-1
エキア朝霞2F
TEL 048-450-6760

本のギフトをオススメする本屋。贈る相手や予算を伝えたら、相談に乗ってくれてラッピングも綺麗。雑貨もあり大満足。わ

『ルバイヤート』

オマル・ハイヤーム(作)、小川亮作(訳)

岩波文庫｜1979年｜173ページ｜定価:480円(税別)
ISBN:9784003278314

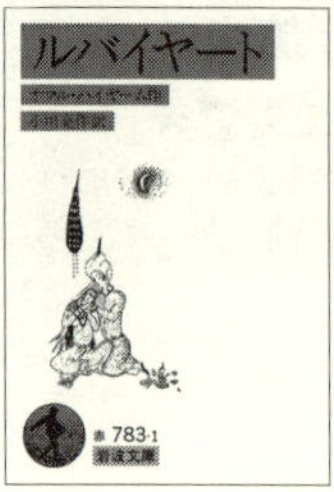

本屋であり続けるために大切な本

この本を知ったのは約８年前、当店が絶版・品切れ文庫の展示販売を始めたという新聞記事を読んだ上越市のお客様より本書のワイド版を探しているという電話をいただいてからです。電話の声からは、ご年配で非常にはっきりとしたものの言い方、本にはかなり詳しいご様子がうかがえました。そのときの私の対応をなぜか気に入っていただき、その後もたびたび電話がくるようになりました。上越市から当店までは100キロ以上離れていてまったく商圏ではありません。親子ほど歳の離れたこの方との交流はその後、お客様の発病があり、亡くなるまで続きました。私の大切な本屋経験です。

次の一冊
『蜜のあわれ・われはうたえどもやぶれかぶれ』室生犀星著／講談社文芸文庫
お客様を見舞った際、枕元に自筆の「老いたるえびのうた」がありました。

本の店 英進堂
諸橋武司さん 選
〒956-0035
新潟県新潟市秋葉区程島1876
TEL 0250-24-1187

「普段使いの書店でありたい」と諸橋店長。効率性度外視、独自のテーマ別陳列を刮目《かつもく》して見よ。原点回帰の書店だ。わ

『世界の夢の本屋さん』

エクスナレッジ（編）

エクスナレッジ｜2011年｜215ページ｜定価：3800円（税別）
ISBN：9784767811475｜装丁：古平正義

本好き、本屋好きには たまらない一冊です！

2011年夏、入荷してきたこの本を手に取り、開いたときの感動！ 文芸書担当のTくんと、「うわぁ〜すごいねぇ〜」「えいね〜！ えいね〜！！」と感嘆の声を上げながら、店頭で二人で見入ってしまったのを覚えています。タイトルどおり、この本は書店員にとっても“夢の本屋さん”で、世界各国の、こだわりと愛情をもって店づくりしているオーナー、スタッフのコメントと、何気ない日常の写真がともに紹介されています。あなたなら、どの国の、どの本屋さんに行ってみたいですか？ 私は……いやぁー、どこも魅力いっぱいで決められませんっっ！

次の一冊　『人生で大切なことは、すべて「書店」で買える。——20代で身につけたい本の読み方80』千田琢哉著／日本実業出版社
とにかく読んでほしい！ 本屋へ行って何を買うべきかわからない人に。

金高堂本店
亥角《いすみ》リエさん㊙選

〒780-0841
高知県高知市帯屋町1-13-14
TEL 088-822-0161

まさに本好き集団がつくるお店。やさしさはもちろん、きびしさもあります！ 本と高知をこよなく愛するみなさんです。

『てん』

**ピーター・レイノルズ（作）、
谷川俊太郎（訳）**

あすなろ書房｜2004年｜32ページ
定価：1300円（税別）
ISBN：9784751522639｜装丁：桂川潤

子どもの背中をそっとおせる大人でありたいと思わせる絵本です。

短い絵本です。でも、子どもだけでなく、大人も楽しめます。絵が苦手だと思いこんでいる少女ワシテに対する先生の働きかけがいい。そして、ワシテが次々と描く“てん”が魅力的。最後にワシテが絵が苦手だと思っている男の子にかけた言葉にうれしくなってしまう。人って人との出会いによって大きくかわれるんだって素直に思える絵本です。お父さんお母さんだけでなく、保育士さんや先生など子どもにかかわる人にもおすすめです。

次の一冊
『っぽい』ピーター・レイノルズ（文・絵）、なかがわちひろ（訳）／主婦の友社
同じ作者の絵本。自分の心の声に耳を傾けて……。

**安藤書店
刑部《おさかべ》亜紀さん** 選

〒486-0817
愛知県春日井市東野町3-11-4
TEL 0568-85-4505

真っ赤な看板が目印！ 安藤社長が営む安藤書店。人文書の品ぞろえが豊富で、なんだか奥深い本屋さん。く

『マチルダの小さな宇宙』

ヴィクター・ロダート(著)、駒月雅子(訳)

早川書房｜2010年｜350ページ｜定価:2200円(税別)
ISBN:9784152091567｜装丁:ハヤカワ・デザイン

オトナになるときの痛さ、すっかり忘れていました。
マチルダに会うまで。

13歳の少女マチルダの独白で語られる物語は、肝心なことが抜け落ちていて謎も多いです。物語が進むにつれ徐々に明らかになるのは、自慢の姉が1年前に電車に轢《ひ》かれて死んだこと。それ以来、ママはお酒に浸《ひた》り、パパは疲れきっていること。そして、やがて姉の死の謎が明らかになるとき、姉が抱えていた絶望や孤独、不安に震える愛に、今度はマチルダが向き合うことになります。家族の問題やアメリカを襲うテロの脅《きょう》威《い》も描き込まれた、重層的な作品。心がちぎれそうなほど苦しい思いをしながらゆっくりと大人へ向かう、ひとりの少女の姿をどうか見届けてあげてください。

次の一冊

『怪物はささやく』パトリック・ネス(著)、シヴォーン・ダウド(原案)、池田真紀子(訳)／あすなろ書房
同じく傑作ヤングアダルト文学で、こちらは少年が語り手。装丁も素晴らしい!

オリオン書房ノルテ店
辻内千織さん選

〒190-0012
東京都立川市曙町2-42-1
パークアベニュー3F
TEL 042-522-1231

全ジャンル幅広く深い品ぞろえが魅力。読み聞かせや各種イベントも定期的に開催。地域内外から注目される立川の星。わ

『凍《とう》』

沢木耕太郎

新潮文庫｜2008年｜366ページ｜定価：590円（税別）
ISBN：9784101235172｜装丁：緒方修一

"挑戦"は続くよ どこまでも。

あきらめることに慣れていませんか？「無理だよな」「無理かもな」と思ってませんか？ 行きましょう！ 山へ！ 人は自然と同じくらい、無限に強いんです。ひたすらに強い気持ちがあれば、乗りきれるんです。ヒマラヤ級の山とはだいぶスケールが違いますが、私もたまに登るんですよ。一歩一歩積み重ねて行った上での、達成感や爽快さとかは山を登ったものしか感じることができません。あー、登りたくなってきた！ 友人に貸し出したこの本は、何カ所かを経てずいぶん経ってから、ボロボロになっても律儀《りちぎ》に私の手元に戻って来ました。そんなところが、とっても登山家の本らしいと思いました。

次の一冊　『右か、左か――心に残る物語 日本文学秀作選』沢木耕太郎編／文春文庫
古今東西の秀逸作品が一冊で読めます。

宮脇書店天童店
佐藤亜美さん選

〒994-0011
山形県天童市北久野本3-2-28
TEL 023-652-3322

Theチーム力。スタッフの皆さんの団結力ったら半端ないです。あたたかな雰囲気に包まれたお店です。わ

ミシマ

『新編　単独行』

加藤文太郎

ヤマケイ文庫｜2010年｜349ページ｜定価：940円（税別）
ISBN：9784635047258｜装丁：岡本一宣デザイン事務所

独りで生きろ
絆など求めるな。

昭和のはじめ、加藤文太郎という不世出《ふせいしゅつ》の登山家にして、単独行者の約10年の山行の記録であり、心の記録でもある。驚くのは現代の優れた装備のない時代、単独で厳冬期の北アルプスを縦横無尽に、信じられない足の速さで駆け回ったことである。そんな男の独り山小屋で人とのぬくもりを求めてやまない文章に出会うとき、同じ気持ちの人がいると温かな心になったものでした。それというのも、団体行動が苦手で、独り山歩きが性に合い、コツコツと多くの山に登ってきた私の気持ちでもあるからです。

次の一冊　『孤高の人』新田次郎著／新潮文庫
友だちがいなくて団体行動が苦手な人に。

幸福書房
岩楯《いわだて》幸雄さん 選

〒151-0064
東京都渋谷区上原1-32-19三善コーポ
TEL 03-3469-6317

「代々木上原でコツコツと本屋家業も35年に。小さな本屋でヒマにしています。お声をかけてください」（岩楯店長より）わ

2018年2月に閉店。

Date
Jan. 31

No. **031**

『実りの庭』

光《みつ》野《の》桃《もも》

文藝春秋｜2011年｜255ページ｜定価：1429円（税別）
ISBN：9784163736006｜装丁：大久保明子

苦しみや悲しみを経験してこそ
出合える世界があると、この本が教えてくれました。

「おすすめのエッセイは？」と聞かれると必ず手にする本だ。母親を介護し看《み》取《と》るまでの日々を中心に、家族との関係や女性として年を重ねていくことの実感が丁寧に綴られている。苦しいことがあったとき、光野氏の言葉が頭の中に浮かび、助けられることがある。できる範囲でより多くの読者に届けることは、自分に与えられた任務と勝手に考えているので、平台からはずしたことがない。この本が着実に売れていることは、私のささやかな誇りである。女性読者に愛されているエッセイストだが、須賀敦子氏を思い出させる静謐《せいひつ》な文章は、男性読者にもぜひ味わっていただきたい。

次の一冊　『遠い朝の本たち』須賀敦子著／ちくま文庫
『実りの庭』を読んで思い出しました。数年おきに読み返す一冊。

丸善・丸の内本店
高頭佐和子さん 選

〒100-8203
東京都千代田区丸の内1-6-4
TEL 03-5288-8881

注目は各売場をつなぐ場所に配された「ミュージアムゾーン」。打たれるフェア、選書にいつも知的興奮を覚えます。わ

ミシマ

2月

部屋にこもって、いっきに読もう

February

『1968（上）──若者たちの叛乱とその背景』

小熊《おぐま》英二

新曜社｜2009年｜1091ページ｜定価：6800円（税別）
ISBN：9784788511637｜装丁：難波園子

「あの時代」はなんであったか 40年目の「総括」──。

とんでもない厚さでしかも上下巻。本屋で見たら「えっ？」と思うかもしれない。私は家でじっくり読むつもりで買ったのに、帰りの電車でつり革につかまりながら読み始めたら、あまりの面白さにページをめくる手が止まらなくなってしまった。辞書のような本を貪《むさぼ》り読む私を見て、周りの乗客はさぞかしぎょっとしたことだろう。著者の小熊さんは膨大な資料を使い、全共闘時代から連合赤軍にいたる時代の「全体像」を炙《あぶ》り出した。当時をここまで包括的に検証した本はこれが最初ではないか？ 本書はやっぱりうちの店に来てくれるような若い世代に読んでほしいと思う。だから棚に置き続けます。（全２巻）

次の一冊
『単一民族神話の起源──〈日本人〉の自画像の系譜』小熊英二著／新曜社
私が小熊英二さんを知るきっかけとなった本がこれ。面白い。

あゆみBOOKS早稲田店
寺田俊一郎さん選

〒162-0045
東京都新宿区馬場下町62
芝田ビル1F
TEL 03-3203-7123

入口周辺部の選書は必見！ あと3軒隣の蕎麦屋・三朝庵は、なんとカレーうどんを発明した店だとか。あわせてぜひ。わ

ミシマ

『いのちをいただく』

内田美智子（文）、諸江和美（絵）、佐藤剛史（監修）

西日本新聞社｜2009年｜77ページ｜定価：1200円（税別）
ISBN：9784816707858｜装丁：柳本あかね

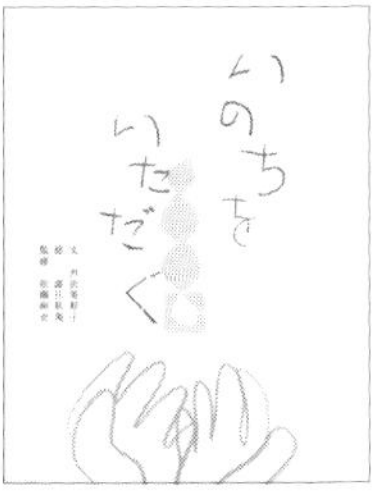

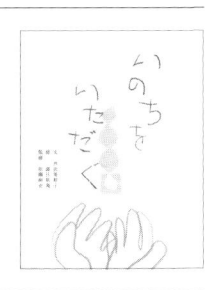

生きものの命を奪って生きているということの重み

フェアの商品を選ぶために売り場をフラフラしていたときのことです。棚差しになっていた装丁のきれいな本を何気なく手に取ったのがこの本との出会いでした。なかは大人の絵本といった風。「食べることは他の命を奪うこと。何度読み返してもあたたかい涙がこぼれます。」の帯の推薦文を「過剰だなぁ」と思いつつパラパラ眺めているうちに……。モーレツに感動して、泣きそうなおじさんが売り場に佇《たたず》んでいました（笑）。数百冊仕入れ店頭に出したところ、自分と同じく売り場で感動して買っていかれる方多数。この仕事をしててよかったと思う瞬間です。

次の一冊
『ぶたにく』大西暢夫（写真・文）／幻冬舎エデュケーション
生きものの豚が食肉に変わるまでの写真絵本。こちらも読んでみてください。

知遊堂三条店
堤拓己さん選

〒955-0083
新潟県三条市荒町2-25-4
TEL 0256-36-7171

雑誌から専門書まで幅広いジャンルを取りそろえた県央地域の雄。昨年カフェと文具コーナーも併設されてさらにパワーUP！わ

ミシマ

『メメント・モリ——死を想え』

藤原新也

三五館｜2008年｜172ページ｜定価：1800円（税別）
ISBN：9784883204489｜装丁：坪内祝義

研ぎ澄まされた旅の感性がここに

「ニンゲンは犬に食われるほど自由だ」。インドのガンジス河の中州に打ち上げられた人の死体の足に野良犬が食らいつく衝撃的な写真とともに添えられたこの言葉は、これまで読んだ数多くの旅の本に綴られたどの言葉よりも私に強烈なインパクトを残しました。本書をはじめて知ったのは就職活動で某出版社の入社試験を受けたときで、帰り際に試験官が本書をお土産にくれたのです。家路につく電車の中で読んで衝撃を受けた私は、半年後にはインドに旅立っていました。現在、「旅の本屋」というコンセプトの書店をやっていますが、店内に数ある在庫の中でも、本書は今でも大切な一冊です。

次の一冊
『何でも見てやろう』小田実著／講談社文庫
「好奇心こそが旅を面白くする」ということが実感できる一冊。

旅の本屋 のまど
川田正和さん 選

〒167-0042
東京都杉並区西荻北3-12-10
司ビル1F
TEL 03-5310-2627

「旅」がキーワードの本屋さん。旅に出る人も、出た人も、出られない人も旅の魅力を味わいにぜひ。イベントにも要注目。 わ

『青木学院物語』

山口小夜《さよ》

アルフアポリス文庫｜2007年｜379ページ
定価：570円（税別）｜ISBN：9784434107566
装丁：ansyyqdesign

元気になりたい時
そして…泣きたい時にも。

いろいろな意味で私の仕事の支えになっている本。それがこの『青木学院物語』です。はじめて出会った単行本のときは『ワンダフル・ワールド』というタイトルで「かけがえなき愚行」という副題がついていました。何の気なしに読み始めた私は心を鷲掴《わしづか》みにされ登場人物と“かけがえなき愚行”を楽しみ（？）、ともに涙しました。この感動を届けたく、純粋に売りたいと思いアピールした当時を思い出します。一冊でも売れたときの嬉しかったことと言ったら！！ 文庫化のときには自社チェーン店で飛び抜けた実売を記録。仕事にゆきづまりを感じたら手に取る本です。

次の一冊 『むかし僕が死んだ家』東野圭吾著／講談社文庫
推理小説の面白さに触れ、この業界で働くきっかけとなった作品。

芳林堂書店高田馬場店
飯田和之さん 選

〒169-0075
東京都新宿区高田馬場1-26-5
FIビル 3・4・5F
TEL 03-3208-0241

学生もビジネスマンも喜ぶ全ジャンル充実の構えは馬場で一番。特に3Fの武道棚や5Fのコミック売場は熱い品ぞろえ。わ

ミシマ

『詐欺《さぎ》とペテンの大百科』

カール・シファキス（著）、鶴田文（訳）

青土社｜2001年｜576ページ｜定価：4800円（税別）
ISBN：9784791759163｜装丁：高麗隆彦

事実は小説よりも奇なり！

本書は、そのタイトルどおり、古今東西さまざまな詐欺やペテン、ホラ話、悪戯《いたずら》を五十音順に、550ページにわたって収録しています。「十ドルと一ドルの釣り銭ごまかし」「誰にも何だか分からない大きな利益の約束を守るための会社」「ハエ取り紙報告書」「エッフェル塔の売却」「ヒットラーの馬鹿踊り」「マンハッタン島切断計画」といった項目名を見るだけでも、好奇心が刺激されませんか？ 大著ではありますが、一つひとつの項目は、長くても1ページくらいなので、ユーモアとアイデアに満ちた掌編《しょうへん》小説集としてもオススメです。

次の一冊　『人間この信じやすきもの――迷信・誤信はどうして生まれるか』T. ギロビッチ（著）、守一雄、守秀子（訳）／新曜社認知科学選書
人はなぜ信じてしまうのかを知るためにもぜひ。

ブックファースト新宿店
岩崎靖治さん選

〒160-0023
東京都新宿区西新宿1-7-3
モード学園コクーンタワーB2～1F
TEL 03-5339-7611

新宿駅から地下道直結で、雨に濡れずにお店へ行けます。蔵書も多く、洋雑誌やバックナンバーもそろってます。は

Date
Feb. 6

No. **037**

『SRサイタマノラッパー』
入江悠

太田出版｜2010年｜285ページ｜定価：1198円（税別）
ISBN：9784778312152｜装丁：相馬章宏（Concorde Graphics）

夢を追い続けることは
最高に尊いことだと気付いた！

同名映画のノベライズ版。2年前、僕はずっと夢だったブックカフェを開業させるか、就職して働くべきか悩んでいた。その時期に手に取った小説『SRサイタマノラッパー』。埼玉の郊外でラッパーとして成功を夢見る若者の苦悩を可《お》笑《か》しくもせつなく描いている。いい歳をして夢を追い続ける人は、傍《はた》からみればとても痛い人に見えるのかもしれない。でも夢を追い続けることは最高に尊いことなんだと気づかせてくれた！ 1年後、僕はブックカフェをオープンさせた。「サイタマ？」「ラッパー？」そんな偏見を捨てて読んでほしい！

次の一冊
『文化系のためのヒップホップ入門』長谷川町蔵、大和田俊之著／いりぐちアルテス
ヒップホップって音楽じゃなくてゲームだったんだ！

Book & Cafe ひふみよ
今井雄大さん選

〒380-0803
長野県長野市三輪7-3-5
TEL 050-5806-5735

2階の畳のカフェ（コタツあり）では店内の書籍を読みながらゆっくりコーヒーをいただけます。ホームページも素敵です。ほ

2015年9月に移転し、現在はひふみよクレープとして営業中。

『柳生石舟斎《やぎゅうせきしゅうさい》──柳生一族』

山岡荘八

講談社｜1987年｜494ページ｜定価：740円（税別）
ISBN：9784061950603｜装丁：辻村益朗

己の道をただひたすらに

「少しく硬い……」。血気盛んな若き日の石舟斎が、その後師となる上泉伊勢守《かみいずみいせのかみ》とはじめて剣で対峙したときに上泉伊勢守がこぼした言葉。完膚《かんぷ》なきまでの敗北とともに己の傲慢《ごうまん》さやうぬぼれを知った石舟斎は、猛烈な自省を経て歩みを新たにする。殺伐《さつばつ》とし乱れた戦国の世で人を殺める道具だった剣を、人を活かす思想にまで高めた、殺人剣から活人剣への道のりは、現代社会がさまざまなものを殺してきた時代から活《い》かす時代に転換しなければならない今こそ再読の価値あり。せっかく生まれたのなら、己の道を見定め、覚悟して歩んでいきたい。すべての道はひとつに通ずると信じて。

次の一冊　『いっしん虎徹』山本兼一著／文藝春秋
刀鍛冶「虎徹」の生涯。こちらも己の道を貫いた熱い一冊。

ウィー東城店
佐藤友則さん㊩

〒729-5121
広島県庄原市東城町川東1348-1
TEL 08477-2-1188

まさに、近未来型本屋さん！ エステあり、美容室あり、化粧品までそろっています。本と一緒に楽しんでください。

『成りあがり──矢沢永吉激論集』

矢沢永吉

角川文庫｜2004年｜301ページ｜定価:514円(税別)
ISBN:9784041483039｜装丁:角川書店装丁室

矢沢からYAZAWAへ その軌跡・・・

矢沢永吉の『成りあがり』。誰でも聞いたことくらいはあると思う。この本に出会ったときの自分もその程度だった。当時10代後半だった自分はネタのつもりで購入し、軽い気持ちで読んでみた（失礼な話だ……）。でも読み始めてみると止まらず、時間を忘れて一気に読んでしまった。そしてギターを片手に上京……とまではいかないものの、自分もYAZAWA（矢沢ではない）になったかのように何かを成し遂げたい気持ちになったものです。老若男女問わず熱い気持ちを取り戻したいという人に読んでもらいたい一冊です。

次の一冊　『アー・ユー・ハッピー？』矢沢永吉著／角川文庫
『成りあがり』のその後が気になる人は必読！！

三省堂書店札幌店
高橋計康さん選

〒060-0005
北海道札幌市中央区北五条西2-5
JRタワー札幌ステラプレイス5F
TEL 011-209-5600

神保町本店に次ぐ800坪の規模を誇る。「水曜どうでしょう」でおなじみHTB（北海道テレビ放送）のグッズ売場も。わ

『赤頭巾《あかずきん》ちゃん気をつけて』

庄司薫《しょうじかおる》

中公文庫｜2002年｜184ページ｜定価：590円（税別）
ISBN：9784122041004｜装丁：庄司薫

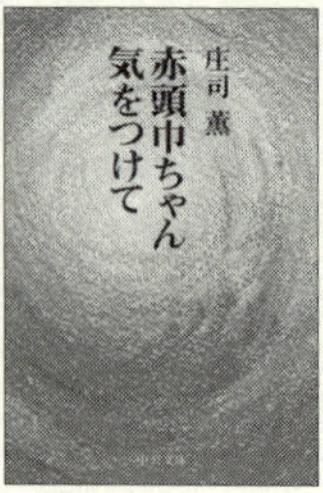

60年代のベストセラー青春小説にして思想書。サリンジャーより響きます。

本と映画とロックが救いだった鬱屈《うつくつ》した高校時代に光を射し込んでくれた強烈な一冊です。よく引き合いに出されるサリンジャーに比べ、不当に忘れられていると感じていたので、11年前の開店以来、ことあるごとにおすすめしてきました。30年以上が過ぎ、大人となった現在でも共感を持って読めるのは、根底に騎士道精神とも呼べるフェアな生き方に対する強い志向性があることや、伸びやかな真の知性とは何かといった根源的なテーマを扱っているからだと思えます。震災後の今、そんなスピリットは伝わりやすくなっているはずなので、若い世代にもぜひ読んでもらいたい傑作です。

次の一冊
『私の個人主義』夏目漱石著／講談社学術文庫
こちらも若い世代に強くおすすめしたい漱石最晩年の熱い講演録。

ブックスキューブリックけやき通り店
大井実さん選
〒810-0042
福岡県福岡市中央区赤坂2-1-12
TEL 092-711-1180

全国でも、こんな目利きの本屋はめったにない！　店主・大井さんは、本のお祭り「ブックオカ」の仕掛け人です。

『裸でも生きる
――25歳女性起業家の号泣戦記』

山口絵理子

講談社｜2007年｜263ページ｜定価：1400円（税別）
ISBN：9784062820646｜装丁：川上成夫（スタジオCGS）

前進する力をくれる本。
くよくよしている場合じゃない！

雑誌で山口絵理子さんの記事を読んで、「同い年の人が何やらすごいことをしている！」と気になってこの本を手にしました。バングラデシュで途上国発のブランドを立ち上げようと奮闘する中で、裏切られたり、傷ついたり……。それでも自分のやりたいことに向かって体当りの山口さん。気がつくと読んでいる私も一緒に号泣していました。仕事で悩んでいるときなどにぜひ読んでみてください。

次の一冊　『コミュニティデザイン――人がつながるしくみをつくる』山崎亮著／学芸出版社
山崎さんの活動は確実に笑顔を増やしています。素敵です！

紀伊國屋書店新宿南店
神矢真由美さん選

〒151-0051
東京都渋谷区千駄ヶ谷5-24-2
タカシマヤタイムズスクエア
TEL 03-5361-3301

神矢さんがつくるSUPERワクワク棚は必見！ 参加無料のライブトークは、リアル書店ならではの熱量を感じられます。は

2016年8月に閉店し、現在は洋書専門店Books Kinokuniya Tokyoとして営業中。

『宇宙で最初の星はどうやって生まれたのか』

吉田直紀《なおき》

宝島社新書｜2011年｜191ページ｜定価：667円（税別）
ISBN：9784796683104｜装丁：蓮見智幸

宇宙て…ホント、何？

宇宙。うーん、何て壮大なロマン。まさに男のロマン。あ、私、女（の子）なんですけどね。しかし誰が何のためにどうやって？（「誰が」はないわな）。そうだな、神様が美しいものをつくりたくて念力とかで？ なんて言ってる自分が悲しい……。故にこの本のありがたみが心に染みます（涙）。私がこの問題について真剣に考えてもしゃあないので、まぁ難しいことは優秀な科学者の方々にお任せして、私はこれからも自由気ままに宇宙の美しさや不思議にただ感動する。そして、いつまでもそんな人間でいられたらいいなぁと思っております。はてさて今日は星がたくさん見れるかな？ っと。☆彡

次の一冊
『教授とミミズのエコ生活──または私は如何にして心配するのを止めてミミズを愛するようになったか』三浦俊彦著／三五館
キモくて、笑えて、とっても無駄な知識が身につくぞ！

名古屋大学生協書籍部
ブックスフロンテ
木村直子さん 選

〒464-0814
愛知県名古屋市千種区不老町1
TEL 052-781-9819

名古屋大学の理系地区にある、スタイリッシュな隠れ家的本屋さん。木村さんの面白さにふれるとより楽しめます。

『恋文・私の叔父さん』

連城《れんじょう》三紀彦

新潮文庫｜2012年｜270ページ｜定価:490円(税別)
ISBN:9784101405209｜装丁:新潮社装幀室

あの日、あの時、あの場所で。
いつも一冊の文庫本がそこにいた。

まだ携帯電話がなかった学生時代、私はいかなるときでも文庫本を持参していた。大学生当時、好意を持っていた女性がこの本に目を留めた。すかさず、こう切り出す。「この本は短編集なんだけど、『ピエロ』っていう話に出てくる男性は俺に似てるんだよ」「じゃあ読んであげようか」。後日、彼女は「嘘つき」といたずらに笑った。そのまぶしい笑顔を見て、この恋は成就する、と確信した。彼女、今頃どうしてるかなぁ、と甘酸《あまず》っぱくも振り返る20年後の私。若者よ、本を読もう！ そして、恋をしよう！

次の一冊
『もしもし、運命の人ですか。』穂村弘著／MF文庫
私はこの本以上に面白い恋愛エッセイを知りません。

金高堂土佐山田店
生駒《いこま》聖さん 選

〒782-0033
高知県香美市土佐山田町旭町2丁目1-1
TEL 0887-57-6111

高知龍馬空港から車で20分、地域密着型の本屋さんです。本大好きな生駒さんの話が面白い！

『抱くことば』
ダライ・ラマ14世テンジン・ギャツォ(著)、
グレート・ザ・歌舞伎町(写真)

イースト・プレス | 2006年 | 159ページ | 定価:1200円(税別)
ISBN:9784872577402 | 装丁:モリトウアツシ、alexcreate

あのチャーミングさには
理《わ》由《け》がある。

生きる意味・愛・家族・怒り・悲しみ・望みという6つのテーマごとに、ダライ・ラマ法王猊《げい》下《か》14世のことばを集めた本です。でも、もしかしたら出会いたいことばにこの本では出会えないかもしれません。ただ、すでに僕たちは知っていて、できないでいることを、できるでしょう? 知っていたでしょう? とダライ・ラマさんが気づかせてくれます。はじまりはどこにでも待っているのを教えてくれます。

次の一冊
『空海さんに聞いてみよう。── 心がうれしくなる88のことばとアイデア』
白川密成著/徳間書店
『ボクは坊さん。』のミッセイさんが、空海さんに架空インタビュー?!

明屋《はるや》書店MEGA平田店
田邊慶太さん選

〒791-8001
愛媛県松山市平田町81-1
TEL 089-978-0600

まさに地元の雄! 書店業界ではじめてPOPを導入したといわれる、明屋書店チェーンのフラッグショップ。

『自己革新［新訳］
──成長しつづけるための考え方』
ジョン・W・ガードナー（著）、
矢野陽一朗（訳）

英治出版｜2012年｜253ページ｜定価：1500円（税別）
ISBN：9784862761323｜装丁：長坂勇司

本質を見きわめたい!!

日頃から陳列は、それぞれの本を分類して、各コーナーの各棚へと納めていく。ビジネス書コーナーにある自己啓発棚は、どうしてもスペースが拡がってしまう。なぜなら、きちんと分類できない本が多く、それらの本は、自己啓発棚に陳列してしまうからだ。やる気が上がり、成功に導いてくれる本だが、簡単に読めてしまうので、これでいいのかなと疑問に思うことも多い。ガードナーは、個人とは、組織とは、社会とは何かという本質を語っている。一章ずつでも考えて考えて、くりかえし読みたい本。本当の「自己革新」で明るい未来を築きたい。

次の一冊　『羽仁もと子著作集』羽仁もと子著／婦人之友社
社会の大本《おおもと》は家庭です。まず家庭ありき。

長谷川書店ネスパ店
長谷川静子さん選

〒253-0043
神奈川県茅ヶ崎市元町1-1
TEL 0467-88-0008

通称「はせしょ」と親しまれる本屋さん。読書お楽しみ企画（＝読書推進活動、絵本とおはなし会など）を積極的に開催。わ

『スターガール』

ジェリー・スピネッリ（著）、千葉茂樹（訳）

角川文庫｜2011年｜317ページ｜定価：667円（税別）
ISBN：9784042982272｜装丁：角川書店装丁室

「普通」って何？
「自分らしさ」って何？

中学生の頃の私は、周りと同じであることに安心する一方で、自分は誰でもない自分だとも思っていて、この本の登場人物たちの言動にも「うんうん」と頷きながら読んでいた記憶があります。その中で、スターガールの存在は、何とも言えない気持ちを私の中に残しました。どうして彼女はどこまでも自分でいられたのだろう。「普通」の定義とは何で、誰が決めているのだろう。「自分らしさ」とは何で、「自分らしく」あることはよいことなのか悪いことなのか。その答えは未だにわからないまま。この先も、この本を読み返しながら考えていけたらなと思います。

次の一冊　『ラブ、スターガール』ジェリー・スピネッリ（著）、千葉茂樹（訳）／角川文庫
『スターガール』から１年後の物語。私も今から読みます！！！

本の森セルバ岡山店
原田真琴さん選

〒700-0023
岡山県岡山市北区駅前町1-8-5
ドレミの街5F
TEL 086-234-6006

岡山で、鉄道・ミリタリー・コミックなら絶対こちらに行くべし！！ 雑貨もよいものをセレクトして置いてありますよ〜。く

『河《か》岸《がん》忘《ぼう》日《じつ》抄《しよう》』

堀江敏幸

新潮文庫｜2008年｜407ページ｜定価：590円（税別）
ISBN：9784101294735｜装丁：新潮社装幀室

その時の、自分の心の状態を量る、バロメータです。

「考えるだけで行動しなければ、何もしてないのと同じだよ」。あるとき言われたこの言葉が、自分の頭に棘《とげ》のように鈍く刺さり、くすぶっていたことがある。この小説の主人公は、久しぶりの友人との再会で「お前は変わっていないな」と言われるような、おそらく世間的には冴えないタイプの人間だ。停滞することが否定され、常に変化を求められる社会に抗《あらが》うように、彼は「ためらい」、「逡巡《しゅんじゅん》」し、「待機」することの意味を考える。「こうありたい」という信念を保ち続けること。その過程でこそ、人は思い悩み、そこへ留《とど》まろうとするのだと。読みながら、ゆっくりと棘が抜けていくのを感じた。

次の一冊　『二度寝で番茶』木皿泉著／双葉社
とりとめはなくても、同じ方向を向いている会話は心地よい。

リブロ イオンモール鶴見店
引田幹生さん選

〒538-0053
大阪府大阪市鶴見区鶴見4-17-1
イオンモール鶴見緑地4F
TEL 06-6915-2600

読書する喜びを若いうちに体験してほしいと「中高生に読んでほしい本」が取りそろえてあります！く

『魂の錬金術
──エリック・ホッファー全アフォリズム集』

エリック・ホッファー（著）、中本義彦（訳）

作品社｜2003年｜227ページ｜定価：2200円（税別）
ISBN：9784878935275｜装丁：髙林昭太

「情熱の大半には、
自己からの逃避が
ひそんでいる。」

これほど現代に生きる私たちの精神と社会の本質をとらえた言葉を、これほど私の心の裏までも「見抜かれている！」と戦《せん》慄《りつ》させる言葉をほかに知りません。「沖仲仕《おきなかし》の哲学者」という変わった呼び名を持つ著者、エリック・ホッファー。学校教育を受けたことはなく、失明と自死の瀬戸際から立ち直ったのち、放浪と労働と膨大な読書と思索の日々のなかから、唯一無二の思想を編み上げました。彼の透徹したまなざし、幅広い教養、強靭《きょうじん》な思考と深い思いやりが凝縮された一冊です。善意、絆《きずな》、連帯……そんな言葉に流されがちな今こそ、立ち止まって考えるために。

次の一冊　『意識は実在しない──心・知覚・自由』河野哲也著／講談社選書メチエ
心は私の中じゃなくて、私と世界の関係の中に偏在している。

あゆみBOOKS小石川店
久禮《くれ》亮太さん選

〒112-0002
東京都文京区小石川2-22-2
和順ビル1F
TEL 03-5842-6101

生活者のためのリベラル・アーツにこだわる久禮店長がセレクトした「ちょっとイイ本」が売場にあふれる、街場の本屋。わ

ミシマ

2017年3月に閉店。

『無痛文明論』

森岡正博

トランスビュー｜2003年｜451ページ｜定価：3800円（税別）
ISBN：9784901510189｜装丁：高麗隆彦

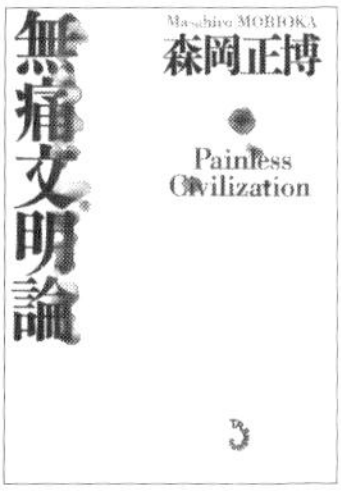

痛みや苦しみをできるだけ排除した、
快適に管理された人工的な環境の社会で
あなたは本当に生きていると言えるのだろうか？

「苦しみとつらさのない文明は、人類の理想のように見える。しかし、苦しみを遠ざける仕組みが張りめぐらされ、快に満ちあふれた社会のなかで、人々はかえってよろこびを見失い、生きる意味を忘却してしまうのではないだろうか」。分厚い本である。持ち歩くのも大変そうだ。でも、この最初の言葉で買わずにはいられなかった。私たちは、胸が痛くなるほどの強い感情や、肉体的痛みをできるかぎり避けるために「羽毛に包まれたように快適な」環境を発展させてきた。社会全体で「無痛化装置」をつくりあげた。2003年に出版されたこの本は、今こそたくさんの人に読んでもらいたいと思う一冊です。

次の一冊
『竜馬がゆく』司馬遼太郎著／文藝春秋
10代の本屋さんが仕事をさぼって1週間、どっぷりはまった本。ああ、なつかし。

ジュンク堂書店大阪本店
川上智子さん選

〒530-0003
大阪府大阪市北区堂島1-6-20
堂島アバンザ内
TEL 06-4799-1090

落ち着いた雰囲気の店内に、本大好き書店員さんがぎっしり。本の話になるとみなさん話が止まりません！

『シンセミア(1)』

阿部和重

朝日文庫｜2006年｜274ページ｜定価:500円(税別)
ISBN:9784022643773｜装丁:高原真吾

この10年で 一番インパクトがあった小説

これを読んだのは8年前ですが、連日夜中の3時、4時まで読み続け、読み終えたときからしばらくは脳が焼かれた状態みたいになっていました。そしてそれは今も続いています。(全4巻)

次の一冊　『ラーメンと愛国』速水健朗著／講談社現代新書

伊野尾書店
伊野尾宏之さん選

〒161-0034
東京都新宿区上落合2-20-6
TEL 03-3361-6262

店長のプロレスバカ(PB)はホンモノです。わ

『狐罠《きつねわな》』
北森鴻《きたもりこう》

講談社文庫｜2000年｜511ページ｜定価：743円（税別）
ISBN：9784062648547｜装丁：丸尾靖子

魑魅魍魎の世界で生きる
美しい狐の知恵

旗師《はたし》をご存じでしょうか。旗師とは店を持たずに商いを行うことで、主人公・宇佐見陶子も「冬狐堂《とうこどう》」という古美術の旗師で、鑑定眼（目利き）を頼りに商いをしますが、この世界は「目利き殺し」や「贋作《がんさく》」など一筋縄でいく世界ではありません。目利き殺しに掛かった陶子は、意趣返しをしようとして殺人事件に巻き込まれていく。ひとつの事件が過去の事件と結びついていく。その中に仕掛けられた「罠」。古美術をめぐる魑《ち》魅《み》魍《もう》魎《りよう》 蠢《うごめ》く世界で、「冬狐堂」が自身のプライドをかけて立ち向かっていく。

次の一冊
『孔雀狂想曲』北森鴻著／集英社文庫
冬狐堂シリーズに登場する「雅蘭堂」の越名《こしな》集治が主人公。少しほのぼのしています。

ブックファースト ルミネ北千住店
赤塚正樹さん選

〒120-0026
東京都足立区千住旭町42-2
ルミネ北千住8F
TEL 03-5284-2311

駅ビル8Fの立地で便利。幅広い品ぞろえでお客さんの期待に応えるお店。とりわけ女性向けコミックの充実ぶりが好評。わ

Date
Feb. 21

No. **052**

Page
060

『近づく』
津田直

HIROMI YOSHII（初版）、赤々舎（増補版）｜2009年
200ページ｜定価：1500円（税別）
ISBN：9784903545455｜装丁：秋山伸＋森大志郎（schtücco）

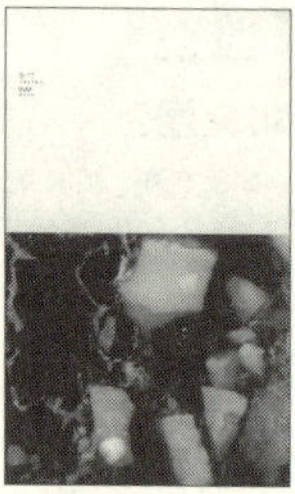

これもまた写真集のあり方だと
学んだ一冊。

5年ほど前、この本をもって写真家の津田さんが店にやって来た。手渡されたのは小さく真っ白な一冊で、小さなページにさらに小さな風景写真が不規則に並んでいた。写真を見るにはあまりに小さいなと思いつつページをめくっていたのだが、少しずつこの写真の連なりにリズムが生まれ、ページが終わる頃には、シャッターをおす瞬間を求め歩を進める写真家の息遣いが聞こえてくるように感じていた。生来の口下手で、ご本人を前にあのときは何も言えなかったのだが、写真がオリジナルの作品とは異なるかたちで本となって結実した、稀有《けう》な写真集ではないかと思う。

次の一冊　『ソングライン』ブルース・チャトウィン（著）、北田絵里子（訳）／英治出版
“on the move”というかっこいいタイトルのついたシリーズの第1弾。

リブロ渋谷店
宮崎麻紀さん選

〒150-0042
東京都渋谷区宇田川町15-1
渋谷パルコpart1 B1F
TEL 03-3477-8736

頭の中をアートやファッションに占拠されている方は店内ヴィジュアル洋書「LOGOS」コーナーへ。わ

2016年8月に閉店。

『犬は勘定に入れません（上）
──あるいは、消えたヴィクトリア朝花瓶の謎』

コニー・ウィリス（著）、大森望（訳）

ハヤカワ文庫｜2009年｜463ページ｜定価：860円（税別）
ISBN：9784150117078
装丁：岩郷重力＋WONDER WORKZ。

イギリス好き、猫好き、ミステリー好き、SF好きの全てを魅了させます!!

当店ではレジの目の前に外国小説の文庫が堂々と並べられていて、そこから意外なことに古典や硬い文学などが売れていきます。本書は、そのコーナーから発見し、聞きなれない言い回しの題名に惹かれて購入（大森望さんの訳が大きな決め手）。SFにあまり慣れていないので、タイムトラベルの小難しい仕組みをあえて考え込まずに読み進め、もっぱら20世紀英国の軽妙洒脱《しやだつ》な会話を楽しんでいました。もちろん後半に急展開する大きな謎解きもカタルシスがあり、絶妙なタイムトラベルの功罪もハラハラしますが、大森さんの神訳にまず惚れてしまいました。カフェ読書にオススメです。（全２巻）

次の一冊　『ジーヴズの事件簿』P. G. ウッドハウス（著）、岩永正勝、小山太一（編訳）／文春文庫
英国のユーモアの世界をもっと堪能したくなったらこちらも！

青山ブックセンター丸ビル店
萩《はぎ》野《の》谷《や》浩明さん 選

〒100-6304
東京都千代田区丸の内2-4-1
丸の内ビルディング4F
TEL 03-5221-8860

けっして大きいお店ではないが逆にそこが好き。私は必ず全ジャンル見て回ります。特にレジ裏のフェア。いつも愉しい。わ

2013年11月に閉店。

『サクラダリセット
——Cat, ghost and revolution Sunday』

河《こう》野《の》裕《ゆたか》

角川スニーカー文庫｜2009年｜312ページ
定価：590円（税別）｜ISBN：9784044743017
装丁：門松清香

ラノベだからといって
敬遠しないでください。

「リセット」——たった一言で世界は3日間死ぬ。このように書くといかにもラノベらしいファンタジー色の強いストーリーかと思われるかもしれません。しかし、ラノベ小説だからといって敬遠しないでください。ラノベの枠には収まらない透明感のある文章、緻《ち》密《みつ》なストーリー。全7巻ですが、長さをまったく感じさせません。初めて読んだとき、すぐに大量発注、そしてロングセラー作品となり、全国の書店の中で、その年の売上No.1となりました。

次の一冊
『とある飛空士への追憶』犬村小《こ》六《ろく》著／ガガガ文庫
当店が火付け役！ 映画にもなりました！ 見事な空戦シーンと少年と少女の淡い恋物語。

書泉ブックタワー
田村恵子さん 選

〒101-0025
東京都千代田区神田佐久間町1-11-1
TEL 03-5296-0051

秋葉原ならではの品ぞろえで、ライトノベルとコミックはもちろん、スポーツ・鉄道と趣味の本が充実しています。は

Date Feb. 24

No. 055

『ゴーストハント(1)旧校舎怪談』

小野不由美

幽BOOKS｜2010年｜362ページ｜定価:1200円(税別)
ISBN:9784840135948｜装丁:祖父江慎+cozfish

幽霊退治に科学調査!?

麻衣の通う高校で旧校舎の取り壊しのたびに必ず起こるとされる怪事件。学校より調査を依頼されたのは、渋谷サイキックリサーチの所長・渋谷一也（ナル）。17歳という年齢ながら高価な機材（本当に高い！）を使い、事件を調査するナル。麻衣はひょんなことからナルの助手をすることに……。講談社X文庫よりはじめて刊行されてからおよそ20年。長い間入手不可能状態だったシリーズが全編リライトされて復刊！ かなり手が加えられていますので、新規読者の方はもちろん、昔読んでいた小野不由美ファンも楽しめること間違いなし！ 装丁も凝っていて面白いですよ！（全7巻）

次の一冊　『黒祠の島』小野不由美著／新潮文庫
閉ざされた島に伝わる邪教。こちらもぜひ。

自由書房EX高島屋店
櫻井久子さん選

〒500-8876
岐阜県岐阜市日ノ出町2-25
岐阜高島屋9F
TEL 058-262-5661

安野光雅さんのイラストを使用した、ブックカバーが大人気です。第10回書皮大賞を受賞！

『あさになったので
まどをあけますよ』

荒井良二

偕成社｜2011年｜32ページ｜定価：1300円（税別）
ISBN：9784032323801｜装丁：タカハシデザイン室

心がまぁるくなりました。

児童書担当者として「絵本には不思議な力があるなぁ」と日々感じていてはいたのですが、「これ、これ、まさにこれっ！！」とこの絵本を閉じたとき、心がふるえました。どんなときも、どこにいても、朝が来ればみんな窓を開けるのです。遠い異国のだれかもきっと今ごろ……なんて思うと嬉しくなります。あたりまえすぎることかもしれないけれど、そのあたりまえを幸せに感じたい。幸せについて、自分について、未来について、平和について……ほんの少し考えてみました。

次の一冊　『ぼくがつぼくにちぼくようび』荒井良二著／平凡社
荒井さんの絵本は、やさしくておだやかな世界が広がっています。

宮脇書店ロイネット和歌山店
岡まゆらさん㊗

〒640-8156
和歌山県和歌山市七番丁26-1
ダイワロイネットホテル1・2F
TEL 073-402-1472

和歌山城のすぐとなり、春にはお城の桜を見ながら本を選べます。お城とセットでご堪能くださいね。

No. **057**

『小さな町』

小山清（著）、**堀江敏幸**（解説）

みすず書房｜2006年｜272ページ｜定価：2600円（税別）
ISBN：9784622080718｜装丁：尾方邦雄

ささやかな日常のつれづれが
ふと いとしく思えてくる。そんな1冊!!

個人的には、新刊の平台からガシガシ売れる本よりも、普段は本棚に背表紙を見せていて、時折、思い出したように売れていく本のほうが好きだ。本書は、著者が新聞配達をしながら暮らした町での日常がひっそりと、丹念に描かれている私小説。西村賢太の小説のように周囲に怒りをぶちまける主人公は出てこないし、大げさなエピソードなどひとつもない。しかし、そこがいい。普段、何気なくやり過ごす毎日が、実はとても幸せなことなんじゃないかと、ふと気づかされるからだ。そんな“日常”を描いた小説にもしっかりと光を当てたいと、書店員として思う。（追伸）西村賢太も大好きデス！

次の一冊　『星を撒いた街——上林暁傑作小説集』上林暁（著）、山本善行（撰）／夏葉社
タイトルそのまま。おだやかな光をたたえた私小説。

MARUZEN&ジュンク堂書店札幌店
菊地貴子さん選

〒064-0811
北海道札幌市中央区南1条西2-11
丸井今井南館B2〜4F
TEL 011-223-1911

なんといっても道内一充実した専門書の品ぞろえがジュンク堂書店さんの魅力。各売場ご担当者さんの商品知識もすごい。わ

ミシマ

『風にのってきたメアリー・ポピンズ』

P. L. トラヴァース（作）、林容吉（訳）

岩波少年文庫｜2000年｜295ページ｜定価：720円（税別）
ISBN：9784001140521

何でも知ってて、何でもできる
スーパークールなベビーシッター

ベビーシッターが辞めてしまい、ピンチのバンクス家へ舞い降りたメアリー・ポピンズ。着いて早々、階段の手すりを下から上へ滑りあがってきたり、空っぽの鞄の中からあれこれ取り出す彼女に目を丸くし、ツンッとすまして意地悪でナルシストな彼女に興味津々。「こんな不思議な体験してみたい！」と夢中で読みふけった小学校時代思い出の一冊。風に乗っていったメアリーにまた会いたくて、シリーズを全巻読破するために、図書室に通いつめました。ジンジャーパンって何？ ラム・パンチってどんな味？ 外国では使用人がいっぱいいるの？ と本の中で見る外国文化に想像をめぐらす空想少女でした。

次の一冊
『床下の小人たち』メアリー・ノートン（作）、林容吉（訳）、ダイアナ・スタンレー（絵）／岩波書店
ミニチュアやドールハウス好きに火をつける一冊。

丸善・岡山シンフォニービル店
谷吉祐実さん選

〒700-0822
岡山県岡山市北区表町1-5-1
岡山シンフォニービル地下1階
TEL 086-233-4640

岡山の書店界をリードする、スゴ腕書店員が集う店。岡山県民への文化的貢献度は計り知れません！ ㋗

『リスとお月さま』

ゼバスティアン・メッシェンモーザー（作）、松永美穂（訳）

コンセル｜2007年｜42ページ｜定価：1600円（税別）
ISBN：9784907738464｜装丁：鷹觜麻衣子

ふきだしちゃうくらいおもしろい!!

デッサン画で描かれた美しい絵本です。突然落ちてきたお月さまに奮闘するリス。どんどん巻き込まれる動物たち。動物のかすかな表情の変化が見えたり、細やかなユーモアが効いていて、大人のほうが夢中になりそうです。私は初めて読んだとき、たくさん笑ったあと、絵本の表現の幅ってなんて広いんだろうって感心しちゃいました。こんなにおもしろいのに、ほとんど知られていない。この隠れた名作をぜひ一度読んでほしいです。

次の一冊　『アンジュール—ある犬の物語』ガブリエル・バンサン作／BL出版
知らなかったらもったいない！ 文字がないデッサン絵本の代表。

ジュンク堂書店秋田店
新《にい》野《の》敦子さん選

〒010-0874
秋田県秋田市千秋久保田町4-2
秋田オーパ6F
TEL 018-884-1370

県内最大規模の蔵書数。ミシマ社の本も取りそろえてくださっており『はやくはやくっていわないで』が人気なんです。わ

3月

あの震災を忘れない

March

Date
Mar. 1

No. **060**

『震える牛』

相場《あいば》英雄

小学館｜2012年｜349ページ｜定価:1600円(税別)
ISBN:9784093863193｜装丁:片岡忠彦

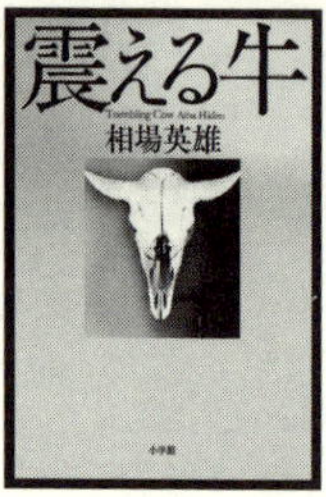

日本の隠蔽体質に 斬り込んだ大作!!

「大店法の廃止」により商店街が活気を失い、高齢者が、「買い物難民」にならざるを得なくなっている。出版業界でも個性のある街の書店が、廃業していった一因でもある。原発の問題を考えても、文中くりかえし出てきたこの言葉、「幾度となく、経済的な事由が、国民の健康上の事由に優先された。秘密主義が、情報公開の必要性に優先された。そして政府の役人は、道徳上や倫理上の意味合いではなく、財政上の、あるいは官僚的、政治的な意味合いを最重要視して行動していたようだ」に著者からの訴えを強く感じた。著者の相場英雄さんと多くの読者で語り合いたい。

次の一冊　『トライアウト』藤岡陽子著／光文社
子育て中や生き方を見つめ直したいときにぜひ読んでいただきたいです。

隆祥館書店
二村知子さん 選

〒542-0061
大阪府大阪市中央区安堂寺町1-3-4
TEL 06-6768-1023

お客様との会話をなにより大事にする街の本屋さん。読者の思いを直接伝える「作家さんを囲む会」も魅力! ㋗

『うんちっち』

**ステファニー・ブレイク（作）、
ふしみみさを（訳）**

あすなろ書房｜2011年｜30ページ｜定価：1200円（税別）
ISBN：9784751525470｜装丁：タカハシデザイン室

笑いをうむ、魔法のことば。

この絵本は、当店での読み聞かせ会で、かなりの頻度で登場します。理由は、とにかく、子どもたちが大よろこびするからです。どうして大きい声で言っちゃだめよって言われることばってたのしくて面白いんでしょう。「うんちっち」。それは、おとなになってもなんだか笑っちゃうことば。でも実は、トイレトレーニングにもなるようにっていうのもこの絵本の裏コンセプト。お子さんはもちろん、ルールにしばられがちな人も「うんちっち」って声に出しちゃうと楽しい気持ちですよ。

次の一冊
『アライバル』ショーン・タン著／河出書房新社
ことば、文化、年齢、そういった枠にとらわれずに自由にイマジネーションをふくらます絵本に出会うことは、本を好きになる大切な一歩。

**三省堂書店下北沢店
雨宮雅美さん選**

〒155-0031
東京都世田谷区北沢2-25-21
大丸ピーコック下北沢店3F
TEL 03-5738-0881

駅からすぐで書籍はもちろん文具も面白いものがあって便利。毎月第3土曜日午後2時からは絵本のよみきかせ会も。わ

『未来ちゃん』

川島小鳥

ナナロク社｜2011年｜204ページ
定価:2000円(税別)｜ISBN:9784904292099
装丁:祖父江慎(cozfish)

かわいらしさと力強さ。

この写真集は、どんな小説よりも雄弁に語っている。ある少女の何気ない日常をごくごく自然に切り取っているだけで、こんなにも人を幸せにできるなんて。未来ちゃんはいつだって全力。泣くときなんて、涙も鼻水もぐちゃぐちゃ。すべて振り払って全身で表現するその姿は躊躇《ためら》いも恥ずかしさもなくて、とてもエネルギーにあふれている。こういう「まんま」の姿を目の当たりにすると、無条件に愛おしくてたまらなくなる。この本を茶の間で眺めていたら、娘に「ほかの子を見てる……」と嫉妬（?）された。それもまた子どもの「まんま」な気持ち。なんだか妙に狼狽《うろた》えて、愛おしくなって抱きしめた。

次の一冊
『なずな』堀江敏幸著／集英社
赤ん坊の体温を感じる育児小説

うさぎや自治医大店
高田直樹さん 選

〒329-0403
栃木県下野市医大前3-1-1
TEL 0285-44-7637

栃木から埼玉、宮城にも展開するうさぎやさんの旗艦店。複数店を股に掛け、今日も売場を飛び回る高田さんは本が命。わ

Date
Mar. 4

No. 063

『にょっ記』

穂村弘

文春文庫｜2009年｜192ページ｜定価：495円（税別）
ISBN：9784167753603｜装丁：名久井直子

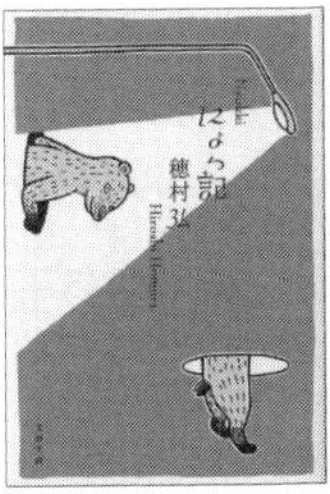

ちょっと ゆるく 生きてみて。

なんとなくゆるくて、ちょっと笑えて、少し考えさせられる。そんな時間って贅沢《ぜいたく》だなと思うのです。満員電車に揺られ、日々のノルマをこなし、くたくたになって眠る。そんな日々にほんの少しうるおいを。穂村さんのような毎日を暮らせるわけではないけれど、この本を読んでいる間と、読み終えてちょっと散歩にでかける時間くらいは、日々のしがらみから離れ、ニヤニヤしてください。そんなことをお客様に伝えたくて、あえてこっそりならべています。そのほうが見つけたときの喜びが大きいから。店の片隅で、お買い上げいただける日を健気《けなげ》に待っています。

次の一冊
『笑う茶碗』南伸坊著／ちくま文庫
笑って暮らすって難しい。だけどできないことはないのです。

恵文社西大路店
鳥居貴彦さん選

〒601-8468
京都府京都市南区唐橋西平垣町19
TEL 075-691-5932

個性的な店づくりで注目される恵文社各店の中で、もっともスタンダードなお店。ぎゅっと中身のつまった本屋さんです。

『まってる。』

デヴィッド・カリ、
セルジュ・ブロック（著）、
小山薫堂《くんどう》（訳）

千倉書房｜2006年｜52ページ｜定価：1500円（税別）
ISBN：9784805108680｜装丁：ペグハウス

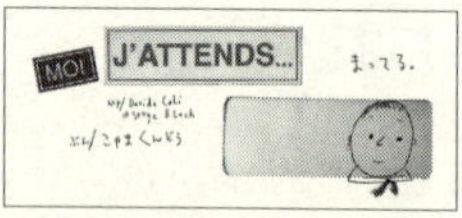

まっててくれて
ありがとう。

5分後、明日、明後日、来週、来月、来年……10年後。それがどんなに先々のことであっても、楽しみにしてた瞬間がやがて訪れると思っていれば、それを待つ時間はとても幸福な時間です。また何かにつまずいたとき、出遅れたとき、ひとりきりになって不安がよぎるとき、そんな自分を待っていてくれる人がいるというのも人間にとってとても幸せなこと。本書もまた、あなたを見守り待っててくれる人のように、あなたをやさしく包み込むことでしょう。たくさんの方がこの温かい大人の絵本と出会い、明日への希望と寄り添っていけることを私は書店員として、まってます。

次の一冊
『ちいさなあなたへ』アリスン・マギー（文）、ピーター・レイノルズ（絵）、なかがわちひろ（訳）／主婦の友社
母から娘へ、娘から孫へ。末永く代々語り継いでほしい名作です。

大垣書店四条店
安原宏さん 選

〒604-8153
京都府京都市中京区烏丸通四条上ル
京都御幸ビル2F
TEL 075-253-0111

個性派書店員が店を支える、京都・四条にある本屋さん。旅好きの店長がつくる、旅行書コーナーも面白い。

『ちゃんと知りたい 大人の発達障害がわかる本［保存版］
——アスペルガー症候群、自閉症スペクトラム、AD／HDの“生きにくさ”を楽にするために』

備《び》瀬《せ》哲《てつ》弘《ひろ》（監修）

洋泉社｜2012年｜112ページ｜定価：1200円（税別）
ISBN：9784862489074
装丁：田中公子（TenTen Graphics）

隣人を知れば 楽に生きれる

実は、私、よく変わっているとか、トッツキにくいとか言われる。考えてみたら、高校時代、クラスに三大奇人なるものがいて、その一人だった。この本読んでて、改めて気になってチェックリストにチャレンジしてみた。ギリギリセーフ……ほっと。いや……ちょっと期待してたのに……ふふ。読むとどんどん楽になる。ああ、なるほどなるほど……どんどん視える周りの人。一度覗《のぞ》いて視て診てください。文中に、「“生きにくさ”を楽にするために」とある。知らないから、しんどいんだ。

次の一冊
『感じる科学』さくら剛著／サンクチュアリ出版
なんと言ってもイラストがかわいい。

宮脇書店総社店
三宅誠一さん 選

〒719-1125
岡山県総社市井手1049-1
TEL 0866-92-9229

「挑戦なくして変革なし」を地でいく、ほんとにオモロイ！ 本屋さん。ミシマ社本の常設棚もあり。ありがとうございます！

『定本 アニメーションの ギャグ世界』

森卓也

アスペクト｜2009年｜438ページ｜定価：2700円（税別）
ISBN：9784757215375｜装丁：平野甲賀

ナゴヤで起こった奇妙な出来事

ビデオ出現の遥か昔、ロジャー・コーマンの「マシンガン・シティ」を1967年度「映画評論」ベストテンの10位に投票した人がいた。キネマ旬報は黙殺。唯一、現在形の評価。今年、特集上映「コーマン帝国」が開催された。私はDVDが初見。ニューシネマ、深作を先取りする傑作と知る。その選評で、スコリモフスキの「バリエラ」を別格として取りあげてある。そんな森卓也氏の名古屋以外の地方の読者の眼に触れることがなかった、『森卓也のコラム大全』（仮）が半数の約1500本収録でトランスビューから今年刊行される。時代がやっと森卓也氏に追いついた。

次の一冊

『私の映画史――石上三《み》登《つと》志《し》映画論集成』石上三登志著／論創社
60年代後半から、石上、森両氏のベストテン選評がたのしみであった。共通点の多さと、微妙な差を。

ちくさ正文館
古田一晴さん 選

〒464-0075
愛知県名古屋市千種区内山3-28-1
TEL 052-741-1137

店長の古田さんがつくる棚は、ひとめでほかの本屋さんと違うことがわかります。全国から多くの出版人が集まるのも納得。く

ミシマ

Date
Mar. 8
水木しげるさんの誕生日

No. 067

『ほんまにオレはアホやろか』
水木しげる

新潮文庫｜2002年｜248ページ｜定価:438円(税別)
ISBN:9784101357317｜装丁:新潮社装幀室

自分次第で人生は
バラ色になるんですっ!!!

言わずとしれた妖怪界の大御所、水木しげるさんの自伝的エッセイ。どんなことが起こってもけっしてメゲない水木さんの人生観に、結局自分次第で人生はドドメ色にもバラ色にもなるのね、と思えます。この器のデカさはただごとではありません！同じアホなら踊らにゃソン！ ソン！ を地でいく水木さん。ああ、水木さん！ LOVE！！ 自分が自分の人生に満足していたら、それが最高の生き方なのです。そう思わせてくれる大変素晴らしい一冊です。しかも笑えます。そして勇気ももらえます。「好きなことを一生懸命。ただそれだけ」が格好よい。

次の一冊 『ボクの音楽武者修行』小澤征爾著／新潮文庫
ほんまに踊らにゃソン！ ソン！ という気持ちになります。

本は人生のおやつです!!
坂上友紀さん選

〒530-0003
大阪府大阪市北区堂島2-2-22
堂島永和ビルディング206
TEL 06-6341-5335

新刊本、古書、雑貨のお店、通称「本おや」。「読書カウンセリング」で、あなたにぴったりの一冊を選んでくれます。ク

『くそったれ！ 少年時代』

チャールズ・ブコウスキー（著）、
中川五郎（訳）

河出文庫｜1999年｜435ページ｜定価：1200円（税別）
ISBN：9784309461915｜装丁：岩瀬聡

憧れの男、憧れのアメリカ。

何となく、名前とジャケットのよさで手に取りました。いわゆるジャケ買いです。まだ、働く前だったと思います。読んでみて、自分はアメリカという国や文化が好きだということに気づかされました。ブコウスキーの不器用で、破《は》天荒《てんこう》な生き方は、まさに文学界のロックスター！ 作品の内容ももちろんよいですが、ブコウスキー自身を敬愛しております。

次の一冊　『地下街の人びと』ジャック・ケルアック（著）、真崎義博（訳）／新潮文庫
ビートニクカルチャーだって面白い。ケルアックも好きです……。

朗月堂本店
中山大樹さん選

〒400-0048
山梨県甲府市貢川本町13-6
TEL 055-228-7356

明治35年（1902年）の創業以来、山梨の知を支えてきた老舗。余談ですが中山さんは私と同様アップル信者です。わ

『死と滅亡のパンセ』

辺見庸《よう》

毎日新聞社｜2012年｜186ページ｜定価：1300円（税別）
ISBN：9784620321066｜装丁：名久井直子

辺見庸を読むには、
覚悟が要る。

辺見はあらゆるものを撃つ。欺瞞《ぎまん》を撃つ。不作為を撃つ。不正を撃つ。そして読む者を撃つ。自らをも撃つ。自らの故郷を襲った大震災を経て、辺見の言葉は「新しい言葉」を目指し、強度を上げた感すらある。読んだ時点ではすぐには飲みこめなくとも、しばらく後になって「ああ、こういうことだったのか」と思える言葉。辺見庸はそんな言葉を残せる、数少ない文学者の一人だと思う。震災直後の発言をまとめたこの本は、混迷する社会の指標である。

次の一冊　『もの食う人びと』辺見庸著／角川文庫
基本でしょう。

ブックスアメリカン北上店
笘《とま》米《べ》地《ち》淳さん選

〒024-0056
岩手県北上市北鬼柳32-42
TEL 0197-63-7600

60〜80年代の古きよきアメリカをイメージした、パンクでファニーでゴツくてキッチュな本屋さん。観覧車もあり。わ

ミシマ

『魂にふれる
──大震災と、生きている死者』

若松英輔《えいすけ》

トランスビュー｜2012年｜225ページ｜定価：1800円（税別）
ISBN：9784798701233｜装丁：菊地信義

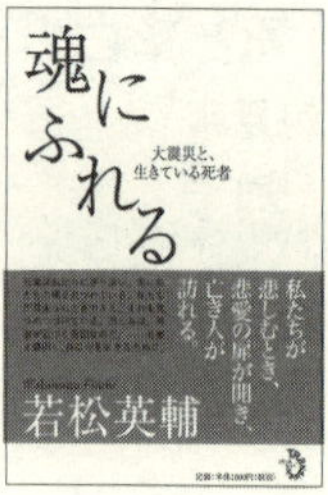

「死んだらどうなるの？」って
子どもに聞かれた時のために

親鸞《しんらん》さん、鈴木大拙《だいせつ》さん、田辺元《はじめ》さん、小林秀雄さん、池田晶子《あきこ》さん、といったそうそうたる難しいことを考えた人たちが、死（死者）をどう考えたか、ってことが書かれた本です。って要約すると、やっぱり難しい本に見えてしまいますね。でもとても親しみ深い感じなのです。私たちが悲しみを乗り越えて、死について考えたときの「もやもや感」を言葉にできたら、けっこう似ているんじゃないかな、と。ぜひ、まずは「悲愛の扉を開く」の章だけでもお目通しください（著者の亡き奥様への思いもあふれ出る本なので、こんなに乱暴な紹介では本当に失礼なのですが……）。

次の一冊　『メタフィジカル・パンチ──形而上より愛をこめて』池田晶子著／文春文庫
「小林秀雄への手紙」が収録されています。

ジュンク堂書店難波店
杉澤敦子さん 選

〒556-0017
大阪府大阪市浪速区湊町1-2-3
マルイト難波ビル3階
TEL 06-4396-4771

都会のど真ん中にある、ワンフロア1000坪超の「本の森」。店長・福嶋聡さんの著書『劇場としての書店』も要チェック！

Date
Mar. 12

No. 071

『原発危機と「東大話法」
――傍観者の論理・欺瞞の言語』

安冨歩《やすとみあゆむ》

明石書店｜2012年｜270ページ｜定価：1600円（税別）
ISBN：9784750335162｜装丁：明石書店デザイン室

強面のタイトルで
手に取りづらいかもしれませんが
読みやすいです。

忘れられた被災地といわれる茨城県ですが、東日本大震災のショックは大きく、いまだ復旧の途上です。当店は今も関連書のフェアを継続し、人文書も震災後がキーワードとなっています。つくば市は、ひと昔前は、人の集まるところで石を投げると東大卒に当たると言われた土地がら（？）、「東大」というタイトルがつく本はよく売れます。『原発危機と「東大話法」』もその流れ（？）に乗って、順調に売れています。本当に読みやすく、今後の日本を考える上で重要な本になると思います。あらゆる局面で、戦後の検証が不十分であったことが、今回の事故の原因のひとつとも言われ、3.11後についても、同じ轍《てつ》を踏みそうな兆候が見られるなか、この本の役割は重要なのでは。

次の一冊
『生きる技法』安冨歩著／青灯社
帯がいい！「助けてください」と言えたとき、人は自立している。

友朋堂書店梅園店
矢口剛史さん 選

〒305-0045
茨城県つくば市梅園2-25-10
TEL 0298-51-1161

学園都市つくばといえば友朋堂書店。梅園店さんはオープンから30年、山椒は小粒でもピリリと辛い本屋さんです。わ

2016年2月に閉店。

『人を助けるとはどういうことか
──本当の「協力関係」をつくる7つの原則』

エドガー・H・シャイン（著）、金井真弓（訳）、
金井《かない》壽宏《としひろ》（監訳）

英治出版｜2009年｜293ページ｜定価：1900円（税別）
ISBN：9784862760609｜装丁：重原隆

今こそ！日本中で読むべき本！

ずっと残るだろう、重版を重ねるだろう、改訂されたりもしてきっと長く読まれ続けるだろうと思った本は、発売時はさほど売れなかったりします。爆発的に売れるだろう、というのとは、感触が違う。しつこく平積みを続けてようやくわかるのです。間違ってなかった、これはやっぱり良本だ！（途中であきらめてしまうと、そのうちにほかの書店で実証されてしまって、ちぇっと思って終わり）。3.11後、すぐに「今こそ日本中で読むべき本」と書いたPOPを作成しましたが、ほんとうは「いつでもどこでも読むべき本」だと思ってます。

次の一冊
『学習する組織──システム思考で未来を創造する』ピーター・M・センゲ（著）、枝廣淳子、小田理一郎、中小路佳代子（訳）／英治出版
少々重たい本ですが、ぜひ挑戦を！

三省堂書店そごう千葉店
竹内蓉子さん選

〒260-0028
千葉県千葉市中央区新町1000番
そごう千葉店9F
TEL 043-245-8331

映画セットを模した千葉そごう9階に立地。まるで別世界の空間にシックな佇まいの書店。カフェも併設で愉しい気分。わ

『新版 遠野《とおの》物語——付・遠野物語拾遺』

柳田国男

角川ソフィア文庫｜2004年｜268ページ｜定価：476円（税別）
ISBN：9784043083206｜装丁：大武尚貴＋鈴木久美
（角川書店装丁室）、てぬぐい 若松（かまわぬ）

**震災は数え切れない悲話哀話があったけど、
語り継ぐ事って大切です。**

中学生の頃、ラジオで聞こえていたのが、フォークグループ「飛行船」のあんべ光俊《みつとし》が歌う「遠野物語」。今の店のスタッフさんと話しても誰も知らないでしょう。あんべさんと同じ東北育ちである私の思春期に少なからず影響を与えた歌です。この歌を聴いた後にはじめて「柳田國男さんの『遠野物語』」を知り、本屋さんに行きました。遠野地方に古くから伝わる伝説や昔話などを集めた物語。美しい文章と自然界の不思議さの虜《とりこ》になり、その後の宮崎駿ワールドに引き込まれていきます。この思い出の本が昨年の東日本大震災で思い出されたのは悲しくもありますが、今だからこそ伝えたい一冊かも。

次の一冊　『アンジュール——ある犬の物語』ガブリエル・バンサン作／BL出版
一度開いて見てください。感動は文章や言葉だけじゃない！

ハートブックス若草本店
橋本道明さん選

〒324-0021
栃木県大田原市若草1-721
TEL 0287-22-2036

栃木県の米どころにして、あの那須与一ゆかりの地、大田原市にあり、書籍・文具・雑貨にドトールコーヒーも併設。わ

『市民科学者として生きる』

高木仁三郎《じんざぶろう》

岩波新書｜1999年｜260ページ｜定価:820円（税別）
ISBN:9784004306313

いま 本当に 感じる!!
この人を失ったことの大きさを…
科学を目指す人に読んで欲しい!!

本屋が「どうしても届けたい一冊」。うーん、あれもいい、これもいい。七転八倒。もう一度、趣意書を読む。目に飛び込んできたのは「どうしても」という言葉。そうだ、「どうしても」というなら、これだ。今現在、日本は原発が稼働していない貴重な時間を手にしている。しかし、原発事故で苦しんでいる人たちがまだ大勢いるのに、まるであの事故がなかったかのように、再稼働にむけて突き進んでいる。国をあげて原発を推進してきた時代に、冷静に警鐘《けいしょう》を鳴らし続け、圧倒的な少数派であった反対住民に寄り添い続けた高木仁三郎を失っていることの無念さ。第二、第三の高木仁三郎をひとりでも増やしたいと願い、「どうしても」届けたい一冊です！

次の一冊　『高木仁三郎セレクション』佐高信、中里英章編／岩波現代文庫
次に読み進むのにピッタリの最新刊です！！

ブックショップ リード
吉本洋さん選

〒921-8147
石川県金沢市大額2-67
TEL 076-296-0230

かわいい2匹の看板猫がいます。ほんちゃんとりーちゃん。やさしくあたたかな雰囲気に満ちた街場の本屋さんです。わ

『学校──ルポ夜間学校』

松崎運《みち》之《の》助《すけ》

晩聲社｜1981年｜217ページ｜定価：1600円（税別）
ISBN：9784891880897｜装丁：鈴木一誌

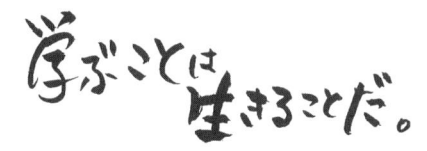

学ぶことは生きることだ。

本書は夜間中学なる場所が舞台のノンフィクションだ。夜間中学で学ぶいろんな環境の人たちが自分では抗《あらが》えない運命の中、貧困や戦争のためになぜ学べなかったのか、そして学べなかった結果「読み書き計算」ができないばかりにどれだけの苦汁を味わったのかも本書ではふれている。人間の「学びたい」という渇望ともいえる欲求が力強く描かれ、どのエピソードも読む側の心が軋《きし》むほどに過酷でせつない。しかし、これほどに人の尊さと力強さを感じさせてくれた本はない。

次の一冊
『僕が写した愛しい水俣』塩田武史著／岩波書店
この本も生きるって何だろう、何かを背負って生きるって何だろうって考えると同時に、人間の力強さも実感します。

紀伊國屋書店高松店
米田香代さん 選

〒760-0029
香川県高松市丸亀町1-1
高松丸亀町壱番街3F
TEL 087-811-6622

マニアックな本、渋い本までしっかりそろった、予測不可能な品ぞろえ。これは、スタッフの底力があってこそ。

ミシマ

2017年5月に閉店。

『信頼』

アルフォンソ・リンギス（著）、岩本正恵（訳）

青土社｜2006年｜269ページ｜定価：2400円（税別）
ISBN：9784791762330｜装丁：戸田ツトム

哲学書に涙せよ！

この本を読んだときの高揚感は忘れられない。いま、人とのつながりとか、絆《きずな》という言葉を聞かない日はない。それは逆に言うと人間関係が薄くなっている社会ですよ、ということなのだろう。信頼とは、リンギスは言う。「信頼とは意思をむき出しにして相手の知りえない核に突き進むことではない。マダガスカルのジャングルで現地の若者に道を案内される。彼について行って自分が無事でいられるか。『信頼とは危険を笑う』そして『信頼とは未知なるものに跳び込むこと』」だと。自分ひとりではだれも生きていけない、信頼とは「勇気にあふれ感情的で欲情的」なもの。よし、旅にでよう。そう読む者を突き動かす力を持つ。哲学の本だが読みやすく、リンギスが隣で話しかけてくれるような本だ。こんな本はあまりない。

次の一冊
『遠い太鼓』村上春樹著／講談社文庫
この本を持ってイタリアに行ったとき、どれだけ救われたか。

フタバ図書MEGA中筋店
芝健太郎さん選

〒731-0122
広島県広島市安佐南区中筋4-11-7
TEL 082-830-0601

西日本でも有数の、専門書を取りそろえた郊外型大型書店。芝さんの「面白い！」を起点にした店づくりが魅力です。

『ギヴァー――記憶を注ぐ者』

ロイス・ローリー（著）、島津やよい（訳）

新評論｜2010年｜253ページ｜定価：1500円（税別）
ISBN：9784794808264｜装丁：山田英春

未来の少年の成長物語。
読みはじめたとき
もうひとつの人生がはじまり
それは、読み終えても終わらない。

1995年に出た最初の訳本は、ほどなく絶版になった。本は消えたが、読者は残った。この本を忘れない読者たちは、ウェブを介して互いを発見しあい、新しい読者に届けたいという想いで結びついていった。その輪はゆっくりと広がり、やがて2010年の新訳版に結実する。世界を眺めるとき、私たちは五感の受け取るすべてを自覚しない。世界のように豊穣《ほうじょう》なこの本も、書かれている以上を読ませ、受けたと思うより深く衝撃を残す。出会うべき本に出会い損ねていた人が、出会った後ではじめて、出会う前の無念を感じるように。

次の一冊
『ドリームハンター』エリザベス・ノックス（著）、鈴木彩《さ》織《おり》（訳）／NHK出版
ゼロ年代最高のファンタジー。これも届かずに消えそうです。

みどり書房桑野店
東野徳明さん選

〒963-8032
福島県郡山市下亀田16-16
TEL 024-939-0047

東野さんいわく、「故郷を離れているお客様が、『帰ったら必ず寄らなくちゃ』と思ってくれるようなお店でありたい」。わ

Date
Mar. 19

No. **078**

『詩ふたつ』

長田《おさだ》弘（著）、グスタフ・クリムト（画）

クレヨンハウス｜2010年｜48ページ｜定価：2800円（税別）
ISBN：9784861011726｜装丁：森枝雄司

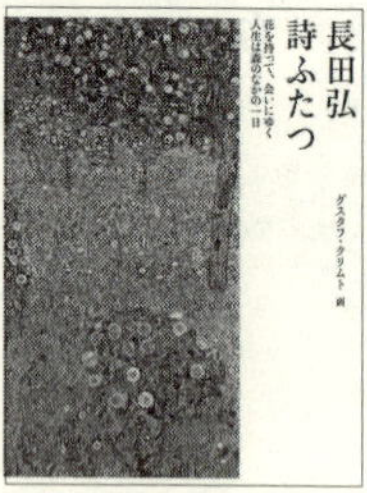

大切なひとを想って、
そっとひとりで読んで下さい。

はじめて出会った長田弘さんの作品は、『深呼吸の必要』でした。見えない何かにもがいていた時期に、ひとりベッドの上で声に出して読んでいると、なぜか涙が頬をつたっている自分に驚き、言葉がからだの中に入り込んできたのを感じた瞬間でした。そして、この詩集もまた。「けっしてことばにできない思いが、ここにあると指さすのが、ことばだ」。短い言葉の一つひとつをかみしめながら声に出して読んでいると胸がしめつけられたり、ふとゆるんだり……。大切な人の死に直面したとき、この詩集に刻まれた言葉とクリムトの絵が静かに深く、そしてやさしく気持ちを受け止めてくれるはず。

次の一冊　『アンジュール――ある犬の物語』ガブリエル・バンサン作／BL出版
文字がなくても、ここまで犬の気持ちが伝わるなんて。これぞ絵本です！

クレヨンハウス大阪店
山本能里子さん選

〒564-0062
大阪府吹田市垂水町3-34-24
TEL 06-6330-8071

子どもの本が約2万冊！ 座り読みOKのテーブルもあり、じっくり選べます。1階のオーガニックフードもいいですよ。く

『HEARTBEAT』

小《しょう》路《じ》幸《ゆき》也《や》

東京創元社｜2005年｜315ページ｜定価：1500円（税別）
ISBN：9784488017156
装丁：岩郷重力＋WONDER WORKZ。

この本のハートビートが
誰かに届きますように。

手に取ったのは小路さんの本が好きだったから。別々のふたつの謎を巡る、愛する人を想うがゆえのやさしさにあふれたこのお話の結末に涙が止まりませんでした。何気なく選んだ本に感動させられるというのは読書の喜びですよね。もっとこの本を広めたいという気持ちはありながら、当時まだ文芸担当になって日が浅く、どうすればそれができるのかわからないまま時間が過ぎてしまいました。今になってこういう形で発信できるのがとても嬉しいです。発行されてから少し時間がたっていますが、いつも必ず棚に差してあります（文庫版もあり）。誰かに気づいてもらえるように。

次の一冊
『ギフト』日明《たちもり》恩《めぐみ》 著／双葉文庫
少し寂しいけれど清々しい読後感が似ている気がします。

ジュンク堂書店仙台TR店
冨谷美希さん選

〒980-0021
宮城県仙台市青葉区中央3-6-1
仙台TRビルB1階
TEL 022-265-5656

書店散策がお好きな方にはオススメの長い（！）お店。大きなフェアを仕掛けてくださり、ミシマ社本も充実してます。は

ミシマ

Date
Mar. 21

No. **080**

『伝えたいこと——濱崎洋三著作集』

濱崎洋三《はまざきようぞう》

定有堂書店｜1998年｜441ページ｜定価：2800円（税別）
ISBN：9784812306109｜装丁：中山昇治

定有堂で一番読んで欲しい本。

インディペンデント・マインド

定有堂という本屋の個性を易《えき》の卦《け》でみると「天火同人」。野にあり、想いをひとつにして事にあたる。で、25年、市井《しせい》の読書会を続けている。読む本は人文書。講師の遺稿集がこの『伝えたいこと』。定有堂最初で最後の刊行物。伝えたいことは何か？ 著者の少年時の戦後体験の第一歩にはじまる。「大声で叫ぶ人、人を動かそうとする人、そういう人達こそを信じてはならない。」そのためには、自分で考えなければならない。教育は本来大人の想いで「閉じたもの」であり、「本」こそが「開く力」を与えてくれる、と。リベラル・アーツの熱い主張が、ここにある。

次の一冊
『贈り物と交換の文化人類学——人間はどこから来てどこへ行くのか』小《こ》馬《んま》徹著／御茶の水書房
人が、想いが、通じ合う。「贈与論」に導かれて、言葉が開く。

定有堂書店
奈良敏行さん選

〒680-0037
鳥取県鳥取市元町121
TEL 0857-27-6035

本好き、本屋好き、そして猫が好きな人たちのための本屋さん。店主・奈良さんのやさしさがにじみ出ています。

『獄中記』

大杉栄（著）、大杉豊（解説）

土曜社 | 2012年 | 224ページ | 定価：952円（税別）
ISBN：9784990558727 | 装丁：豊田卓

一犯一語

僕は監獄で出来あがった人間だ！

大杉は、1906年3月東京監獄入獄以来、入るたびに外国語を習得した。「一犯一語」。「年三十にいたるまでには必ず十カ国の言葉で吃ってみたい」と万巻の書を読破し、思索し、人間観察。看守や囚人たちとのやりとりは、すこぶる明るい。また、牢に入ってこそわかる妻のこと、飯のこと、懲罰、死刑囚や死刑執行人のこと、それに獄死の恐怖……細やかな人間性もうかがえる。入っていたからこそ「大逆事件」を免《まぬか》れた。「どんな逆境でも勉強できる」というような教訓を、私は絶対垂《た》れない！

次の一冊
『黒旗水滸伝』竹中労《つとむ》（著）、かわぐちかいじ（画）／皓星社
しばらく品切だった本。新装版で登場。

海文堂書店
平野義昌さん選

〒650-0022
兵庫県神戸市中央区元町通3-5-10
TEL 078-331-6501

海の本とともに、今年で創業98周年！ 若手書店員さんのファンが多数の、質実剛健の老舗書店。

2013年9月に閉店。

『日本一のクレーマー地帯で働く日本一の支配人——怒鳴られたら、やさしさを一つでも多く返すんです！』

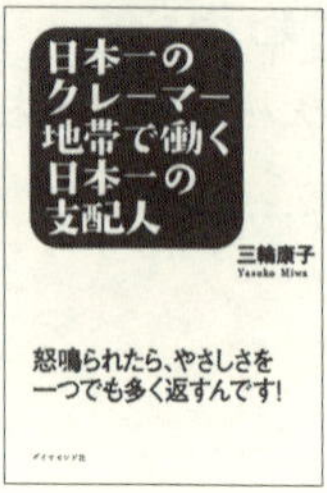

三輪康子

ダイヤモンド社｜2011年｜232ページ｜定価：1429円（税別）
ISBN：9784478015957｜装丁：石間淳

"歌舞伎町のジャンヌ・ダルク"って誰？

数あるクレーマー本の"最高傑作"です！ とてもとてもマネできませんが、この本を読むことだけでも多くの方の"心のウサ"が晴れるのではないでしょうか。本屋の究極の目的もまた"人の気持ちを救うこと"なのかもしれません。『日本一のクレーマー地帯』が気になり読みだしたら、すごい。すごい。ノックアウトでした。新宿の書店よりも売ってやるぞの意気込みで昨年、平和台店で「今年、最も売りたい本」としてアピール！ 結果80冊を販売することができました。今年は瑞江《みずえ》店でもおすすめ中です。松下奈緒さんで映画化してほしいなぁ……。

次の一冊　『働く君に贈る25の言葉』佐々木常夫著／WAVE出版
新入社員にはぜひ読んでほしい。適格なアドバイス満載！

あゆみBOOKS瑞江店
中沢仁さん㊎選

〒132-0011
東京都江戸川区瑞江2-5-1
ドーミー瑞江1F
TEL 03-3698-5281

お店の特徴を伺うと「金太郎飴でもおいしけりゃいいじゃないか！ 甘いかな？」と笑う中澤店長。手が入った棚が魅力。ⓦ

『傷だらけの店長
──それでもやらねばならない』

伊達雅彦

PARCO出版｜2010年｜279ページ｜定価：1300円（税別）
ISBN：9784891948245｜装丁：鈴木成一デザイン室

これはオレなのか

この本の書店店長と同じく、昨年私も店長として自分の店の閉店に立ち会った。そんなことだけでなく、この店長の苦悶《くもん》の日々はあまりに自分の状況に似すぎている気がして、読むのが苦しかった。そう感じた書店員は間違いなく私だけではないはずだ。志ある若き書店員は必読。最終章を読んで何も感じなかったら、ほかの仕事を探していただきたい。そして、本屋という場所自体が好きで、そこで本を買うことがすでに読書の一部、などという人がいたらぜひこの本を読んでほしい。そして我々書店員の誇りのようなものを感じ取ってほしい。

次の一冊
『女子の古本屋』岡崎武志著／ちくま文庫
本を売ることは、なんでこんなに素晴らしいのだろう。

Book Cumu NHK店
森本革さん選

〒150-0041
東京都渋谷区神南2-2-1
NHK放送センター1F
TEL 03-3481-1678

NHK放送センター内に用事がある際は（用事がないと入れません！）、森本店長に会いにぜひ寄ってみてください。わ

2015年12月に閉店。現在は同じ場所でBookプラスNHK店が営業中。

『新装版　密閉教室』

法月《のりづき》綸《りん》太《た》郎《ろう》

講談社文庫｜2008年｜445ページ｜定価：695円（税別）
ISBN：9784062760270｜装丁：岩郷重力

流行のミステリーは読んじゃった…という方に！

いらっしゃいませ。目先の変わったミステリーをお探しですね？ならこの作品をおすすめします。「密閉」の文字通り、ガムテープで目貼りされたドアをこじ開けると、男子生徒の死体が！自殺か他殺か？ 教室から全部消え失せた机と椅子はどこへ？誰がなぜそんなことを？ この謎に挑むのは、発見された生徒のクラスメートでミステリーマニアの工藤少年。最後の最後まで続くどんでん返しは圧巻です。本格ミステリーの入門書としても、一風変わった青春小説としても楽しめますし、ライトノベルがお好きなお客様にも楽しんでいただけると思います。いかがですか？

次の一冊
『8の殺人』我孫子武丸著／講談社文庫
『かまいたちの夜』で知られる著者の本格ミステリー。

ブックファースト川西店
木野潤子さん選

〒666-0033
兵庫県川西市栄町20-1
阪急川西能勢口駅
TEL 072-758-8988

本大好きの木野店長が取り仕切る、駅構内の書店。限られたスペースの中、店長のこだわりが潜んでいます！

『グッドラックららばい』

平《たいら》安《あ》寿《す》子《こ》

講談社文庫｜2005年｜567ページ｜定価:781円(税別)
ISBN:9784062751063｜装丁:鈴木成一デザイン室

名言続出！
幸せにスタンダードなんてない！

役割を数えたことはありますか？ たとえば、娘であり妻で母である。ところを変えれば部下であり上司であり、先輩で後輩だ。役割ばかりの世の中は、だからこそ個々人の努力によってけっこううまく回っている。この小説は、そんな役割なんのその、常識をぶち壊し、もがきながらも自分の気持ちに素直に生きる生命力に満ちあふれた家族の物語である。母のプチ家出から始まる大騒動。出版社の営業3名が楽しそうに感想を話し合っていたのが印象的な本書は、名言集としても楽しめる心に響く一冊だ。解説は山田詠美さん。

次の一冊
『季節風 夏』重松清著／文春文庫
こちらもこちらで素敵にもがいています。雨の日におすすめの一冊。

啓文堂書店永福町店
角《すみ》田《だ》恵子さん選

〒168-0064
東京都杉並区永福2-60-31
京王リトナード永福町3階
TEL 03-5355-6331

晴れた日はここで本を買ってから富士山が臨める屋上庭園「ふくにわ」へ。ベンチに腰掛け読書をすれば最高の気分に！わ

『小指の思い出』

野田秀樹

而立書房｜1984年｜155ページ｜定価：1000円（税別）
ISBN：9784880590721｜装丁：園原洋一

ことばのイメージに

身を委ねてみよう。

今や日本を代表する劇作家・演出家である野田秀樹の傑作初期戯曲。わたし自身書店員になるずっと前、芝居に明け暮れていた青春時代に出会った一冊。無理に細部を理解しようとせず、ことばからつむぎ出されるイメージのつらなりにただ身を任せるようにしてくりかえし読んだものだった。のちに書店員となり、読む本はしぜんと戯曲から小説へと移っていったが、つねに想像力の飛翔によって描かれた物語世界に心惹かれ続けてきた。今あらためてフィクションの力を信じ、本書を通じて物語の愉《たの》しみと悦《よろこ》びを一人でも多くの人とわかち合うことができたら。

次の一冊
『万延元年のフットボール』大江健三郎著／講談社文芸文庫
想像力はさらに飛躍し、ほとんど現実を凌駕する圧倒的な一冊。

ジュンク堂書店池袋本店
鎌田伸弘さん選

〒171-0022
東京都豊島区南池袋2-15-5
TEL 03-5956-6111

都内随一の蔵書を誇り、ほしい本が見つかります。知識が豊富な書店員さんばかりで、フェア棚の遊び方が素晴らしい！は

『綾辻行人と有栖川有栖のミステリ・ジョッキー(3)』

綾《あや》辻《つじ》行《ゆき》人《と》、有《あり》栖《す》川《がわ》有《あり》栖《す》(編・著)

講談社｜2012年｜319ページ｜定価：1700円(税別)
ISBN：9784062175319｜装丁：坂野公一(welle design)

本格ミステリの名作を読み、
人気作家の解説が楽しめる。
おいしい一冊！

二人の選者がおすすめの本格ミステリ短編をラジオのDJ風に流し（読ませ）、その作品について、二人が魅力を語り合う形式のアンソロジー。この第3弾で完結だけあって、いわば「とっておきの名作」が採りあげられており、本格ミステリのアンソロジーとしても完成度が高い。栗本薫、山村美紗など、現在は本格作家として認識されていない作家も紹介しており、先達への多大なリスペクトを感じる。そして、島荘！ チェスタトン！ 風太郎！ 鮎川哲也！ あぁ、なんと素晴らしい本格傑作の数々。特に新本格作家以降からミステリの世界に入った若い世代の読者にこそ読んでいただきたい。本格ミステリの鑑賞ポイントも丁寧に教えてくれる。これを読んで、さあ、さらに深い本格の世界へ！

次の一冊
『りら荘事件』鮎川哲也著／創元推理文庫
綾辻・有栖川両氏にも影響を与えた偉大なる先人の傑作をぜひ！

啓文社コア福山西店
三島政幸さん選

〒729-0106
広島県福山市高西町4-3-61
TEL 084-930-0901

副店長の三島さんは、全国の出版人に愛される有名書店員。しかも、ミステリーの詳しさはトップクラスです。く

ミシマ

Date
Mar. 29

No. **088**

Page
098

『高山なおみの料理』

高山なおみ

メディアファクトリー｜2003年｜134ページ
定価：1600円（税別）｜ISBN：9784840107105
装丁：立花文穂

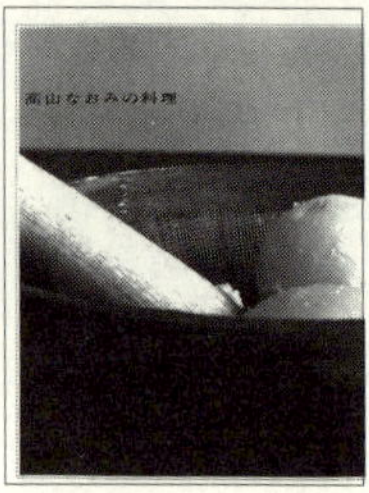

あっ、料理ってこういうこと、という確信。
感覚が体に戻ってきます。

はじめてつくったタプナード。アンチョビやバジルなどがつぶされたすり鉢の中に、つやつやした黒オリーブがごろっといる姿。その後の展開に想像をふくらませ、心つかまれていた。母の叔父が桐の木でつくってくれた力強いすりこぎが家にあり、小さい頃、すり鉢を押さえるのは私。ときどき擂《す》る役目に代わると夢中になり、勢いよくこぼしていた。いまはそっと添える加減を覚え、素材が変化していくさまをたのしめるようになっている。時間を含む写真、日常も切りとるイラスト、素材・道具に向き合う暮らしそのものからにじみ出たことば……この本のつくられ方、すべてが好き。

次の一冊　『世の中で一番おいしいのはつまみ食いである』平松洋子著／文春文庫
『こねて、もんで、食べる日々』の文庫版。まずは手でつかんでみる！

青山ブックセンター六本木店
岸靖子さん選

〒106-0032
東京都港区六本木6-1-20
冨山電気ビル
TEL 03-3479-0479

デザイン系の本の充実は、さすがです。いつ行ってもインスピレーションが得られる感度の高いお店です。は

2018年6月に閉店。

『富士日記(上)』

武田百合子

中公文庫｜1997年｜474ページ｜定価:933円(税別)
ISBN:9784122028418｜装丁:中央公論新社デザイン室

アクセル踏み放しの車に乗り
翻弄される喜びを知る

たくさん食べ、たくさんしゃべり、大きな声で笑い、庭を駆け上がり駆け下り続けた、富士の山荘での暮らしぶりが13年間にわたって綴られた日記。軽やかで、正確な観察眼と感性、そして行間からこぼれ出す可笑《おか》しみ。読み始めたら歯止めが利かなくなっていく。それはまるで武田百合子さんに蝕《むしば》まれていく自分を嬉しがっているような気分だ。山荘へ向かう途中で、――腰掛けて海を見ていた主人はふらりと私の首に手をまきつけて寄りかかった。「……うふふ。死ぬ練習。すぐなおる」と、ふざけたように呟《つぶや》いた。めまいはすぐなおった。――これから、あるいは結婚して何年も経った人にも推薦します。(全3巻)

次の一冊　『目まいのする散歩』武田泰淳《たいじゅん》著／中公文庫
武田百合子さんの口述筆記で完成された、野間文芸賞受賞作。

一月と六月
阿部義弘さん選

〒684-0024
鳥取県境港市日ノ出町48
TEL 0859-44-1630

境港市、水木しげるロードのすぐ近くにある、暮らしをテーマにしたセレクトブックショップ。街を見守る、灯台のようなお店。ミシマ

Date
Mar. 31

No.
090

『瓦礫の中から言葉を
──わたしの〈死者〉へ』

辺見庸《よう》

NHK出版新書｜2012年｜194ページ｜定価:740円(税別)
ISBN:9784140883631｜装丁:albireo

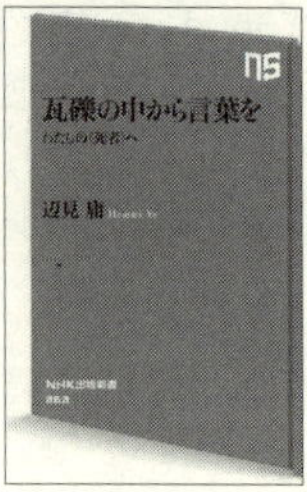

〈言葉と言葉の間に屍がある〉
って すごい 言葉です……。

「3.11」(嫌な言葉だ)以降、しばらくの間は本を読む気が起きなかった(売ってはいたが)。この本で、何かが「氷解」したわけじゃないが、少なくとも「3.11以前の本屋のあり方は終わった」、このことだけは明確になった(あと"本屋"の代わりに任意の語を入れても可!)。というか、「そもそも終わってるのに気づかないフリをしていただけ」なのだ。そしてそれは今も続いている……脱力。この本を読み返し、改めて思う。「3.11」はまだ始まったばかりだ。常にすぐそこにある(少なくとも私にとっては)。でもそうなんじゃないの?!

次の一冊
『いねむり先生』伊集院静著/集英社
泣ける。胸に迫った。紋切型だが、そうなんだからしかたない。

あゆみBOOKS仙台店
二階堂健二さん 選

〒980-0014
宮城県仙台市青葉区本町2-3-10
仙台本町ビル1F
TEL 022-712-7654

ウィスパーボイスの二階堂さん◎つられてこちらも小さな声でお話します。 は

2014年12月に閉店。

4月

新生活のスタートに

April

『日本でいちばん大切にしたい会社』

坂本光司

あさ出版｜2008年｜207ページ｜定価：1400円（税別）
ISBN：9784860632489｜装丁：冨澤崇（EBranch）

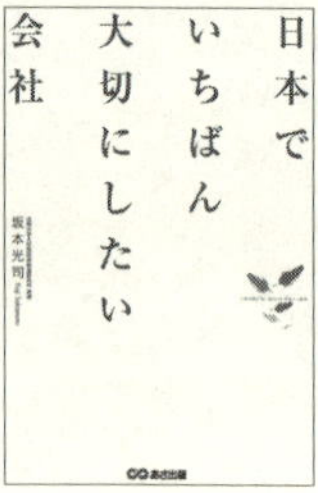

「働く」という字は
人が動くと書きます。
「働く」ことの原点を見つめ直す一冊です。

働くということ、会社を経営するということの意味、人を従業員をそして顧客を幸せにすることがすべての土台にあることを改めて感じることができる一冊です。日本の企業で実際にあったさまざまなエピソードはどれも心に響き、胸がアツくなります。自分のあり方や仕事に対する向き合い方、生き方を見つめ直すことができます。本町店はビジネス街にあるため、企業の研修などで一括注文をいただくことも多いこの書籍は、お客様から「よい本なんだよ」と入社時に教えていただいた本のひとつです。

次の一冊

『人を助けるとはどういうことか——本当の「協力関係」をつくる7つの原則』
エドガー・H・シャイン（著）、金井真弓（訳）、金井壽宏（監訳）／英治出版
人と人がつながり支え合うということをもう一度考えさせられます。

紀伊國屋書店本町店
髙澤敦子さん選

〒541-0052
大阪府大阪市中央区安土町2-3-13
大阪国際ビルディング1F
TEL 06-4705-4556

独特な仕掛け販売は必見。スタッフのみなさんの「この本を読んで！」という熱気がバンバン伝わってきます。

Date
Apr. 2

No. 092

『最辛大学ガイド 2013
——一番新しく、どこよりも辛口！』
石《いし》渡《わたり》嶺《れい》司《じ》、山内太地

中央公論新社｜2012年｜974ページ｜定価：1900円（税別）
ISBN：9784120043703｜装丁：山影麻奈

15歳からの就活本!!

ありそうでなかった構成が、読者思いです！ まず各業界のインデックスから始まり、就職先データ・年収ランキングがあって、大学受験モデルプランの紹介へと掘り下げてあります。しかも、大学の広告いっさい抜き！ つまり、スポンサーへのリップサービスが必要ないため、読者の利益優先！ そんな著者お二人が手分けして回った大学は1200校余り。講演会や就活記事でも活躍中で、有益コラムも満載。各業界ごとに現場の中堅社員が語る本音インタビューも読みがいあり！ 厳しい現場の生情報を、日本全国の若者に役立ててほしい……という想いをお届けしたいです！

次の一冊　『学ぶためのヒント』渡部昇一著／祥伝社黄金文庫
たとえ一流大に入れなくても、一流教授の本はいくらでも読める！

BookDepot書楽
髙嶋澄香さん選

〒338-0001
埼玉県さいたま市中央区上落合2-3-5
アルーサB館
TEL 048-859-4946

埼玉県下最大規模5435㎡の広さを誇りつつも、創意工夫の人の手が感じられる超弩級書籍複合店。そのデカさに驚愕《きょうがく》。わ

ミシマ

『万寿子《ますこ》さんの庭』

黒野伸一

小学館 | 2007年 | 299ページ | 定価:1400円(税別)
ISBN:9784093861823 | 装丁:片岡忠彦

ひさしぶりに庭いじりがしたくなった。

どうするだろう? 引っ越し先で隣のおばあさんにいきなりイタズラをされたら。私はごめんだ、こんな隣人。即退居したい。だけど京子は、こんなおばあさん・万寿子さんと友人関係を築くからすごい。78歳と20歳のガールズトークは若者同士のそれよりも華やかだ。古いワンピをおそろいで着るのも可愛らしく、なんとも微笑ましい。人づきあいが少し苦手な女子ふたりが支え、支えられて送る日々を、万寿子さんが育てた庭の花たちが温かく見守る。読み終えると、ひさしぶりに庭いじりがしたくなった。さて、私はどんな花を咲かせようか。

次の一冊 『その時までサヨナラ』山田悠介著/文芸社
大切な人への気持ち、それは伝えてはじめて愛になると知りました。

今井書店出雲店
柘植《つげ》誓子さん(選)

〒693-0066
島根県出雲市高岡町1237-1
TEL 0853-22-8181

古代出雲関連の本なら、品ぞろえ日本一! 出雲大社に行くときは、こちらで関連本をチェックしてからGO!

『からくりからくさ』

梨《なし》木《き》香《か》歩《ほ》

新潮文庫｜2002年｜447ページ｜定価:590円(税別)
ISBN:9784101253336｜装丁:新潮社装幀室

私にとってはなくてはならない
大切な宝物です!!

ストーリー、世界観すべてが好きで何度も読みました。100回くらい。私の文庫本はぼろぼろになってしまいました。でも、そのほころびも愛しくて、手放せない大切な本です。ただ読むだけではなく、作中に出てくる植物を図鑑で調べたり、出てくる料理を実際につくってみたりすると臨場感があって楽しめます。お客様にオススメの本を聞かれたら、この本をいつも紹介してしまいます。ずっと平積みしていたい。文庫担当で本当によかったです。

次の一冊　『雪と珊瑚と』梨木香歩著／角川書店
食べるって幸せなことだなぁと思わせてくれるやさしい物語です。

紀伊國屋書店福岡本店
上妻《こうづま》典子さん選

〒812-0012
福岡県福岡市博多区博多駅中央街2-1
博多バスターミナル6F
TEL 092-434-3100

テーマは愛！ 本への愛がビンビン伝わってきます。スタッフさんの手書きPOPは、熱くかわいいものばかり。く

ミシマ

Date
Apr. 5

No. **095**

『なずな』

堀江敏幸

集英社｜2011年｜436ページ｜定価：1800円（税別）
ISBN：9784087713770｜装丁：堀江敏幸

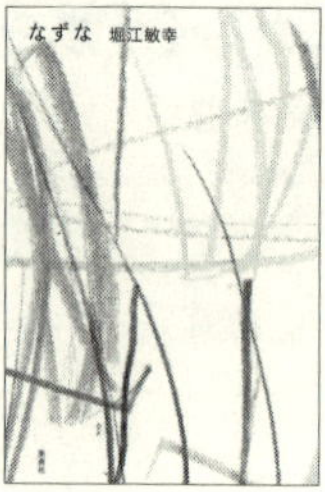

「子供を育てるっていいな」
初めて、そう思いました。

40代、独身、子育て経験なしの男が、生後2カ月の姪《めい》っ子「なずな」を預かることに。慣れない父親役としての育児を続ける姿を描いた保育小説。子どもがいる、いない。一方からだけではわからない自分の世界の見え方の違いを感じさせてくれます。赤ん坊のちょっとした変化とか、周囲の人々の気づかいとか、細かな描写から温かさが伝わってきて、読みながらやさしい人になれました。「子どもは苦手」、そう思っている方にもぜひ読んでほしいです。私がそうでしたので。

次の一冊
『卵の緒』瀬尾まいこ著／新潮文庫
子どもの目線から描いた親子の絆《きずな》が素敵です。

ジュンク堂書店梅田ヒルトンプラザ店
藤田聡さん選

〒530-0001
大阪府大阪市北区梅田1-8-16
ヒルトンプラザイースト5F
TEL 06-6343-8444

ヒルトンプラザ内にある、落ち着いた雰囲気の書店。棚の密度が高く、スタッフの熱意があふれ出ています！

2018年2月に閉店。

『暮らしのヒント集』

暮しの手帖編集部

暮しの手帖社｜2009年｜219ページ｜定価：1200円（税別）
ISBN：9784766001617｜装丁：暮しの手帖編集部

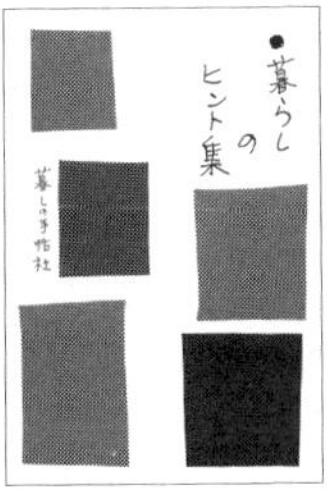

調子が出ないとき
自分を見直す本

こちらの本は「暮しの手帖」の連載をまとめたもので、469のまいにちの暮らしの工夫やアイデアが短い文章で綴られています。発売時に予想以上に売れていたので気になって読んでみたのがこの本との出会いのきっかけです。最初から読んでも、拾い読みしてもいいと思います。疲れたとき、調子の出ないとき、読むと自分の気持ちにフィットした文章にあたり、元気が出ます。押しつけがましくなく、何か長いつきあいの友人からさりげなくアドバイスをもらう感じがします。

次の一冊
『自然のレッスン』北山耕平著／太田出版
街で自然に暮らすための魂の処方箋

学運堂フレスト店
塚中良平さん 選

〒572-0084
大阪府寝屋川市香里南之町19-17
TEL 072-802-5050

子どもからお年寄りにまで愛される本屋さん。お客さま一人ひとりを大切にする謙虚な姿勢に、いつも頭が下がります！

2014年7月に閉店。

No.
097

『春の窓——安房直子ファンタジスタ』

安房《あわ》直子

講談社X文庫｜2008年｜237ページ｜定価：580円（税別）
ISBN：9784062865784｜装丁：100%ORANGE

春の木漏れ日の中で
読みたい、美しく優しい短編集

気になった本はすぐに買ってほしい！ と思うのは私が書店員だからかもしれません。しかし今回ご紹介する本も、たまたま入った書店で見かけたときに買っていなければ、一生読むこともなかったのかもしれません。本との出会いもまた、一期一会なのだと思います。『春の窓』は児童文学作家・安房直子さんの短編集。ちょっと不思議で、心が温かくなるお話がキュッと詰まっています。私のお気に入りは冒頭の短編「黄色いスカーフ」。読み返すたびに当時飼っていた愛猫を思い出し、せつなさで涙するのでした。

次の一冊
『クリスマスにさようなら』浅暮三文《あさぐれみつふみ》著／徳間文庫
捨てられた4匹のテディベアに起こった奇蹟。クマ好きならばぜひ！

ブックファースト ルミネ大宮店
諏訪公太郎さん 選

〒330-0853
埼玉県さいたま市大宮区錦町630番地
ルミネ大宮ルミネ1 5階
TEL 048-650-7821

コンパクトで品ぞろえのバランスがよく、とても使い勝手がよい本屋さんです。大宮駅改札からも近く、立ち寄りやすい。わ

ミシマ

『きみの友だち』

重松清

新潮社｜2005年｜316ページ｜定価：1600円（税別）
ISBN：9784104075065｜装丁：新潮社装幀室

この本に出逢えなかったら
私は今でもひとりぼっちだったかもしれない。

学生時代、友だちグループに生き残るのに必死でいつもクタクタでした。「いなくなっても、一生忘れない友だちが一人いればいい」という本書の言葉で腹をくくりました。今でもどんなに遠く離れても平気な「友だち」がいる私は幸せ者だと思ってます。入学する知人にはもれなくプレゼントしている人生の一冊です。

次の一冊
『フライ，ダディ，フライ』金城《かねしろ》一《かず》紀《き》著／角川文庫
「友だち」ができたら次はゾンビーズのような仲間をつくりたい！

啓文社ポートプラザ店
大江真央さん選

〒720-8523
広島県福山市入船町3-1-25
天満屋ハピータウン1F
TEL 084-971-1211

売場面積500坪は中国地方でも最大クラス。棚の前を歩くだけでわくわくして、きっと運命の一冊に出会えます。

『はじめて考えるときのように
――「わかる」ための哲学的道案内』

野矢茂樹（文）、植田真（絵）

PHP文庫｜2004年｜223ページ｜定価：619円（税別）
ISBN：9784569662039｜装丁：鈴木成一デザイン室

私が「考えること」をはじめたのって
いつだったんだろう？

「今、何も考えてなかったでしょ」と、普段、人からよく言われる私。そんな私に「考えること」をいまさらながら教えてくれました。幼い子どもに教えるようにゆっくりと、丁寧に、そして粘り強く。ページの合間に入るイラストも素敵です。まさしく哲学絵本です。

次の一冊　『新版 論理トレーニング』野矢茂樹著／産業図書
この本で、物足りなかった人のために、次におすすめなのがこの一冊。

喜久屋書店小倉店
宮脇暁子さん選

〒802-0002
福岡県北九州市小倉北区京町3-1-1
コレット井筒屋アイム9F
TEL 093-514-1400

小倉駅から徒歩5分！ この近さで1000坪売り場面積はうれしいかぎり。専門書コーナーが充実しています。

『やさしい紙ヒコーキ
——1日1機、7日でマスター！ 高性能な完成機スーパーヒーローをつくろう！』

いいじまみのる

いかだ社｜2011年｜63ページ｜定価：1400円（税別）
ISBN：9784870513389｜装丁：渡辺美知子

つくるのが かんたんで、よく飛ぶ紙ヒコーキを
一週間でマスター！

「空飛ぶクジラ」、翼だけでもちゃんと飛ぶ「つばさ」、「スーパーヒーロー」……聞くだけでもわくわくしてくる7つの紙ヒコーキのつくり方が丁寧に解説されています。著者のいいじまみのる氏は、33年間の空港等での勤務履歴を持つヒコーキのスペシャリスト。折り方のコツから飛ばし方のテクニックまで、実は奥深い紙ヒコーキの世界の入門書としても最適です。巻末の「紙ヒコーキ教室実施のアイデア」は先生だけでなく、子どもに折り紙を教えたいご両親にも役立ちます。

次の一冊　『10歳までに身につけたい「座る力」——集中力と持続力で成績はぐんぐん伸びる！』齋藤孝著／ハローケイエンターテインメント
座り続けることの多い今の時代、身につけておきたい「座る力」。

紀伊國屋書店札幌本店
赤川直矢さん選

〒060-0005
北海道札幌市中央区北5条西5-7
sapporo55
TEL 011-231-2131

購入した書籍を併設されたイノダコーヒに持ち込んで、ゆったり読書タイムがおすすめの過ごし方です。わ

ミシマ

『絵で見る英語　BOOK 1［改訂新版］』

I・A・リチャーズ、クリスティン・ギブソン

IBCパブリッシング｜2006年｜260ページ｜定価：1280円（税別）
ISBN：9784896842654｜装丁：寄藤文平

マンガ？絵本？いいえ、
英語の勉強中です

世界が認めた学習書として愛され続けるシリーズの一冊です。絵を見て、それに続く文章を見たまま理解する。ただそのくりかえしがあるのみ。ライティング学習用に練習問題も載っています。別売のCDでリスニング学習も可能。はじめての学習者にはもちろん、英語の勉強をやり直したくなったとき、まずこの本一冊あれば始められます。辞典の必要なし。毎月テキストを買う必要もなし。どうして英語の教科書にこの本を使ってくれなかったのか？中学の英語でつまずいて以来、英語にトラウマをもつ、語学担当者からのオススメです。（全3巻）

次の一冊　『英文法のトリセツ――じっくり基礎編』阿川イチロヲ著／アルク
だからどうして英語の教科書に……（以下略）。

文信堂書店長岡店
實山《じつやま》美穂さん選

〒940-0061
新潟県長岡市城内町1-611-1
長岡駅ビルCoCoLo長岡 M2F
TEL 0258-36-1360

駅ビルにある約300坪の書店。郷土史関連の本、新潟県出身作家のコーナーを常設しており、地元への愛を感じます。わ

Date
Apr. 12

No. **102**

『主語を抹殺した男──評伝 三上章』

金谷《かなや》武洋

講談社｜2006年｜285ページ｜定価：1700円（税別）
ISBN：9784062137805｜装丁：中村忠朗（arten）

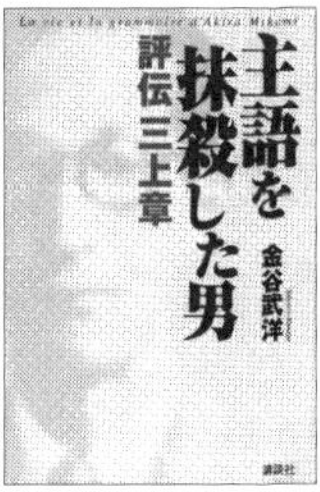

やはり、日本語は
すばらしい！

高校で一番驚いたのは国語です。「石川啄木《たくぼく》について書け」という一行だけのテストでした。その授業も明治期からの詩の歴史。ガリ刷りのテキストでの授業は、けっして入試には出ない、実に面白いものでした。同期の金谷君がカナダで日本語を教えるようになって苦労したのが日本語文法。苦闘の末に出会ったのが、その先駆性ゆえに埋もれようとしていた三上文法です。在野《ざいや》の一数学教師であったがために学会から無視され、不遇な晩年を過ごさざるをえなかった三上章。彼の生涯をたどる旅で、金谷君と一緒に日本語の普遍性とその文化の豊かさに目を開かされるのです。

次の一冊
『静かな大地』池澤夏樹著／朝日新聞社
北海道に入植したご先祖たちの物語。何を我々は失ったのか。

いわた書店
岩田徹さん選

〒073-0161
北海道砂川市西1条北2－1-23
TEL 0125-52-2221

「小さな町こそ、小さな店こそ面白い」と話す岩田さんから「本と読者をつなぐ最前線で生きている」矜持《きょうじ》を感じます。わ

『思いつき大百科辞典』

100%ORANGE（編）

学習研究社｜2005年｜88ページ｜定価：1600円（税別）
ISBN：9784052020698｜装丁：祖父江慎＋芥陽子（cozfish）

もう
お祭り騒ぎな大百科!!

人気イラストレーター100%ORANGEの隠れた名作。50音に濁音、半濁音も全部収まった思いついたままに書かれた絵辞典で、発売当時から気に入って何度も何度も読んでいます。最近では「アイデアが浮かばないなー」なんて煮詰まっているときに、パラパラと開いて可愛い絵を見ていると不思議とアイデアが降りてくる、オマケに笑えてしまう、最近、改めていい本だなと感じています。こういった本での発見はきっと電子端末では味わえない感覚。今や私の本棚になくてはならない存在となっています。あなたもこの大騒ぎなイラストに笑えてくること間違いナシです！

次の一冊　『よしおくんがぎゅうにゅうをこぼしてしまったおはなし』及川賢治、竹内繭子（作・絵）／岩崎書店
こちらもタイトル通り大騒ぎな絵本、牛乳の海がさぁたいへん！

紀伊國屋書店横浜店
浅田直子さん（選）

〒220-8510
神奈川県横浜市西区高島2-18-1
そごう横浜店7F
TEL 045-450-5901

なんと、売場奥の大きな窓から横浜港が一望できます！（わ）

Date
Apr. 14

No. **104**

『はじめてのおつかい』

筒井頼《より》子《こ》（作）、林明子（絵）

福音館書店｜1977年｜31ページ
定価：800円（税別）｜ISBN：9784834005257

嫁にゆく時も、持参いたします。

この絵本との出会いは幼稚園のとき。わたくしの母はたくさんのすてきな絵本を与えてくれましたが、なかでも大のお気に入りだった一冊で、園から帰宅し、靴も脱がずに玄関で何度も読み聞かせをせがんだそうです。林さんの絵本は、絵のぬくもりやおはなしの豊かさもさることながら、絵本の中にちりばめられたおちゃめないたずらがたまらないのです。道路脇の“お知らせ板”では、林さんご自身が絵の教室の先生として登場していたり、「ねこを見つけた人は……」の連絡先は、当時の福音館書店の電話番号だったりします。心があたたかくなる、こんなチャーミングな絵本、好きにならずにはいられません。

次の一冊 『いもうとのにゅういん』筒井頼子（作）、林明子（絵）／福音館書店
これは実は三部作です。ぜひ三冊とも読んでほしい。

旭屋書店なんばCITY店
磯部ゆきえさん選

〒542-0076
大阪府大阪市中央区難波5-1-60
なんばCITY B2
TEL 06-6644-2551

今年、梅田の店舗から引っ越ししてきた、日本有数の鉄道コーナーは必見！ ファンでなくとも、楽しめます。

『人間臨終図巻(1)[新装版]』

山田風太郎

徳間文庫｜2011年｜445ページ｜定価:686円(税別)
ISBN:9784198934668
装丁:岩郷重力+WONDER WORKZ。

私は誕生日ごとに、自分の年齢を中心に読み返すことにしています。

年表のように生まれた順にまとめていくのではなく、亡くなった年齢順に人物をまとめた画期的な本。人物のラインナップはもちろんのこと、一人あたりの文章量はそれほど多くはないのにその人となりをまざまざと浮かび上がらせるエピソードがまたよくて、何回も読み返す本です。学校の先生がこの本をネタ帳にして授業をすれば生徒の意識はずいぶん変わると思います。名著なのでたびたびメディアなどで取り上げられ、現在は全4巻の文庫になっていて手軽に入手できますが、問い合わせを受けてウキウキと棚を見に行くとたいていどこかの巻が品切れしており、大変悔しい思いをします。

次の一冊　『若き日の友情——辻邦生・北杜夫往復書簡』辻邦生、北杜夫著／新潮社
手紙と随筆は日本が残さなくてはならない文化です!!

文教堂書店浜松町店
大浪由華子さん選

〒105-6102
東京都港区浜松町2-4-1
世界貿易センタービル2階
TEL 03-3437-5540

大浪さんいわく「ある意味デッカイキオスク」な活気あふれるお店。パッと買うのもじっくり選ぶのも両方いい。便利!わ

『妖怪アパートの幽雅な日常(1)』

香月日輪《こうづきひのわ》

講談社｜2003年｜212ページ｜定価:950円(税別)
ISBN:9784062120661
装丁:城所潤(ジュン・キドコロ・デザイン)

このアパートに入居させて…!

元はヤングアダルト向けの児童書(全10巻)として発行された作品です。それが文庫になったとき、児童書のほうをレジに持って来られたお客様に、「1巻目が(価格が安い)文庫で出てますよ」と伝えたところ、「続きが待ちきれないから」と、そのまま児童書を買っていかれました。それほど面白いのか、と気になり、自分も読んでみると……なるほど、続きが待ちきれない! 店頭で平積みしてみると、一時は売切に。現在、文庫版は7巻まで刊行。続きをじりじり待つ日々です。おすすめは手首だけの仲居さんがつくる食事の数々。描写だけでもよだれが出ます……。

次の一冊　『僕とおじいちゃんと魔法の塔』香月日輪著/角川文庫
不思議で楽しい「香月ワールド」にハマりませんか。

ラックス奈良柏木店
泰井祥さん選

〒630-8031
奈良県奈良市柏木町456-1
TEL 0742-30-0500

24時までの営業が嬉しい郊外型のお店。「この本をオススメする!」というパワーがすごいです。

2016年9月よりカード専門店として営業中。

『放課後の音符《キイノート》』

山田詠美

新潮社｜1989年｜182ページ｜定価：1300円（税別）
ISBN：9784103668039｜装丁：新潮社装幀室

女子必読。

20年前、14、15歳のころ夢中で読んだ。恋愛にとてもあこがれた。早く大人になりたい、早くいい女になりたい、早くいい恋愛をしてみたい……と影響を受けまくり、この本から私のスタンスはできてしまった。女子には読んでほしいな、と思う。いい女になるために読む価値あり、だと思う。

次の一冊 『ぼくは勉強ができない』山田詠美著／新潮文庫
こちらでますます人生観が確立してしまった。

戸田書店長岡店
松田幸恵さん 選

〒940-2024
新潟県長岡市堺町字浦田33-1
TEL 0258-22-5911

長岡の川西地区、国道8号線から一本入る大通りから見えない立地で、落ち着いて本が選べる本格派・書籍専門書店。わ

Date
Apr. 18

No. **108**

『一瞬の風になれ（第一部）イチニツイテ』

佐藤多佳子

講談社｜2006年｜228ページ｜定価：1400円（税別）
ISBN：9784062135627｜装丁：有山達也＋飯塚文子

極上の青春小説
読後、高校生に戻りたくなります。

本書は刊行前に、書店向けの雑誌で発売案内として紹介されておりました。数行のあらすじを読んで、「これは面白そう」と直感的に思いました。発売ののち、一読して夢中になり、直感は現実のものとなりました。そしてベストセラーとなり、本屋大賞に選ばれました。青春小説はよく読みます。本書は長編ですが、これほど作品に入り込んだものはありません。読後、高校生に戻って主人公のように陸上部に入って、高校生活をやり直したくなりました。あの頃は当然のように学生生活を過ごしていたことが、うらやましく思います。誰もがそう感じずにいられなくなる本です。（全３巻）

次の一冊　『風が強く吹いている』三浦しをん著／新潮文庫
箱根駅伝に向けて奮闘する姿は素晴らしいです。

山下書店行徳店
古沢覚さん選

〒272-0133
千葉県市川市行徳駅前2-4-13
TEL 047-356-7427

駅ヨコ立地でとても便利。ベストセラーとこだわりの絶妙なバランスが凝縮しているお店です。
わ

『笑い三年、泣き三月。』

木内昇

文藝春秋｜2011年｜410ページ｜定価：1600円（税別）

ISBN：9784163808505｜装丁：大久保明子

笑えて泣けて温かい
善造の想いに熱くなる

戦後、上野から始まる物語。食糧もままならない雑踏《ざつとう》のなか、少年（孤児）武雄は、場違いで陽気な旅芸人の善造と出会います。のちに不思議な共同生活をしていき、善造のペースに周囲は巻き込まれ、感化されていく。どこか憎めない善造のまっすぐなやさしさに触れてください。ほかの登場人物の言葉にも、胸に響く名言が詰まっています。舞台は浅草ですが、上野から始まる物語として、ぜひ手にとってもらいたい！ と紹介した作品です。焼け野原から強く生きようとした人々の物語。今を生きる私たちに強いメッセージ性を持った一冊だと思います。

次の一冊　『ジェノサイド』高野和明著／角川書店
圧倒的な世界観とエンターテインメント性！！ 小説の力に衝撃を受けてください。

明正堂書店アトレ上野店
櫻井邦彦さん選

〒110-0005
東京都台東区上野7-1-1
アトレ上野 No.5080
TEL 03-5826-5866

2012年4月で明治45（大正元）年の創業から100周年！ 明治と大正にかけて創業したから明正堂なのだとか。わ

No. 110

『望郷の道（上）』

北方謙三

幻冬舎｜2009年｜377ページ｜定価：1600円（税別）
ISBN：9784344016439｜装丁：多田和博

なぜ 私は この本に
魅かれるのだろう ・・・・

これは北方謙三氏の曾祖父母にあたる、戦前の4大菓子メーカー・新高製菓の創業者をモデルとした作品です。この時代の人々の凛《りん》とした生き方に心惹かれます。今は手を伸ばせば何でもあるのがあたりまえの時代ですが、何か大切なものが欠けている、そんな感じがします。この本を読むと、いったい何が欠けていたのかがわかると思います。仕事とは、親子とは、夫婦とは、人々とのつながりとは……。あらゆることすべて網《もう》羅《ら》した一冊です。バリッと生きたいあなたにおすすめです。（全2巻）

次の一冊
『私という運命について』白石一文著／角川文庫
この世に起こるすべてのことは偶然じゃなく、必然なんだと感じる一冊。

岩瀬書店福島駅西口店
半澤裕見子さん選

〒960-8031
福島県福島市栄町1-1
福島駅西口パワーシティピボット1階
TEL 024-526-2610

2012年に創業100周年を迎えた岩瀬書店さん。一世紀にわたって、本と地元の方々の心をつないできました。わ

『万葉の旅（上）』

犬養《いぬかい》孝

平凡社｜2003年｜366ページ｜定価：1200円（税別）
ISBN：9784582764833｜装丁：中垣信夫

心と体で読書を体験した
青春の本

学生の頃、本書（実際には社会思想社から出版されていた旧版です）を持って、何度も奈良県を訪れました。万葉歌が詠まれた地を実際に訪れることで、古《いにしえ》の歌がとても生々しいものに感じられ、また淡々と歩くことがこんなにも気持ちよくて、一歩の積み重ねが大きな喜びを生むということを、若い頃に教えてもらったのは宝物のような体験でした。全3巻本ですが、まずは上巻の大和から。旧版の初版は、1964年。これからもずっと色あせない、私にとっての座右の書です。

次の一冊
『万葉の旅（中）』犬養孝著／平凡社
関西圏の方は、中巻ではお泊まり旅行になります。

喜久屋書店北神戸店
市岡陽子さん選

〒651-1515
兵庫県神戸市北区上津台8-1-1
イオンモール神戸北2F
TEL 078-983-3755

お世話になっております！ 喜久屋書店さんで最初にミシマ社本に注目してくれた、市岡さんのお店。多謝！

『地球のレッスン』

北山耕平

太田出版｜2010年｜180ページ｜定価:1200円(税別)
ISBN:9784778311988
装丁:相馬章宏(Concorde Graphics)

もう一生本を読まなくていい とさえ一瞬思える罪な一冊!

この本さえあれば、もうほかの本などいらないという本を求めて、いったい僕たちは人生のどれだけの時間を費やしただろう? 明日世界が終わるとして、いったい僕たちは膨大な蔵書の中から何を手に取って読むのだろう? 本書は個人的にはLast Bookとさえ思っている、本屋さんとしては本音ではすすめたくない罪な本。現代日本最後のメディスンマン、北山耕平からのメッセージが詰まっています。なかに挟まれている「自然のレッスン通信」にある読者の感想コーナーには、恥ずかしながらウツシヨというペンネームで自分のコメントも載っています。

次の一冊
『自然のレッスン』北山耕平著/太田出版
「ない」と言いたいところですが、あえて言うなら同作者の『自然のレッスン』。

ヴィレッジヴァンガード高松アッシュ店
宮脇慎太郎さん選

〒760-0029
香川県高松市丸亀街14-8
ファッションビルアッシュB1F
TEL 087-811-0728

四国で一番、旅や精神世界の本が充実! ブック担当の宮脇さんは、実はカメラマンが本業だとか!く

2017年7月に閉店。

Date
Apr. 23

No. **113**

『隣のアボリジニ
──小さな町に暮らす先住民』

上橋《うえはし》菜《な》穂《お》子《こ》

ちくま文庫｜2010年｜246ページ｜定価:700円(税別)
ISBN:9784480427274｜装丁:南伸坊

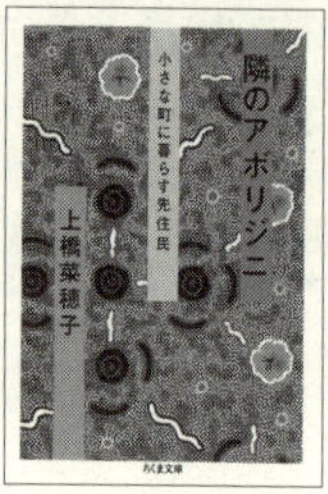

相手を"理解する"ってどういう事だろう。
それについて考えてみませんか?

作家・上橋菜穂子さんのもうひとつの顔、文化人類学者としての姿が伝わってくる本書。綴られるのは、アボリジニが語った一人ひとりの過去と現在。上橋さんは彼らを否定も肯定もしない。ただあるがままを受け入れる。そしてアボリジニの一人としてではなく、一人のアボリジニとして向き合う。森だと言うのはたやすい。しかし森の中の木々、一本一本を理解し、その森がどのような種類の木で成り立っているかを言うのは難しい。ただ一本一本の木を知るという行為は奥深く楽しさもある。そのことを教えてくれる本だと思う。

次の一冊
『獣の奏者』上橋菜穂子著／講談社
相手を知り、自分の思いを伝え、わかり合おうとする物語。

SHIBUYA TSUTAYA
竹山涼子さん選

〒150-0042
東京都渋谷区宇田川町21-6
TEL 03-5459-2000

深夜2時まで本が選べるのが便利。同じフロアにはカフェも併設。階下のレンタル・セルの品ぞろえは日本最大級とか。わ

『カンガルー日和』

村上春樹

講談社文庫｜1986年｜251ページ｜定価：448円（税別）
ISBN：9784061838581｜装丁：菊池信義

4月のある晴れた朝に

100パーセントの「本」に出会うことについて

既読の方には、もうわかってしまったのではないでしょうか？キャッチコピーは本作品に収録されている「4月のある晴れた朝に100パーセントの女の子に出会うことについて」のパクリです。日本……いや世界を代表する村上さんの作品は読むたびに新しい発見があります。上記した作品のように、自分の気持ちを相手に伝えるために、物語を創造してしまう。小説家として、「創造力」と「想像力」は不可欠なものだと思っていますが、新しい世界を創造し、その世界に読者を引き込み、それぞれの読者の想像を膨らませることのできる数少ない小説家ではないでしょうか。

次の一冊　『リプレイ』ケン・グリムウッド（著）、杉山高之（訳）／新潮文庫
人生とはやり直しのきかない選択の積み重ねである！

戸田書店高崎店
角《つの》田《だ》耕一さん選

〒370-0074
群馬県高崎市下小鳥町438-1
TEL 027-363-5110

「個人的には普段、個別の本を人におすすめしないのが流儀」という角田店長に今回特別に引き受けていただきました。感謝。わ

『星を撒《ま》いた街——上林暁傑作小説集』

上林暁《かんばやしあかつき》（著）、山本善行（撰）

夏葉社｜2011年｜232ページ｜定価：2200円（税別）

ISBN：9784904816035｜装丁：櫻井久（櫻井事務所）

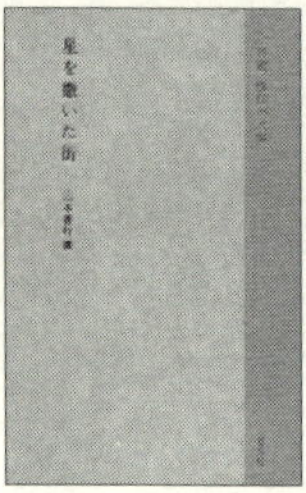

一生付き合える
書物の友と出会った幸福

じっくり噛みしめて読みたい本である。読み返すたびに味がでる本である。本棚のいつも見えるところに置きたい本である。こだわりの選者による珠玉の名短編。丁寧につくられた製本と美しい装丁。本の持つ魅力が凝縮されている。私は一生大切に読み続けるだろう。

次の一冊　『思い川・枯木のある風景・蔵の中』宇野浩二著／講談社文芸文庫
上林氏の名編集者としての仕事。病気後、創作に苦しむ宇野浩二を復活に導いた。

萬松堂
中山英さん(選)

〒951-8063
新潟県新潟市中央区古町通6-958
TEL 025-229-2221

創業江戸末期。あの大杉栄も通っていたという事実も。(わ)

『ぼくは本屋のおやじさん』

早川義夫

晶文社｜1982年｜199ページ｜定価:1400円(税別)
ISBN:9784794919717｜装丁:平野甲賀

たどり着く場所なんて
誰にもわかんないよ

人生は不思議だ。必然と偶然はまるで違うようで同じことなのかもしれない。20歳の頃、祐天寺のアパートで独りで暮らしているとき、この本と出会った。僕は何者にもなりたくなかったし、何者にもなれなかった。そうすることが社会への反抗と違和感を示す手段だった。バンドや芝居をやりながら、いつかは自分で店をやれたらと思うようになった。簡単なことではなかった。僕なりの悪戦苦闘をくりかえし、本屋さんを始められたのはそれから20年後だった。早川さんの本と本屋さんへの想いが詰まったこの本は、僕の出発点として部屋の本棚で静かに僕を見守ってくれている。

次の一冊
『世界の夢の本屋さん』エクスナレッジ編／エクスナレッジ
見てるだけでうっとりします。夢は果てしなく続くのだ!

フェイヴァリットブックス
髙林幸寛さん選

〒434-0043
静岡県浜松市浜北区中条1391-1
TEL 053-586-5004

浜松市にあるブック&ミュージックショップ。店はもちろん、HPの店長コラム「うたた寝 ミッドナイトアワー」も面白い。

2016年10月に移転し、店名をフェイヴァリットブックスLに変更して営業中。

『大人の友情』
河合隼雄

朝日文庫｜2008年｜198ページ｜定価：460円（税別）
ISBN：9784022644329｜装丁：安野光雅

「大人」の友情って何だろう。

私がこの本と出会ったのは、書店に勤め始めて間もない頃、人間関係について悩んでいたときです。表紙とタイトルに一目惚れして出会ったその日に読みました。男と女の友情、友だちの裏切りなど、さまざまな「友情」が興味深いエピソードとともに紹介されています。河合さんの問いかけるような言葉は読者自身が考えるきっかけになります。もし大切な人に一冊だけ本を紹介できるとしたら迷わずこの本を選びます。これからもおつきあいしていきたい、そう思える一冊です。大人の友情。河合さんと一緒に考えてみませんか？ 新しい環境でがんばるあなたにオススメします。

次の一冊
『私たちはどうつながっているのか――ネットワークの科学を応用する』増田直紀著／中公新書
最新のネットワーク理論を応用して人のつながりを分析しています。

くまざわ書店佐世保店
立石一真さん選

〒857-0871
長崎県佐世保市本島町4-7
TWINKLE B1F
TEL 0956-37-2895

店長をはじめ、やさしいスタッフのみなさんにいつも助けられています。佐世保の街に愛される本屋さん。

Date
Apr. 28

No. 118

『ビジョナリー・ピープル』

ジェリー・ポラス、スチュワート・エメリー、マーク・トンプソン（著）、宮本喜一（訳）

英治出版｜2007年｜407ページ｜定価：1900円（税別）
ISBN：9784862761002｜装丁：重原隆

あなたにとって『成功』とは何ですか？

マンデラ、ボノ（U2）、ジョブズなど、有名な方々のみならず、あまり耳にしない方々まで本書に登場する人々の情熱は半端ありません！ この人たちの魅力を多くの人に伝えたい！ 何かが変わるきっかけになるかもしれないと強く感じ、書店員の仕事とは本を売ることではなく、そのなかに生きている「人」「想い」を届けることなのだと気づかされました。以後、私の仕事のスタンスの基礎になった大切な一冊です。本当にやりたいことをやり続けられることこそが、本当の「成功」なのかもしれません。情熱の炎が弱まっていると感じたときにオススメです！

次の一冊

『自己信頼［新訳］』ラルフ・ウォルドー・エマソン（著）、伊東奈美子（訳）／海と月社
やりたいことをやり続けられる確固たる自分を築くきっかけに！

有隣堂ヨドバシAKIBA店
鈴木宏昭さん選

〒101-0028
東京都千代田区神田花岡町1-1
ヨドバシAKIBA7F
TEL 03-5298-7474

凝ったディスプレイが多い店内。以前仏像を売っていたことも！ 鈴木さんは「スゴ編フェア」の仕掛け人でもあります。は

『21世紀の薩長同盟を結べ』

倉本圭造

星海社新書｜2012年｜406ページ｜定価:980円(税別)
ISBN:9784061385122｜装丁:吉岡秀典

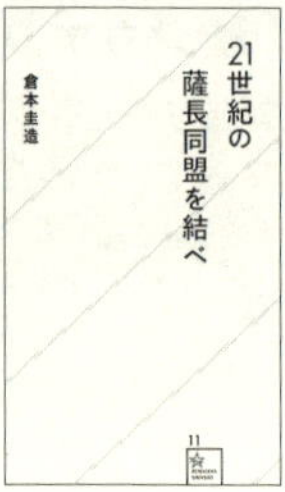

今、私たちは時代の転換点にいます!!

一見何のことかわからないタイトル。「長州藩」とは個人主義、理論重視派の人材の集まりで、「薩摩藩」は集団主義的だとして、さらに「外資コンサル型人材」と「大器晩成型人材」に対応づけています。「薩長同盟」になぞらえ、今日の社会では両者が互いをよく知ることが必要だと筆者はいいます。筆者はさまざまな事例を紹介し、それに対する提言をしています。そういえば、理屈屋と職人肌ってどこにでもいるなぁと思い、大いに参考になるかな、と思った私です。

次の一冊
『ジョブズ・ウェイ——世界を変えるリーダーシップ』ジェイ・エリオット、ウィリアム・L・サイモン（著）、中山宥《ゆう》（訳）／ソフトバンククリエイティブ
ジョブズも細部にこだわる人です！！

旭屋カルチャースクエアイオンモール鹿児島店
南信行さん 選

〒891-0115
鹿児島県鹿児島市東開町7
イオンモール鹿児島2F
TEL 099-263-1645

広い窓から、海と桜島が見える開放的なお店。店内各所にみられる、数多くのブックフェアも面白い。く

ミシマ

2013年9月に閉店。

『全ての装備を知恵に置き換えること』

石川直樹

集英社文庫｜2009年｜263ページ｜定価：552円（税別）
ISBN：9784087465006｜装丁：祖父江慎＋cozfish

本来、人が生きていくとは
こうあるべきなんだと思う。

安定した場所から別の場所に移るというのはなかなかに難しい。国外であれば言葉や習慣の壁だってある。旅をするにもお金はかかるし、その間の仕事も……なんて、そんなのはきっと自分に対する言い訳だ。こんな箇所がある。「人はもっと身軽であるべきだ」。便利な世の中になったと思う反面、何か大切なものを忘れていっている気がする。それが何かを彼は僕に教えてくれる。まだまだ既成概念が頭の中の大半を占めているけれど、いつかもっとスッキリさせて、収録されている「雪送り」に出てくる風に乗って、新天地へフワーっと飛んで行くクモのようになれたらと思う。

次の一冊
『一号線を北上せよ――ヴェトナム街道編』沢木耕太郎著／講談社文庫
彼の文章は自分が本当にその場所にいるような感覚にさせてくれる。

TSUTAYA Lifestyle CONCIERGE
小宮山玄一さん選

〒107-0052
東京都港区赤坂9-7-2B-B104
TEL 03-5413-3774

都会のおしゃれな空間でありながら、小宮山さんの感想ノートが設置されているなど、お客さん参加型のアツい棚をつくります。は

現在は閉店。

5月

5月病を吹き飛ばす

May

Date
May 1

No. **121**

Page
134

『置かれた場所で咲きなさい』

渡辺和子

幻冬舎｜2012年｜159ページ｜定価:952円(税別)
ISBN:9784344021747｜装丁:石間淳

種をまくように.
人へ人へ伝わる本です。

いつもお世話になっているお客様に紹介していただいた本です。とても素敵な本だったので読み終えてそのまま人へ貸しました。ちょうど今は3人目の手元へ渡っています。無為に時を過ごしていると思い悩まれる方には特におすすめ。さて販売用に注文するかと思った矢先にメディアで紹介……。あれ困った、しばらくお店には入荷しないかもしれません（笑・2012年5月現在のお話です）。しようがないので、長く長く読まれることを願って気長に入荷を待ちます。当店にお立ち寄りの折にはぜひ探してみてくださいね。

次の一冊
『シマ豆腐紀行――遥かなる〈おきなわ豆腐〉ロード』宮里千里著／ボーダーインク
豆腐で沖縄文化を知る！ アチコーコーな一冊です。地元本です。

リブロ リウボウBC店
宮里ゆり子さん㊜

〒900-0015
沖縄県那覇市久茂地1-1-1
デパートリウボウ7F
TEL 098-867-1725

沖縄県庁の目の前、デパートリウボウの中にある、郷土愛がほんとにあふれ出しそうなお店！素敵です。

『自然について』

ラルフ・ウォルドー・エマソン（著）、
斎藤光（訳）

日本教文社｜1996年｜302ページ｜定価：1943円（税別）
ISBN：9784531021116｜装丁：松下晴美

美しくって、むつかしい本《ひと》。
でも、ずっとそばにいてほしい

昔々、待ち時間の暇つぶしにと立ち寄った書店で、なぜか手に取ってしまったのが岩波文庫版の『エマソン論文集』。「これは素晴らしいことが書いてある！」と興奮とともに夢中で読んだことを覚えています。でも実はこんな難しい本、当然（?）理解して読んでいるわけもなく、「なにかここに書かれている美しいもの」を漠然と追いかけていただけでした。けれど、もしかしたらいつかすべてを理解できる日が来るかもしれない。その日までずっとそばに置いておきたい。そんな本です。直感のみでおすすめします。

次の一冊
『感じる科学』さくら剛著／サンクチュアリ出版
高尚な本の後の息抜きに（さくらさんスミマセン）。笑えます。

金海堂イオン隼人国分店
小濱《おばま》陽子さん 選

〒899-5117
鹿児島県霧島市隼人町見次1229
イオン隼人国分店 2F
TEL 0995-44-8187

家族連れで来店するおじいちゃん、おばあちゃんから子どもまで、みんなが楽しめる本屋さん。

『木に学べ——法隆寺・薬師寺の美』

西岡常一

小学館文庫｜2003年｜284ページ｜定価：552円（税別）
ISBN：9784094058512｜装丁：小林真理（スタルカ）

ホンモノの大人になりたい人へ。

職人の本にはついつい手が伸びてしまいます。本書は法隆寺金堂の再建などをなさった伝説の宮大工、西岡常一さんによる語り下ろし。マニュアルや教科書のない世界で、自分の頭と手だけを信じて仕事をしてきた西岡さんに、ひどく感銘をうけました。何かに行き詰ったときには、この本をめくるようにしています。これを読むと、埼玉の田舎で働く父を思い出します。実は父も大工なのですが、ときどき仕事論を熱く語り始める父親はとても楽しそう。どんなことでも奥が深くて、面白い。普段忘れてしまいがちなことを思い出させてくれる、大事な一冊です。

次の一冊
『調理場という戦場——「コート・ドール」斉須政雄の仕事論』斉須政雄著／ほぼ日ブックス
ここにもホンモノの大人がいます。

SHIBUYA PUBLISHING
& BOOKSELLERS
鈴木美波さん選

〒150-0047
東京都渋谷区神山町17-3 テラス神山1F
TEL 03-5465-0588

奥渋谷にある出版社兼書店さんで、新旧和洋を問わず面白そうな本がそろえられています。わ

『寺山修司劇場美術館』

寺山偏陸《へんりつく》（監修）

PARCO出版｜2008年｜215ページ｜定価：2800円（税別）
ISBN：9784891947781
装丁：東學＋西村哲男＋中村佳苗（一八八）

偏愛してます。

私が寺山の作品に出会ったのは高校生の頃でした。当時読みふけった彼の著書を、いま私自身が書店員としてお客様にご提案できるというのは本当にうれしく、また感慨深いです。本書は2008年に青森と郡山で開催された、本と同名の展覧会の図録です。全てカラーページで絵図が多いので、パラパラめくるだけでも楽しいです。短歌や俳句、詩なども載っており、入門書としてもおすすめ。幅広いジャンルの作品群は、今までと違うものの見方や初めての世界をあなたに教えてくれるはずです。ところで、この展覧会の会期中に使われた、寺山修司の等身大パネルを持ち帰った私。それくらい偏愛しております。大好き、テラヤマ！！

次の一冊　『寺山修司少女詩集』寺山修司著／角川文庫
一番読み返している本。読む本に迷ったら鞄に入れています。

成田本店しんまち店
熊澤直子さん選

〒030-0801
青森県青森市新町1-13-4
TEL 017-723-2431

青森に根ざして100余年。地元の方からは通称「なりほん」と親しまれ愛される老舗。今も進化を続ける売場は必見。わ

『中学生はコーヒー牛乳でテンション上がる』

ワクサカソウヘイ

情報センター出版局｜2009年｜203ページ
定価：1200円（税別）｜ISBN：9784795850026
装丁：川名潤（プリグラフィックス）

中学生たちよ、大志など
抱かんで遊びに行こうゼ！

本書のゲラを一読、驚嘆。バカすぎる……。得体の知れない著者ワクサカソウヘイとは、いったい何者ぞな？ 本気で中学生と遊び尽くす、この男はどんな思考回路をしているのか。出版社は販促用にTシャツを用意して、ド派手に積みました。すごく売れたんで、著者の本職であるコント＋サイン会を催すことになり、ワクサカ氏と対面。話し出すと中学生スピリットをいたく刺激され、非常にハチャメチャなイベント計画ができあがり、遂行されました。お菓子でサグラダ・ファミリアをつくるとか、今もって謎のパフォーマンスが店頭で繰り広げられたのです。ワクサカ断固支持。

次の一冊 『超芸術トマソン』赤瀬川原平著／ちくま文庫
中学生スピリット旺盛な、いい大人が遊びをきわめて芸術に！？

ブックス ルーエ
花本武さん選

〒180-0004
東京都武蔵野市吉祥寺本町1-14-3
TEL 0422-22-5677

よくも悪くも（？）担当者の顔が見える品ぞろえ。2階の通称「花本棚」は必見。キン・シオタニさんのブックカバーもグー。わ

『がたんごとんがたんごとん』

安西水丸

福音館書店｜1987年｜20ページ
定価：700円（税別）｜ISBN：9784834002720

“がたんごとん”のリズムで子供の心をわしづかみ！

子どもをひざの上に乗せて、“がたんごとん”のリズムで揺らしながら絵本を読むと、子どもの心は親のものに！ “がたんごとん”と走る汽車を待つのは、コップ、スプーン、りんごなど、子どもが覚えたてのものたち。登場するものを汽車に乗せるか乗せないかを尋ねながら読んだり、ものを指さして覚えているかのチェックも可能。ときには、終着駅の食卓に着くまでに身の周りのものを創作するのも、親力があればかなりよし！ 私自身、長女にはじめて買い、2歳下の長男に読んでいても、長女もひざの上に乗ってくる始末。長女は一人で読むときも登場するものや終点の食卓メニューを自分で増やしており、創造力も養えています。

次の一冊　『おかあちゃんがつくったる』長谷川義史作／講談社
ユウモアたっぷり関西のおかあちゃんの愛が満載！

啓林堂書店奈良ビブレ店
小嶋勝也さん選

〒630-8226
奈良県奈良市小西町27
奈良ビブレB1
TEL 0742-20-0801

奈良といえば、啓林堂書店。地元題材の本＆地元著者を愛し、情報を発信し続けています！

2013年1月に閉店。

『どんどんどんどん』

片山健

文研出版｜1984年｜28ページ｜定価：1200円（税別）
ISBN：9784580813632

「子どもってかっこいい！」ってこと忘れていませんか？

子どもがたったひとりで歩いているとしたら……。いったい何があったのかと大人はほってはおけないでしょう。「お父さんとお母さんは？」あれこれ尋ねた後は、「一緒に来なさい」「迷子なのね」となるかもしれません。どんどんどんどん、そりゃあもうただどんどんどんどんと突き進む子ども。疲れたらちゃんとひと休みする子ども。そこには大人なんて寄せつけないたくましさと意思の強さを感じるのです。こんなふうにどんどん遠くへ行こうとする子どものじゃまをせず、見守ること。難しいけれど、それが大人のたったひとつの役割のように思えてならないのです。

次の一冊 『ベンのトランペット』レイチェル・イザドラ（作・絵）、谷川俊太郎（訳）／あかね書房
絵本を子どものものと思っている大人にこそ手に取ってほしい一冊。

子どもの本専門店 メリーゴーランド京都
鈴木潤さん選

〒600-8018
京都府京都市下京区河原町通四条下ル
市之町251-2寿ビル5F
TEL 075-352-5408

子どもの本の専門店ですが、大人向けの本もあるのが嬉しい！鈴木さんの本気で売りたい本がぎっしり。ク

ミシマ

『絶叫委員会』

穂村弘

筑摩書房｜2010年｜193ページ｜定価：1400円（税別）
ISBN：9784480815095｜装丁：葛西薫

他人の会話って
どうしてこんなにおもしろいのでしょう

短歌・エッセイなどで活躍する穂村弘さんが街で聞こえてくる気になる会話の断片を拾い上げた一冊。誰もが喫茶店・電車などで「こんな会話、あるある」と思いつつも、いざ穂村さんのツッコミが入るとニヤッとしてしまいます。穂村さんの本はいい感じで力の抜けたようなタイトルが多いですが、この本は『絶叫委員会』ということで入荷したときは異彩を放っていました。出《で》不《ぶ》精《しょう》の方や人ごみが嫌いな方、これを読めば少しはお出かけが楽しみになるかも知れませんので、読んでいただきたいです。

次の一冊
『異性』角田光代、穂村弘著／河出書房新社
カクちゃんとほむほむの恋愛考察エッセイです。

三省堂書店成城店
松澤雄大さん選

〒157-0066
東京都世田谷区成城6-5-34
成城コルティ2F
TEL 03-5429-2401

毎月入れ替わるフェア台では本以外にも雑貨なども扱われており愉しい。土地がらでしょうか、学習参考書も充実してます。わ

『サクリファイス』

近藤史恵

新潮社｜2007年｜245ページ｜定価：1500円（税別）
ISBN：9784103052517｜装丁：新潮社装幀室

タイトルの真の意味を知るとき
深い感動があります。

ロードレースというマイナーな（？）世界。まったく知らない私にもこのスポーツの熱を面白さを十分に味わせてくれました。トップでゴールを切るのではなく、誰かのため、チームのために走ることの楽しさ、爽快さ。自己犠牲とは犠牲なのかもしれないけれど、そのことによって得られる満足を求める生き方もありだと考えつつ、ストーリーのスピードで一気に読み終わりました。青春小説として読んでも、ミステリーとして読んでも楽しめますし、ラスト、主人公の目線で見ていた世界が一転します。衝撃的な事実に感動すること間違いなしです。

次の一冊
『隠蔽捜査』今野敏著／新潮文庫
主人公の考え方、生き方が真っすぐ、潔くって大好きです。

好文堂書店本店
尾上美智子さん選

〒850-0853
長崎県長崎市浜町8-29
TEL 095-823-7171

地元、長崎好きのお客さんが多いので、郷土書が大人気だとか。長崎観光の際は、ぜひお立ち寄りください。

『季節の記憶』

保坂和志

中公文庫｜1999年｜376ページ｜定価:743円(税別)
ISBN:9784122034976｜装丁:平野敬子

散歩と会話の日々。

さて、この小説なんですが、何の事件も起きません。「驚きのラスト！」とか「ページをめくる手が止まらない！」的な煽《あお》り文句はいっさい適用外。ただひたすらに綴られる日常！ 日常！！ 鎌倉は稲村ガ崎を舞台に、フリーライターの父と5歳の息子、ご近所さんたちとの膨大な量の会話を楽しんでいく、そんな「妙な」小説なのです。散歩のお供に持ち歩いて、何度となく読み返してきた思い入れのある一冊。晴れた日にどこかの公園でだらだらと読んでいただきたいです。「ねえ、パパ、時間って、どういうの？」。あなたが父親なら、何と答えましょうかね？

次の一冊　『カキフライが無いなら来なかった』せきしろ、又吉直樹著／幻冬舎
一行の短文から魔法のように立ち上がる「日常」の断片。すごい本！

くまざわ書店大泉学園店
五十嵐竜我さん選

〒178-0063
東京都練馬区東大泉5-43-1
ゆめりあフェンテ4F
TEL 03-5933-0216

店長いわく「小さい店ですがコツコツ棚いじりしています」。地元の家族連れのお客さまに愛されているお店です。わ

ミシマ

『ちいさなあなたへ』

**アリスン・マギー（文）、
ピーター・レイノルズ（絵）、
なかがわちひろ（訳）**

主婦の友社｜2008年｜40ページ
定価：1000円（税別）｜ISBN：9784072559932
装丁：水崎真奈美（BOTANICA）

人生で一度、いや
二度出会いたい一冊

この一冊のシンプルな言葉と絵で、わが子へのあふれる思いをこれほどまでにストレートに心に響かせてくれたことはなかったのではないかと思うほど、驚きと感動でいっぱいになりました。親の子どもを育てることへの不安や喜び、そして愛情によって私たちの命はつながっていて、これからもバトンのようにつながっていくのかと思うと改めて命の尊さを感じさせてくれます。母へ、娘へ、これから母となる人へ、そして自分自身に贈りたい絵本です。それぞれの立場や環境で、さまざまな感じ方がきっとあるのでは。自分自身も年を重ねて、また読み返したい絵本です。

次の一冊 『ふたりはともだち』アーノルド・ローベル（作）、三木卓（訳）／文化出版局
かえるくんの友を思う気持ちはやさしさとユーモアでいっぱいです。

**丸善・ラゾーナ川崎店
吉川仁美さん選**

〒212-8576
神奈川県川崎市幸区堀川町72-1
ラゾーナ川崎プラザ1階
TEL 044-520-1869

ワンフロアに全ジャンルの書籍、雑誌が置いてあり、一巡するときっとお気に入りの本がみつかる、賑わいが楽しいお店。わ

『おかあちゃんがつくったる』

長谷川義史

講談社｜2012年｜33ページ｜定価：1500円（税別）
ISBN：9784061325043

おかあちゃんが
つくったる
長谷川義史

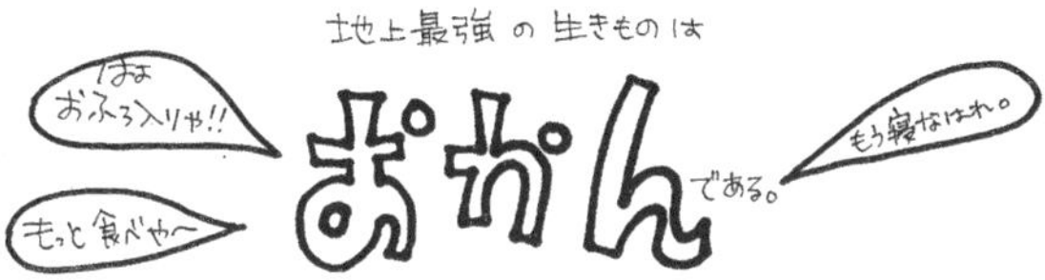
地上最強の生きものは
はよ おふろ入りや!!
もっと食べや〜
おかんである。
もう寝なはれ。

友人のIさんのお母さんは、ケンカした翌日、お弁当のオムライスにケチャップで「バカ」とかいたツワモノです。高校時代、「このから揚げ、おいしい！」と絶賛した翌日のお弁当は、見事にから揚げしか入っていませんでした。そう、母はよくすべります。愛するあまりすべる。この絵本のお母さんも、なかなかのすべりっぷりです。小学生男子にとって、このすべりはなんともたまらなく、ちょっぴりうっとうしく感じたりします。でも、せっかく1年に1回こんな日があるのだから、思い出してみませんか。困った母の愛を。

次の一冊
『てんごくのおとうちゃん』長谷川義史作／講談社
『おかあちゃんがつくったる』の相方にあたります。

MARUZEN＆ジュンク堂書店梅田店
森口泉さん選

〒530-0013
大阪府大阪市北区茶屋町7-20
chaska茶屋町B1〜7F
TEL 06-6292-7383

日本最大級の広さ、圧倒的な在庫量、そしてキャラ立ちした書店員さんが多数！ 洋書の在庫量日本一でも有名です。

『母—オモニ—』

姜《かん》尚中《さんじゅん》

集英社｜2010年｜296ページ｜定価：1200円（税別）
ISBN：9784087814446｜装丁：泉沢光雄

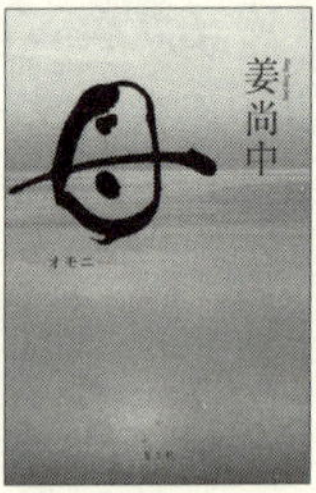

姜先生の才能に、脱帽です！

大学生の頃、テレビではじめて知った姜尚中さんの、低くてやさしい響きの「声」に魅了されました。肝心の政治のお話は、自分には難しすぎたのですが。その後、対談やエッセイなどいろいろ読みましたが、この『母—オモニ—』は、なんと小説。はじめてのスタイルに、わくわくしながら読み始めたものです。テンポがよく、すいすい入って来る文章と心地いいオモニの方言。ひとつの家族の物語が、朝鮮半島と日本の歴史を背景に、激しくも温かく綴られていきます。「朝鮮」「韓国」「在日」、そんなキーワードが気になる方にはもちろんおすすめですが、単純に素敵な小説としてご紹介したい本です。

次の一冊
『姜尚中の政治学入門』姜尚中著／集英社新書
先生のご専門・政治学をわかりやすく解説してくれる入門書。

ジュンク堂書店大分店
千《ち》綾《あや》加奈子さん 選

〒870-0035
大分県大分市中央町1-2-7
大分フォーラス7階・8階
TEL 097-536-8181

書籍はもちろん、コミックコーナー「Junku.COM」にもご注目！豊富な在庫量は大分県ナンバーワンです。ク

2017年4月より、大分中央BESTビル1～5階に移転して営業中。

**『ペツェッティーノ
——じぶんをみつけたぶぶんひんのはなし』**

レオ=レオニ（作）、谷川俊太郎（訳）

好学社｜1978年｜32ページ｜定価：1456円（税別）
ISBN：9784769020073

自分探しの旅が終わる瞬間！

さかのぼること二十数年、会社帰りにふらりと寄った本屋さんで目にした一冊の絵本。「じぶんをみつけたぶぶんひんのはなし」というサブタイトルに魅かれ、手に取り、読んでみると……。心に衝撃が走り、気がつけばその場でポロポロと涙をこぼしていました。私の「自分探しの旅」が終わった瞬間でした。私も自分自身を見つけたのです！ 絵本は文と絵が一体になることによって思考を越えた、心の奥深くまで入りこむ力を持っていると私は思います。たった一冊の絵本との出会いが人生を180度変えてしまうこともあるのです。おそるべし、絵本！

次の一冊　『のにっき——野日記』近藤薫美子著／アリス館
一匹のイタチの死を通してこの世界の循環を見事に描ききった、「命の讃歌」のような絵本です。

えほん館
花田睦子さん 選

〒615-8212
京都府京都市西京区上桂北ノ口町183
TEL 075-383-4811

京都・桂にある絵本・児童書専門店。小さくかわいらしい店内に、お話の世界が大きくひろがっています。

Date
May 15
沖縄本土復帰記念日

No. **135**

『本土の人間は知らないが、沖縄の人はみんな知っていること
——沖縄・米軍基地観光ガイド』

須田慎太郎（写真）、**矢部宏治**（文）、
前泊博盛（監修）

書籍情報社｜2011年｜351ページ｜定価：1300円（税別）
ISBN：9784915999178｜装丁：濱崎実幸

沖縄を考えるきっかけに

沖縄の米軍基地と観光ガイドが一冊の本に。この案内を見て私はどきりとしました。やっかいな基地は現状維持で、ただし沖縄の美しい海と人々の穏やかさは損なわずにいてくださいと身勝手なお願いをしている私たちには出版できない本です。基地は必要か否か、意見がわかれることでしょう。書店員としては、どちらの意見であるかより、一人でも多くの人に沖縄に負担が集中している現実を知り、関心を持ち続けられる本に出会う機会を提供していくことを大切にしたいです。

次の一冊　『北の無人駅から』渡辺一史著／北海道新聞社
ただの鉄道ものではない、地方を考える熱い、厚い一冊です。

ジュンク堂書店天満橋店
中村明香さん選

〒540-0032
大阪府大阪市中央区天満橋京町1-1
京阪ビルディング7F
TEL 06-6920-3730

社会科学書をはじめ、専門書コーナーの充実ぶりがスゴイ！ 大阪ビジネスマンの憩いの場。

『モーターサイクル・ダイアリーズ』

エルネスト・チェ・ゲバラ（著）、
棚橋加奈江（訳）

角川文庫｜2004年｜229ページ｜定価：590円（税別）
ISBN：9784043170029｜装丁：角川書店装丁室

荒野を経て
若者はどこを目指すか？

友人との若さにまかせた行き当たりばったりの南米横断無銭旅行。好奇心いっぱいの医大生エルネストはしかし、ときにさまざまな社会の矛盾を感知し、確かな観察眼で分析を加える。このときの「なぜ？」の自問に、のちにチェ・ゲバラへと変貌する萌芽《ほうが》を垣間《かいま》見る。「まだ読んだことないのですか？ ではぜひ」。本書を私にすすめてくれたのは、大学生のお客様。そのとき故郷に帰って地元メディアへの就職を控えていた彼は、今どこで何に「なぜ？」の問いを発しているのだろう？ エルネストの無邪気な「なぜ？」にドキマギ心揺らした私は、その彼からの「なぜ？」の便りを今日も心待ちにしている。

次の一冊
『荒野へ』ジョン・クラカワー（著）、佐宗鈴夫（訳）／集英社文庫
掲題の本との優劣ではなく、「なぜ？」の問いのベクトルを読み比べるのはいかが？

松丸本舗
宮野源太郎さん選

〒100-8203
東京都千代田区丸の内1-6-4
丸善・丸の内本店4階
TEL 03-5288-8881

松丸本舗は、松岡正剛氏と丸善さんが共同プロデュースした売場。本という果てしない宇宙、そのひとつの表現がここに。わ

2012年9月に閉店。

Date
May 17

No. **137**

『隠蔽捜査』

今《こん》野《の》敏《びん》

新潮文庫｜2008年｜409ページ｜定価：590円（税別）
ISBN：9784101321530｜装丁：新潮社装幀室

理想の官僚！…とかよりも
とにかく面白い人です。

今野敏の大人気シリーズの一冊目。主人公・竜崎信也は東大法学部の超エリートで有能な警察官僚です。原理原則を守る真面目な竜崎が真面目に仕事をして事件は解決するのですが、彼があまりに面白い人（「変人」「唐変木《とうへんぼく》」とは周りの人の声）なので、だんだん可愛く思えてきてしまいました。読んでいる間中、にやにやしっぱなしです。危ない人のようですが、この魅力を伝えるため、周りの人にオススメして回りました。爽やかに終わるのもこのシリーズの素敵なところです。

次の一冊　『初陣―― 隠蔽捜査 3.5』今野敏著／新潮社
番外編。同期、伊丹の目から見た竜崎。すいません、竜崎が好きすぎで……。

紀伊國屋書店ゆめタウン博多店
天ヶ瀬英子さん（選）

〒812-0055
福岡県福岡市東区東浜1-1-1
ゆめタウン博多2F
TEL 092-643-6721

絵本コーナーの充実ぶりは絶品。お母さんの信頼を集める本屋さん。天井が高く、明るい店内が気持ちいいお店です。（ミシマ）

Date
May 18
国際博物館の日

No. **138**

『永遠の森――博物館惑星』

菅《すが》浩江

ハヤカワ文庫｜2004年｜453ページ｜定価：800円（税別）
ISBN：9784150307530｜装丁：ハヤカワ・デザイン

「美しい」って何だろう？
今こそ読みたい、SF短編集

舞台は地球の衛星軌道上に浮かぶ博物館惑星。学芸員たちは脳内に埋め込まれたチップでデータベースに直接接続され、「美」の追求に当たっています。美術品に隠された謎を解くミステリーとしても、中間管理職である主人公のお仕事小説としても楽しめる一冊です。SF用語が多いからといって敬遠してしまうのはもったいない。「直接接続」によって「美」を分析していく主人公と、「うまく説明できないけど、とても綺麗ね」という彼の妻。何かにつけネットで検索してしまう自分を主人公に重ねてしまいました。世界観や文章も含めて「美しい」物語です。

次の一冊
『キュレーションの時代――「つながり」の情報革命が始まる』佐々木俊尚著／ちくま新書
ネットの普及で誰もが直接接続された学芸員となった現代を解説！

ブックファースト大井町店
髙木京さん 選

〒140-0014
東京都品川区大井1-1-1
東急大井町駅2F
TEL 03-5746-0770

東急大井町駅の2階にあり、朝8時～夜10時半の営業時間なので、通勤通学時の利用に大変便利。ミシマ社コーナーも◎わ

『神様からひと言』

荻原浩《おぎわらひろし》

光文社文庫｜2005年｜449ページ｜定価：686円（税別）
ISBN：9784334738426｜装丁：川上成夫

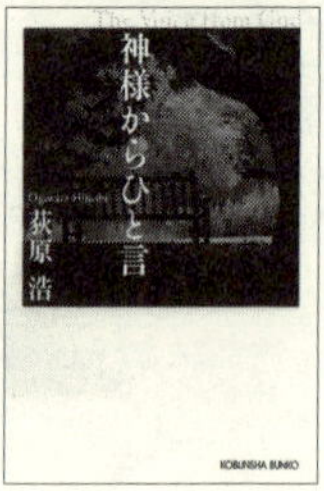

仕事、つらいな。

と思っているなら、ぜひ読んでみてください！

仕事はつらい。仕事は楽しい。つらいと楽しいがたくさん重なって、自分も成長できる。だからつらいときもがんばらないとって思う。けど、やっぱりしんどい。そんなときに私を元気づけてくれたのが、この『神様からひと言』です。荻原さんのユーモアは、沈んでいた気持ちをふっと軽くしてくれます。これからもがんばろうってがっつり思わせるのではなく、そっと後押ししてくれるような感じなのです。そんな励まし方が好きで、就職するために辞めていくスタッフに、仕事しんどくなったら読んでみて！ と思わずおすすめしてしまう本でもあります。疲れたときにどうぞ！

次の一冊　『ワーカーズ・ダイジェスト』津村記久子著／集英社
30歳を過ぎた働く私たちへの応援歌のようで、リアルさに共感！

ブックファースト阪急西宮ガーデンズ店
岸田安見さん選

〒663-8204
兵庫県西宮市高松町14-2
阪急西宮ガーデンズ4F
TEL 0798-62-6103

岸田さんが切り盛りする文芸棚は必見！ かわいい手づくりPOPがたくさんで、ついつい買いたくなります。

Date
May 20

No. 140

『ナガオカケンメイの考え』

ナガオカケンメイ

新潮文庫｜2010年｜400ページ｜定価:590円(税別)
ISBN:9784101306216
装丁:寄藤文平+坂野達也(文平銀座)

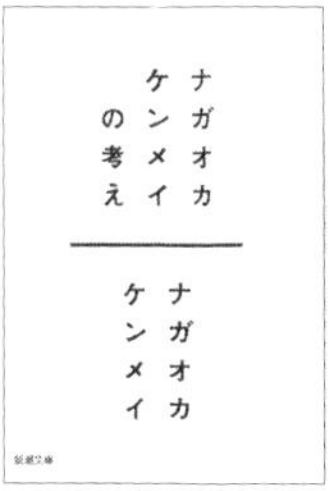

仕事論=仲間論

視点を広げたい、と思うルーキーに。自分の甘さがどうにも気にかかる中堅に。本から仕事のヒントを求めたい、でもいまさらハウツー本は読みたくないベテランに。おすすめです。「やり方」の本ではなく、「考え方」の本なのです。

次の一冊　『d design travel OSAKA』D&DEPARTMENT PROJECT(著)、ナガオカケンメイ(編)／D&DEPARTMENT
大阪めぐりのお供に!

リブロなんばウォーク店
筒井陽一さん選

〒542-0074
大阪府大阪市中央区千日前1丁目
虹のまち5-7なんばウォーク3番街北通り
TEL 06-6484-0910

「西日本最大級の歓楽街に位置する雄々しいお店!」(店長談)。この地域ならではのランキングが面白い!

Date
May 21

No. **141**

Page
154

『砂漠』

伊坂幸太郎

新潮文庫 | 2010年 | 560ページ | 定価:743円(税別)
ISBN:9784101250250 | 装丁:新潮社装幀室

「人間にとって 最大の贅沢とは…」

学長…!!名言です!!

平日夜に読んだなら、すぐさま旧友を呑みに誘うでしょう。休みの前日に読んだなら、夜中にテンション上がって朝まで思い出の品々を見まくってしまうでしょう。ダッラダラしてるくせに、馬っ鹿みたいに楽しい毎日。大学生の日常が、キラッキラに描かれています。ビールが好き。麻雀が好き。スーパーサラリーマンになりたい。でもそしたら複数の女性と交際とか、でたらめな読書とかできなさそう……どうしよっかな。とか思ってるやつって面白いよな。いま少しでも心動いた貴方には読んでほしいです！ 5月病？ 何それ、どこの国の言葉？ みたいな気持ちになれますから！

次の一冊
『チルドレン』伊坂幸太郎著／講談社
温かい気持ちに思わず口元が緩んでしまう、そんなお話です。

紀伊國屋書店梅田本店
高橋淳子さん選

〒530-0012
大阪府大阪市北区芝田1-1-3
阪急三番街
TEL 06-6372-5821

仕入課・百々《どど》課長をはじめ、超個性派書店員が勢ぞろい！ 毎日がお祭り騒ぎの、日本で一番忙しい（？）本屋さん。

ミシマ

『ヘタな人生論よりやっぱり「論語」』

橋本和喜

河出書房新社｜2012年｜223ページ｜定価：1500円（税別）
ISBN：9784309020853｜装丁：阿部元和

難しく考える必要はありません。
「生きるヒント」がここにあります。

「論語」、字面からして難しそう。しかも本屋ではビジネス書コーナーにたくさん置いてあったりして、読むの大変そうだなぁ……というイメージを持たれがち。でも実際はそんなことはなく、孔子という先生が生徒たちに残した名言を集めただけのものなんです。が、その名言がすごい。ものすごい昔の中国語で語られたことなのに、現代日本に生きている私たちの心にもかなりガツンときます！「正しく生きる」ってなに？と迷う方にオススメ。

次の一冊
『論語なう——140文字でわかる孔子の教え』牧野武文著／マイナビ新書
もっと「論語」が身近に感じられる一冊です。

喜久屋書店橿原《かしはら》店
菅野歩さん選

〒634-0837
奈良県橿原市曲川町7-20-1
イオンモール橿原3F
TEL 0744-20-3151

奈良県下最大級の大型書店。少し離れていますが、橿原神宮に寄って行くのがオススメですよ。

『道をひらく』

松下幸之助

PHP研究所｜1968年｜271ページ｜定価:870円(税別)
ISBN:9784569534077

**道をひらくためには、
まず歩まねばならぬ。**

パナソニックグループの創業者であり、「経営の神様」と呼ばれた松下幸之助が、自分の体験と人生に対する深い洞察をもとに綴った短編随想集。どの編も、シンプルな言葉の中に真摯な姿勢が貫かれていて、読むと勇気をもらえる一冊です。

次の一冊　『媚びない人生』ジョン・キム著／ダイヤモンド社
こちらも、力強い言葉の数々に勇気をもらえる一冊です。

リブロ汐留シオサイト店
若菜智子さん選

〒105-7190
東京都港区東新橋1-5-2-B207
汐留シティセンターB2F
TEL 03-3569-2500

汐留《しおどめ》界隈で働くビジネスパーソンの利用が多く、「今、これを知りたい。読みたい！」というニーズが意識された品ぞろえ。わ

『わたしはわたし。そのままを受け止めてくれるか、さもなければ放っといて。』

アルファポリス編集部（編）

アルファポリス｜2010年｜167ページ｜定価：1400円（税別）
ISBN：9784434146404｜装丁：ansyyqdesign

人生一度きり笑ったり、泣いたり感動したり…。
あなたの人生思いっきり生きてますか？

さまざまな名言集がありますが、こんなに印象的なものは私自身はじめてでした。とても可愛らしい子どもの写真と著名な人の名言がインパクト大で即買いしました。なかでも「他人なんて気にすることないよ。あと百年もたったら、ぼくたちをふくめて、まわりにいる人間は、どいつもこいつも死んじまっているさ」という言葉から、自分の心のどこかに余裕をもらえた気がします。この本は女性に向けた言葉集なのですが、男性でも共感できる言葉はたくさんあると思います。悩みや不安、心配など、あなたの人生一生つきまとう気持ちを解放してくれる、そんな一冊になればと思います。

次の一冊　『ときには好きなだけわがままになってみればいい。──Be as outrageous as you want to be.』アルファポリス編集部編／アルファポリス
同シリーズの新刊です。こちらもぜひご一緒に♪

ジュンク堂書店神戸住吉店
釜田良平さん選

〒658-0051
兵庫県神戸市東灘区住吉本町1-2-1
住吉ターミナルビル4F
TEL 078-854-5551

優雅な雰囲気と、最高の見晴らし。住吉の街を象徴するような本屋さんです。ご近所の方がうらやましい！く

Date
May 25

No. **145**

『仕事道楽——スタジオジブリの現場』

鈴木敏夫

岩波新書｜2008年｜224ページ｜定価:740円(税別)
ISBN:9784004311430

仕事を楽しむヒント、あります

何よりもタイトルに興味を引かれ、手に取りました。仕事を心から楽しいと思えるかどうかは、実際には簡単なことではありませんよね。スタジオジブリの映画プロデューサーである著者とその周りの人々の言葉に、仕事を楽しむヒントがあります。お互いを信頼し、仕事への情熱があればこそ、一見厳しい言葉のやり取りがあっても真意が伝わります。人と人とのつながりを大切にしながら、目の前にある仕事を楽しみながら全力で取り組む。だからこそよい結果につながるのかもしれません。感じ方は人それぞれだと思います。ぜひご一読を。

次の一冊

『風の帰る場所——ナウシカから千尋までの軌跡』宮崎駿著／ロッキング・オン
きっと宮崎監督のひととなりにも興味がわくと思うので。

ブックファースト アトレ吉祥寺店
内山博之さん(選)

〒180-0003
東京都武蔵野市吉祥寺南町1-1-24
アトレ吉祥寺本館2階
TEL 0422-23-7671

駅直結で、いつ行っても賑わいと活気にあふれたお店。吉祥寺の最新トレンドがいち早くわかります。(わ)

『新教養主義宣言』

山形浩《ひろ》生《お》

河出文庫｜2007年｜331ページ｜定価：760円（税別）
ISBN：9784309408446｜装丁：アジール・デザイン

本っておもしろいな。僕は本屋で働いてみたいと思いまたけど、さてあなたは？

このコメントを書いているのは2012年初夏の風が気持ちいい5月。もう2012年だから約10年くらい前にこの本に心ときめかされて本屋で働くことに。おもしろいもの、心ときめくものだけを棚の端から端までずらっとそろえて、「さあどうです、お客様！」と問う棚づくりがしてみたい。と、これだ、こういうことがやりたかったんだよと思ってしまったのですね。しょうがないですね。もうあとにはひけませんよ、まったく。

次の一冊　『失楽園の向こう側』橋本治著／小学館文庫
読めばわかる。たぶん。

ふたば書房御池ゼスト店
清野龍さん選

〒604-8091
京都府京都市中京区下本能寺町498
ゼスト御池内
TEL 075-253-3151

京都最大の繁華街、河原町の地下街にある本屋さん。毎月「絵本の読み語り会」を実施し、お母さんファンが多数。く

ミシマ

Date
May 27

No. **147**

『松本十二か月』

伊藤まさこ

文化出版局｜2011年｜166ページ｜定価:1500円(税別)
ISBN:9784579211289
装丁:木村裕治＋後藤洋介(木村デザイン事務所)

松本 よいとこ
一度は おいで

いろんな方に「松本はすてきなところだね」とおっしゃっていただくのですが、住んでいるとそういったことはなかなか気づかないものです。でも松本で暮らし始めた彼女だからこその目線で綴られたこの本で、ちょっとばかり誇らしいような気持ちになり、この町がもっと好きになりました。読んで松本を旅行したような気持ちになるもよし。この本を片手に松本を楽しむのもよし。松本の魅力が詰まった一冊です。

次の一冊
『カーサの猫村さん 旅の手帖』ほしよりこ著／CASA BOOKS
猫村さんの松本出張レポート。ちょっとだけ当店も出てます。

リブロ松本店
野田弘子さん選

〒390-0811
長野県松本市中央1-10-30
松本パルコB1F
TEL 0263-32-5733

松本駅のすぐ近く。アート・サブカル・洋書などが充実しています。野田店長のやさしい声を電話で聞くとほっこりします。ほ

2015年8月に閉店。

Date
May 28

No. 148

『園芸家12カ月』

カレル・チャペック(著)、小松太郎(訳)

中公文庫｜1996年｜213ページ｜定価:495円(税別)
ISBN:9784122025639｜装丁:中央公論新社デザイン室

それでも、希望は手放さない

チェコの作家・チャペックの『園芸家12カ月』を紹介します。この本との出会いは覚えていないのですが、そのときにあった自分の気持ちだけはよく覚えています。心が弱り、さてここからどこへ行こう？ と逡巡《しゅんじゅん》しているときにこの本を手にしました。読後、体の底から笑いと勇気がわいてくる瞬間を体験しました。普通に生きてゆくことは本当に難しく、そこで悩んでいる人に読んでもらいたい一級のユーモアエッセイです。最後の言葉がいつも胸にこだましています。「園芸家は未来に生きている」「ありがたいことに、わたしたちはまた一年齢をとる」。

次の一冊

『マルコヴァルドさんの四季』イタロ・カルヴィーノ（作)、関口英子（訳)／岩波少年文庫
普通に生きてゆくことの面白さや大切さをわからせてくれる一冊。

くまざわ書店相模大野店
西原宗佳さん 選

〒252-0303
神奈川県相模原市南区相模大野3-8-1
相模大野ステーションスクエアA棟6F
TEL 042-767-1285

流行りの本から渋めの専門書まで、的確で幅広い品ぞろえが大きな魅力。明るくキレイな雰囲気のお店です。わ

『世界を信じるためのメソッド
──ぼくらの時代のメディア・リテラシー』

森達也

よりみちパン!セ｜2011年｜153ページ｜定価:1200円(税別)
ISBN:9784781690193
装丁:祖父江慎+佐藤亜紗美(cozfish)

真実はひとつじゃない

新聞・テレビ・ネットなど、現在世界は情報が氾濫しており、何を信じたらよいかわからなくなりますよね。そんなときはこの一冊をおすすめします! 森達也さんがメディアを知り、うまくつきあう方法をわかりやすく嚙み砕いた表現で教えてくれます。読み終えた後には日頃何気なく見ていたニュースがいろんな角度からの視点で捉えられるようになり、違って見えてくるはずです! なお、本書は中高生を対象としていますが、メディアに接する機会の多い20代、30代にも読んでもらいたい良書です。

次の一冊　『でっちあげ──福岡「殺人教師」事件の真相』福田ますみ著/新潮文庫
何を信じるべきか考えさせられる一冊。一気読み間違いなし!

リブロ青山店
伊藤強さん選

〒107-0061
東京都港区北青山2-12-16
北青山吉川ビルB1
TEL 03-3408-0701

外苑前だけにプロ仕様というかハイセンスな品ぞろえ。余談ですが私、以前こちらで勝間和代さんをお見かけしたこと有。わ

2015年5月に閉店。

『アイデアのつくり方』

ジェームス・W・ヤング（著）、
今井茂雄（訳）、竹内均（解説）

阪急コミュニケーションズ｜1988年｜102ページ
定価：777円（税別）｜ISBN：9784484881041
装丁：川上成夫

壁にぶつかった時に
読んで下さい

何か壁にぶつかった、もしくは、煮詰まったと感じたときに読んでください。はっきり言って薄い本です。読むのには、時間はかかりませんが、読後には、何らかの出口が見つかっているかと思います。しかし、その出口は小さなものかもしれません。その際は、時間をおいてから読みなおしてください。出口が大きくなるか、別の出口を見つけることができると思います。また、出口を見つけることができた方も、1年後、5年後、10年後と時間をおいて読みなおしてください。その際には、また、何か別のものの見方ができているかと思います。なぜなら、それまでのみなさんの経験によって思考が深くなっているからです。

次の一冊
『100の思考実験――あなたはどこまで考えられるか』ジュリアン・バジーニ（著）、向井和美（訳）／紀伊國屋書店
今度は、読むのではなく、考えてください。思考の練習です。

書斎りーぶる
本田賢吾さん選

〒810-0001
福岡県福岡市中央区天神4-1-18
サンビル1階
TEL 092-713-1001

誰かの書斎にいるような雰囲気の、ひと味ちがった本屋さん。カフェルームで開催される、イベントもオススメです！

ミシマ

2017年7月に閉店。

Date
May 31

No. **151**

『マイケル・K』

J. M. クッツェー（著）、くぼたのぞみ（訳）

ちくま文庫｜2006年｜286ページ｜定価：1000円（税別）
ISBN：9784480422514｜装丁：神田昇和

圧倒的な「生きる」ということ。

内戦による騒乱のケープタウンから、亡き母親の故郷を目指す男、K。道中、さまざまなかたちで降りかかる「力」との対峙《たいじ》から、次第に彼は孤独な人生における指針と呼べるものを見つけていきます。オランダ系アフリカ入植者という「移民」の子孫として育ったクッツェーによる初期の代表作です。アフリカという異郷に対する私の先入観を根底から覆《くつがえ》したこの作品に感銘を受け、のめり込んだことは、自身を移民文学に夢中にさせる理由にもなりました。それは、私にとってそれまで欧米に限られていた「海外」が、広大で果てのない「世界」に変わった瞬間でした。

次の一冊　『息のブランコ』ヘルタ・ミュラー（著）、山本浩司（訳）／三修社
独系民族迫害を主題にした作品で知られる著者による衝撃作。

スタンダードブックストア心斎橋
吉実伸浩さん選

〒542-0086
大阪府大阪市中央区西心斎橋2-2-12
クリスタグランドビルBF
TEL 06-6484-2239

「本屋ですが、ベストセラーはおいてません」を合言葉に、新しい「スタンダード」をつくりだす本屋さん。かっこいい！く

6月

雨ニモマケズ、病ニモマケズ

June

『第2図書係補佐』

又吉直樹

幻冬舎よしもと文庫｜2011年｜250ページ｜定価:495円(税別)
ISBN:9784344417694｜装丁:横須賀拓

又吉先生、次回作はいつですか!?

「又吉さんってどんな本を読むんだろう」と軽い気持ちで手に取ったんですが、少し読んだだけで衝撃を受けました。流れるような心地いい文章、そして本に対するやさしい愛情！ 書評って大まかなあらすじだったり、押しつけがましくなったりしてしまいがちですが、この作品は書評ではなく本が身近にある生活を送る一人の男性を主人公とした、ちょっと不思議な短編集になっています。本が好きな人はより大好きに、読書が苦手という人は本を読むきっかけになるはずです。

次の一冊　『四畳半神話大系』森見登美彦著／角川文庫
不思議な森見ワールドが又吉さんの世界観に通じるような。

ジュンク堂書店郡山店
郡司めぐみさん選

〒963-8004
福島県郡山市中町13-1
うすい百貨店9階
TEL 024-927-0440

うすい百貨店の中にあり郡山駅から徒歩7分くらい。福島県内最大級の蔵書数で専門書を中心とした品ぞろえのお店です。わ

『唾《だ》玉《ぎょく》集——明治諸家インタヴュー集』

伊原青々園《せいせいえん》、後藤宙外《ちゅうがい》（編）

平凡社（東洋文庫）｜1995年｜402ページ
定価：2900円（税別）｜ISBN：9784582805925｜装丁：原弘

**時代の風俗を語るには文学だけでは足りない。
様々な人々の声が必要なのだ。**

あるフェアの準備中に、選者の作家の方に教えていただいた『唾玉集』。この不思議な題名の本の副題は「明治諸家インタビュー集」。前半の露伴《ろはん》や鷗外《おうがい》など文豪へのインタビューも興味深いのですが、本書の白眉《はくび》は探偵や佃煮《つくだに》屋、侠客《きょうかく》、芸者などさまざまな職業の人々の話を口調もそのままに活写している後半。30年前は「徳川様」の世だった彼らの語りを聞いているうちに自ずと立ち上がってくる時代の姿に、ぐいと魅せられてしまいます。ここに集められた言葉はまさに玉であり、まるでパノラマを覗《のぞ》くように面白い。私に本の世界の奥深さを改めて教えてくれた一冊です。

次の一冊

『増補 幕末百話』篠田鉱造著／岩波文庫
この百話シリーズも、庶民の言葉の聞き書きが見事でおすすめです。

リブロ池袋本店
幸《ゆき》恵子さん 選

〒171-8569
東京都豊島区南池袋1-28-1
西武池袋本店書籍館・別館
TEL 03-5949-2910（代表）

独自の視点で展開される人文書の独立コーナー「Cartographia」は、定期的に見たい棚。池袋駅直結の提案型総合書店。は

2015年7月に閉店。

Date
Jun. 3

No. 154

『雨ニモマケズ
――にほんごであそぼ』

齋藤孝

集英社｜2005年｜304ページ｜定価：1400円（税別）
ISBN：9784087804096｜装丁：佐藤卓

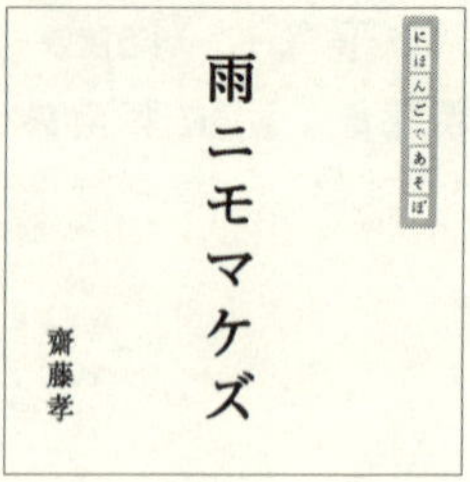

いやぁ、日本語って本当にいいもんですね〜

ご存じ、NHKの人気番組「にほんごであそぼ」から生まれた解説本。が、そのクオリティは番組本の域を遥かに超え、アート作品といえるデキ。児童書ですが、子どもだけにはもったいない！ 佐藤卓《たく》氏によるデザインで、ページをめくるたび、古典も落語も童謡も、シェイクスピアまで、バアァァァーっと「ことば」が飛び出します！ 何より面白いのは収録125編の名文すべてに付く齋藤孝先生による解説。徒然草《つれづれぐさ》なんか「すんごいヒマだからなんか書いてみよう……クレイジーな熱い気分になってきたぜ！」ですよ！ これを観て育った子たちが作家になるとき。日本文学の未来は明るい！

次の一冊 『I LOVE FND ボクがコレを選ぶ理由』ハイロック著／マガジンハウス
物より思い出とか言われますが、モノで楽しくなる暮らしもアリ。

天晨堂《てんしん》ビバシティブックセンター
細江弘人さん選

〒522-0044
滋賀県彦根市竹ヶ鼻町43-2
ビバシティ専門店街1F
TEL 0749-24-2118

ハイテンションから、本屋らしい本屋を目指す、彦根市になくてはならない本屋さん！く

『てのひら島はどこにある』

佐藤さとる（作）、林静一（絵）

理論社｜2003年｜184ページ｜定価：1200円（税別）

ISBN：9784652005156｜装丁：吉田佳広

虫ぎらいの私ですが，こんな虫ならいてほしい !!

担当になってから約3年、児童書でおすすめを、と考えると、どうしても自分が子どもの頃に好きだった物語が思い浮かびます。本書はその中でも特別で、私に物語の楽しさを教えてくれた恩人のような存在です。私たちの世界のすぐ近くで、目には見えないけれど生きている、不思議な虫たち。いるはずないと思っていても、もしかして、と期待させてくれるファンタジーです。難しい言葉や設定は出てこない、あくまで日常を舞台にした物語なので、ファンタジーが苦手という方にもおすすめです。

次の一冊　『モモ』ミヒャエル・エンデ（作）、大島かおり（訳）／岩波書店
時間に追われる大人にぜひ読んでもらいたいファンタジーです。

ブックマンズアカデミー前橋店
金井紀子さん選

〒371-0854
群馬県前橋市大渡町2-3-1
TEL 027-280-3322

大竹店長以下スタッフさんの力量を感じる売場がとても心地良く、そして併設のescrit cafeの珈琲がうまい。わ

『すごい本屋！』

井原万見子

朝日新聞出版｜2008年｜220ページ｜定価：1600円（税別）
ISBN：9784022504050｜装丁：HOLON

小さな本屋が拓いた大きな可能性。

その小さな本屋があるのは、住人わずか100人ほどの山深い村。そんなお店が絵本の原画展を行い、有名な絵本作家や写真家のトークショーまで実現してしまう。これは奇跡などではまったくなくて、ただお客さんを喜ばせたいという想いと行動力がなしえた努力の結晶なのです。そんなエピソードの数々が記された本書は、どんな場所でも本屋が果たす大切な役割は同じだと語りかけてくる、本屋好きの方必読の書。書店業界の隅で働く自分にとっては、山の上にあのお店があると思うだけでがんばる気持ちになれる、そんな「本と人をつなぐ」お店のお話です。

次の一冊　『尾道坂道書店事件簿』児玉憲宗著／本の雑誌社
こちらもオススメ、広島の書店員さんの日々。

HYPER BOOKS 茨木店
森口俊則さん選

〒567-0065
大阪府茨木市上郡2-13-14
TEL 072-640-0907

文具もそろえた茨木市最大規模の書店。スタッフの森口さんは各地のBOOKイベントに顔を出す、超勉強家です。く

『北の無人駅から』

渡辺一史

北海道新聞社｜2011年｜791ページ｜定価：2500円（税別）
ISBN：9784894536210｜装丁：佐々木正男

遠い大地の話を読んだら、
自分の今いる場所が気になりだした。

知らない土地をめぐる本が好きです。10代の頃、沢木耕太郎さんの『深夜特急』に憧れて、無意味に一人旅をしたり、20代の頃、ひたすら書店内をかけ回る毎日のストレスを高野秀行さんのアジア紀行文で解消したり……。けれど30代になって、家族もできて、どこでどう生きるかを考えだしたときにこの本を読みました。6つの駅とそこに生きる人々の営みをめぐることで、北海道の過去と現在、未来を読む本書。読後、自分はどの土地とどう関わってゆくのだろう、とこの先の人生が楽しみでやりがいのあるものに思えてきました。「鉄道読み物」というジャンルに収まらない一冊です。

次の一冊
『どくろ杯』金子光晴著／中公文庫
元祖、青春と愛と放浪。

ジュンク堂書店姫路店
山本尚子さん 選

〒670-0914
兵庫県姫路市豆腐町222
プリエ姫路2F
TEL 079-221-8280

いつも、さまざまな面白フェアを開催中！ ミシマ社の本も、山本さんが企画したフェアでご紹介いただきました。

Date
Jun. 7

No. **158**

『下山事件　最後の証言［完全版］』

柴田哲孝

祥伝社文庫｜2007年｜602ページ｜定価：857円（税別）
ISBN：9784396333669｜装丁：芦澤泰偉

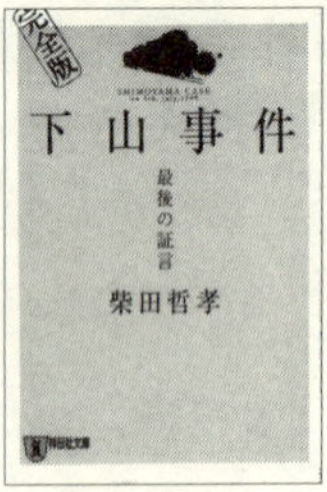

推理小説よりもドキドキする
ほんとうの怖い話！

「私の祖父は、実行犯なのか？」という疑問から話が展開します。教科書にも名前の出てくる、吉田茂、佐藤栄作、白洲次郎といった人間が、児玉誉士夫《よしお》、田中清玄《きよはる》、笹川良一らの力を借りて歴史を動かす結びつきを追求する作者の情熱に私は強く心を魅かれました。自分も殺されるかもしれないという思いを秘めながら、下山事件に関わったと思われる特務機関や諜報《ちょうほう》員に直接インタビューしていく。彼は命がけでこの本をつくりあげたことになります。小説でもないのに「日本冒険小説協会大賞」「日本推理作家協会賞」をW受賞している推理小説のようなドキュメント作品です。

次の一冊　『日本の黒い霧』松本清張著／文春文庫
清張もまた、戦後の歴史を解き明かして行きます。

藤乃屋書店
藤﨑義孝さん選

〒145-0073
東京都大田区北嶺町31-10
TEL 03-3729-6627

小商いの街、東急池上線・御嶽山駅前にある本屋さん。客注品の取り寄せやネット注文も迅速に対応してくださり便利。わ

『角川春樹句会手帖』

佐藤和歌子

扶桑社｜2009年｜303ページ｜定価：1600円（税別）
ISBN：9784594059132｜装丁：sign（森浩明）

角川春樹という人にただただ圧倒される1冊です

春樹さんに俳句を添削《てんさく》される……。この人の直しが入るだけで、こんなに俳句が変わるとは。何度でも読み返してしまう一冊です。

次の一冊
『短歌があるじゃないか。——一億人の短歌入門』穂村弘、東直子、沢田康彦著／角川書店
穂村弘、東直子選で短歌です。こちらもぜひ！！　短歌もよいですよ！！

精文館書店本店
保母明子さん選

〒440-0881
愛知県豊橋市広小路1-6
TEL 0532-54-2345

愛知県で一番おっきな本屋さん！　文具、CDはもちろん、おもちゃまでそろっているのが嬉しいですね。く

Date
Jun. 9

No. **160**

Page
174

『ロックで独立する方法』

忌《いまわ》野《の》清志郎

太田出版｜2009年｜199ページ｜定価：1680円（税別）
ISBN：9784778311872｜装丁：鈴木成一デザイン室

あなたは、なにでメシを喰っていますか？

実は自分にとっての心の一冊は、胸の中にしまってある。誰にも言ったことがない。リコメンドというのは、自分の思いよりもその相手の傾向を考えて行うものだろう。だとしたら、今回は不特定多数の貴方にコチラ。とても正直な本だと思います。忌野清志郎は、メッセージ性を含んだ歌、パフォーマンス、文章をたくさん生み出した人ですが、そこにはいつも忌野清志郎という前提が内包されていたように思います。この本には、一人のショービジネスで生きた男の憂鬱な内情や自分で決めてきた方法論がまるで〈本名〉で書かれているようです。清志郎も一生活者だ。

次の一冊
『天野忠詩集』天野忠著／現代詩文庫
言葉の尾ひれについている言葉にならない感情は大概、詩の中にある。

ガケ書房
山下賢二さん選

〒606-8286
京都府京都市左京区北白川下別当町33
TEL 075-724-0071

まちがいなく、日本でもっとも個性的な本屋さんのひとつ。不思議な店内で、思ってもいなかった本に出会えます。

2015年12月に閉店。山下さんは現在ホホホ座として活動中。

『東京バンドワゴン』

小《しょう》路《じ》幸《ゆき》也《や》

集英社文庫｜2008年｜336ページ｜定価：552円（税別）
ISBN：9784087462876｜装丁：鈴木成一デザイン室

家族の大切さを
思い出させてくれました。

普段、何気なく生活していると家族のやさしさや、周りの人の大切さって、つい忘れがちになってしまいますよね？ そんな忘れかけていた、家族のやさしさや愛情、今では少なくなってしまった、ご近所さんとのつながりがこの小説にはたっぷりと描かれています。笑いあり、涙あり、そしてちょっと懐かしい雰囲気のあるこの作品。読み終える頃にはきっと温かい気持ちになれると思いますよ。

次の一冊
『一瞬の風になれ』佐藤多佳子著／講談社
読めば走りだしたくなる青春小説です。

不二屋書店
忠《ちゅう》鉢《ばち》直さん 選

〒152-0035
東京都目黒区自由が丘2-11-3
TEL 03-3718-5311

親子連れ、学生さんなどでいつもにぎわっている老舗の本屋さん。地元・自由が丘の出版社、ミシマ社の本も全部そろっています！

『毛のない生活』

山口ミルコ

ミシマ社｜2012年｜163ページ｜定価：1500円（税別）
ISBN：9784903908335｜装丁：鈴木成一デザイン室

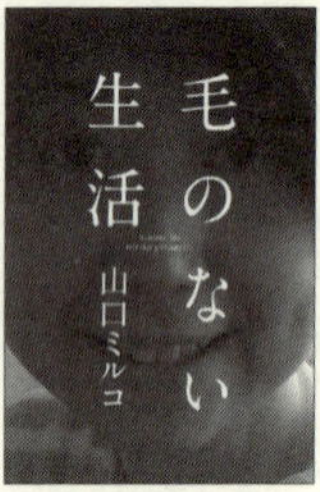

こわくないよ

闘病記は苦手だ。こわくて不安で悲しいから。気持ちが暗くなって、涙が出る。書店員になって一度も風邪をひいたことがないくらい、超健康な俺ですらそうなのだ。具合が悪い人にそんな本を読ませたら、もっと具合が悪くなるのではないか！ それなら闘病記は、いったい誰のためにあるのだ？ そんなことを考えているときに、この本に出会った。これだ！ これだよ！ どうしても元気になってほしいあの人に自信を持って渡せる本、ようやく見つけた！

次の一冊　『困ってるひと』大野更紗著／ポプラ社
突然難病女子になった命がけのエッセイ。面白すぎるので、盲腸のお見舞いには向きません。

三省堂書店有楽町店
新井見枝香さん選

〒100-0006
東京都千代田区有楽町2-10-1
東京交通会館1〜2F
TEL 03-5222-1200

直筆POPやフリーペーパーは、細部まで愛ぎっしり！ 旬がわかる棚と、定番書を売り伸ばす棚のバランスがいい感じです。は

『がん患者、お金との闘い』

札幌テレビ放送取材班

岩波書店｜2010年｜147ページ｜定価：1600円（税別）
ISBN：9784000224994

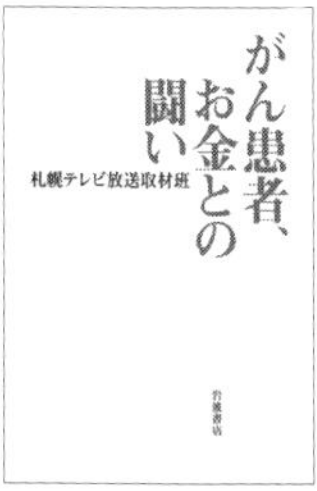

明日は我が身。決して他人事ではない。

TVのドキュメンタリーを書籍化したもの。本書に登場する2児の母親が大腸がんと診断されたのは35歳のとき。経済的に困窮し、治療を続けるために離婚して生活保護を受けようとするまで追い詰められる。そして、この本が刊行されるたった5日前、この母親は亡くなった。暗い現状と一筋の光を知らしめなければと思った。だが、岩波書店さんだから（返品ができないので）そうたくさん注文は……でも売るんだよ！ と思いきって発注。ネットで紹介し、新聞で紹介し、TVで紹介した。売れた。本が売れて涙が出そうになったのは初めてだった。がんと無縁だと思っている働き盛りの人にこそ読んでほしい。

次の一冊
『居酒屋の定番 煮込み』柴田書店編／柴田書店
料理のプロはもちろん、大衆酒場好きもぜひ。レシピの単位が笑えます。

ジュンク堂書店吉祥寺店
中本美恵さん選

〒180-0004
東京都武蔵野市吉祥寺本町1-8-6
コピス吉祥寺B館6・7F
TEL 0422-28-5333

各売場で展開されているフェアの切り口に注目しています。中本さんいわく「寄せ鍋みたいなお店です」。いやいや（笑）

Date
Jun. 13

No. **164**

『枯木灘《かれきなだ》』

中上健次

河出文庫｜1980円｜320ページ｜定価：570円（税別）
ISBN：9784309400020｜装丁：菊地信義

噛むほどに深まる世界

日本文学史でも際立った逸品と思っております。文芸書を読むときは、誰もが頭の中に、自分の世界を想像します。文章や、行間に隠れる作者の想いを汲み取り、世界を創り上げますが、白黒の場合もあれば、セピア色の場合もあります。『枯木灘』はカラーです。しかも、自分がその場所を近くで感じているような圧倒的なリアリティをともなった情景です。「臭い」や「触感」といった五感に直接語りかけてくれる数少ない一冊です。何度も読み返すたび、自分がさらに奥深い世界へ旅立てる、そんな一冊です。

次の一冊
『モンテ・クリスト伯』アレクサンドル・デュマ（作）、山内義雄（訳）／岩波文庫
読みたい本は寝不足に注意！ 圧倒的に引き込まれます。

八文字屋本店
金沢有一さん選

〒990-0043
山形県山形市本町2-4-11
TEL 023-635-1587

いい空気感に包まれた雰囲気ある本店に、現代的な巨艦店も複数擁する山形の出版文化を支え続ける老舗。創業400年！わ

『約束』

石田衣良

角川書店｜2004年｜244ページ｜定価：1400円（税別）
ISBN：9784048735490｜装丁：緒方修一

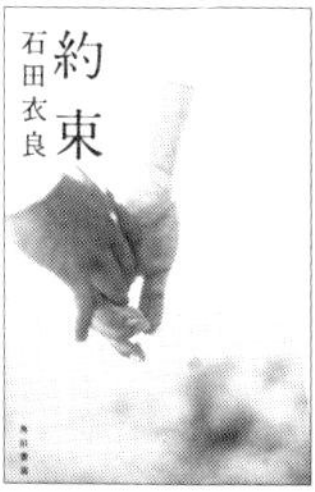

あなたは、あなたのままでいい。

主人公カンタは小学生。世間一般の大人の視線で見ると、「かわいそうに」「気にすることない」と、同情の言葉が口に出る。きっと、そんな簡単に割りきれるような想いじゃない。憧れていた幼なじみが、自分をかばって死んだのだ。周りからの見た目だけでは計り知れない想いにちがいない。死を選んだカンタは、幻なのか、親友との再会で生きる勇気をもらう。「冴えなくてもなんでもいいから、いろんな経験をして大人になってほしい」。カンタは、カンタのままでいいよ。全7編の短編集。すべてが感情をゆさぶる物語。

次の一冊
『とんび』重松清著／角川書店
愛あふれる、ガキ大将親爺。

啓文社コア春日店
島谷成寿さん選

〒721-0907
広島県福山市春日町5-1-3
TEL 084-941-0909

いつもほがらかな島谷店長のお店。午前0時まで営業していて、夕食後にも遊びに行けますよ。

『観光』

ラッタウット・ラープチャルーンサップ（著）、
古屋美登里《ふるやみどり》（訳）

ハヤカワepi文庫｜2010年｜309ページ｜定価：800円（税別）
ISBN：9784151200625
装丁：坂川栄治＋田中久子（坂川事務所）

偏屈オヤジが見せた、わずかな心の震えに涙!!!!
「こんなところで死にたくない」

オヤジが好きだ。オヤジ萌えだ。本書収録の短篇すべてが傑作だが、なかでもオヤジ萌えに推したいのが、「こんなところで死にたくない」。主人公ペリーが醸し出すオヤジの悲哀といったらない。寝たきりで車椅子生活。「家に帰りたい」「こんなところで死にたくない」と口を開けば愚痴ばかり。ジジイうるせえよ、とイラついた僕にオヤジが見せた生きる意味を見いだした場面。そのとき、オヤジで僕が泣いていた。このイラつかせておいてのデレ。イラデレオヤジに涙せよ。

次の一冊
『奪い尽くされ、焼き尽くされ』ウェルズ・タワー（著）、藤井光（訳）／新潮クレスト・ブックス
あきらめちゃった人たちのお話。良書の悲哀は大人の味。

小山進駸《しんしん》堂中久喜本店
鈴木毅さん 選

〒323-0806
栃木県小山市中久喜1345-6
TEL 0285-30-1115

余談ですが鈴木店長の趣味はフライフィッシング。本当の座右の書は『尺ヤマメの戦術』（つり人社）に違いない。わ

2017年7月に閉店。

Date
Jun. 16

No. 167

『俺に似たひと』

平川克美

医学書院｜2012年｜239ページ｜定価：1600円（税別）
ISBN：9784260015363｜装丁：加藤愛子（オフィスキントン）

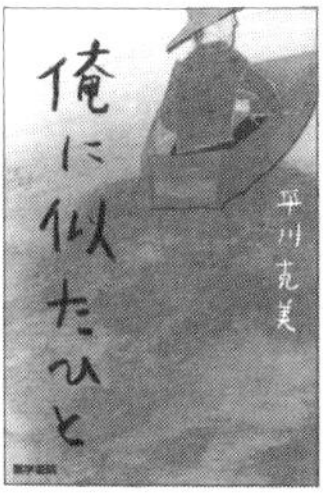

物語という形式でしか語りえないことがある！

介護をする「俺」と介護される父親。二人の男の物語。町工場の経営者であり、寡黙《かもく》で仕事一筋だった父親が老いて弱くなり「おまえにまかせる」とつぶやくようになる。「俺」は父親のそんな姿に戸惑いながらもその状況を受け入れ、父との介護生活を始める。老いた父親を風呂に入れてやり、食事を用意し、下の世話をする。そうした日々を重ねるなかで老いとは何か、死とは何かを発見してゆく。誰でも避けて通れない老いという現実的な問題を感傷的にならずに静かに語ります。父と子の関係や老いというものをあらためて考えさせられる一冊です。

次の一冊　『小商いのすすめ』平川克美著／ミシマ社
『俺に似たひと』と同時期に執筆され、対となる作品です。「いま・ここ」に責任を持つ生き方とは。

戸田書店城北店
太田原由明さん選

〒420-0886
静岡県静岡市葵区大岩2-1-18
TEL 054-249-1640

スタッフのみなさんがつくるフリーペーパー「城北通信」がすごいです！ ほんとの本好きがあつまっているんですね。

2017年10月に閉店。

『困ってるひと』

大野更紗《さらさ》

ポプラ社｜2011年｜313ページ｜定価：1400円（税別）
ISBN：9784591124765｜装丁：木庭貴信（オクターヴ）

こんな本、人生で初めて。
生きてるってすごい。

大野さんは、日本でほとんど前例のない難病にかかって、毎日が瀕死《ひんし》状態。それなのに、信じられないくらいポジティヴに生きている。この本のページの向こうから、「生きてるってすごいんだよー！ どんなにつらくても大丈夫なんだよー！」と圧倒的な力で叫んでくる。命を懸けて書いている彼女に私もその想いにこたえたくてしかたない。誰かれかまわず「この本読んで！」って手渡したい！

次の一冊　『あさになったのでまどをあけますよ』荒井良二作／偕成社
ただそこで、あたりまえのように生きることの素晴らしさ。

啓文堂書店三鷹店
西ヶ谷由佳さん選

〒181-0013
東京都三鷹市下連雀3-35-1
三鷹コラル3F
TEL 0422-79-5840

並べられた本たちから「本が好き」な感じがほのかに伝わってくる。だからうろうろするのが楽しい。いいお店。わ

『人間仮免中』

卯月妙子《うづきたえこ》

イースト・プレス｜2012年｜320ページ｜定価：1300円（税別）
ISBN：9784781607412｜装丁：名和田耕平デザイン事務所

照れもなく本心から「愛しい」と零れる、是ぞ愛。

いただいたゲラをめくり、ハハハと笑わされたりウーンと唸《うな》ったり、不意に訪れた重い展開に圧倒されながらも辿《たど》りついた本編ラスト……泣きました、号泣でした。その一言に心が揺さぶられ、夜も深いため、タオルを口に押し当て嗚咽《おえつ》を必死に殺すも、涙滂沱《ぼうだ》として禁ぜず……合縁《あいえん》奇縁、安宅正路《あんたくせいろ》。からの急転直下、九死一生、艱難辛苦《かんなんしんく》。そして迎えた異体同心、一《いち》蓮托生《れんたくしょう》……うん、よし、決めた。この本を一冊でも多く売場から巣立たせよう、より多くの方のお手元にお届けしたい。ここまで一途に思わせてくれる本って、なかなかありません。今このページを開かれた貴方にも、ぜひ。

次の一冊　『表参道のヤッコさん』高橋靖子著／アスペクト
人生いろいろ、女もいろいろ。本書は煌めく夢物語。こちらもぜひ。

紀伊國屋書店ららぽーと豊洲店
金沢勝さん選

〒135-8614
東京都江東区豊洲2-4-9
アーバンドックららぽーと豊洲3F　30900
TEL 03-3533-4361

定番とフェア展開の商品がバランスよく配された店内は明るく広く、ベビーカーと一緒でもゆったりと本が選べます。わ

『日々ごはん(1)』

高山なおみ

アノニマ・スタジオ｜2004年｜263ページ
定価：1300円(税別)｜ISBN：9784877586027
装丁：アノニマ・スタジオ

食べることは、生きること。

朝、起きて、ごはんを食べる。出かけていって、人と出会う。何かを見て、誰かと語り、じっとみつめたり、はっとおどろいたりして、またごはんを食べて、眠る。毎日は同じことのくりかえしだけど、本当はくりかえしなんかではなくて、どんなことを思ってどんなものを食べたのかを記録したこの本が、食べるって生きてるってどういうことなのかを、じわじわと伝えてくれます。弱ってるときはやさしいものしか口にできないけれど、おいしいもの食べて、また元気になれる日もあるのだ！ 2002年2月〜2008年8月までの記録、全12冊のシリーズです。

次の一冊
『富士日記』武田百合子著／中公文庫
日常の記録。淡々とした文章に暮らしへの愛情を感じます。

代官山 蔦屋書店
戸木田直美さん選

〒150-0033
東京都渋谷区猿楽町17-5
代官山T-SITE
TEL 03-3770-2525

「大人の文化の森」をコンセプトにした、ちょっとほかに類を見ない話題の書店。本に精通したコンシェルジュがご案内。わ

『TOKYO　0《ゼロ》円ハウス0円生活』

坂口恭平

河出文庫｜2011年｜299ページ｜定価：760円（税別）
ISBN：9784309410821｜装丁：鈴木成一デザイン室

読んでびっくり！こんな生き方もあるんだ!!

この本は二人（著者とホームレスの鈴木さん）のユニークな個性が出会ったことで展開していく、とてもスリリングな本です。著者は早稲田の建築学科にいながら、今の日本でこれ以上建物をつくることに意味を見出せません。そんなとき、出会った鈴木さんは、一般的にはホームレスといわれる状況ながら、拾ってきたものだけで身の丈に合った住む場所をつくり、満ち足りた生活をしています。その驚きと感動が著者の眼を通して伝わってくると同時に、読後には、人間にとって家とは何か？本当の豊かさとは？　ということを考えさせられます。著者は現在、出身地で当店のある熊本に戻り、さらにユニークな活動をしています。

次の一冊　『独立国家のつくりかた』坂口恭平著／講談社現代新書
さらにユニークに、さらに過激に進化を続ける著者の現状報告。

リブロ熊本店
鈴木洋一さん選

〒860-0805
熊本県熊本市桜町3-22
県民百貨店6F
TEL 096-211-9033

「県民百貨店」という、かわいい名前のデパートの中。年配のお客さまを大切にした、やさしい品ぞろえがポイント。

2015年2月に閉店。

『私家版　差別語辞典』

上原善広

新潮選書｜2011年｜234ページ｜定価：1200円（税別）
ISBN：9784106036798｜装丁：新潮社装幀室

取扱注意!!

ナイフなど刃物の例を出すまでもなく、道具は扱いを間違うと自分自身や他人を傷つけてしまいます。言葉という道具は愛をもって使用すれば人を勇気づけ、人生を輝かせてくれます。しかし悪意をもって使用すれば、特に人を絶望の淵へと追い込むことさえあります。本書において作者は「言葉は私たちの歴史と文化そのもの」だとして、差別語が生みだされた歴史的・文化的背景を丁寧に描写しています。差別語の歴史を学ぶことで、人間への理解を深めることができる一冊です。

次の一冊　『異貌の人びと――日常に隠された被差別を巡る』上原善広著／河出書房新社
同著者の海外ルポ。こちらも読みごたえあります。

山下書店渋谷南口店
香月孝之さん選

〒150-0002
東京都渋谷区渋谷3-19-1
オミビル1F
TEL 03-5778-0539

24時間営業。気になる本がちゃんと目に飛び込んでくる、渋谷の隠れ家的書店です。わ

Date
Jun. 22

No. 173

Page
187

『倫理という力』

前田英樹

講談社現代新書｜2001年｜187ページ｜定価:700円(税別)
ISBN:9784061495449｜装丁:中島英樹

トンカツ食って「倫理」を学ぶ。

友川カズキという歌手の楽曲に「一切合財世も末だ」というのがある。歌は世につれ世は歌につれ。1981年発表のアルバムに収録されているから、友川にとっては、少なくとも今から30年以上前の時点で「一切合財世も末だ」ったことは間違いないにせよ、そう歌われてしまう世にあって、日々よく生きようとする人たちが、またいたことも間違いない。たとえば本書で前田英樹が紹介するような「トンカツ屋のおやじ」。どんなおやじかは、本文参照。おやじのつくる美味しいトンカツを食って、生涯の背筋を伸ばすことだってあるのだ。

次の一冊

『衆生の倫理』石川忠司著／ちくま新書
「倫理のハードルをいかに下げるか？」の入門書。

文苑堂書店新野村店
橋本剛さん選

〒933-0014
富山県高岡市野村1717
TEL 0766-25-1500

橋本さんいわく、「当店、本当によくある『郊外型ロードサイド店』ですが、品ぞろえはけっこう『狙ってます』」とのこと。わ

『一般意志2.0
——ルソー、フロイト、グーグル』

東《あずま》浩紀

講談社｜2011年｜262ページ｜定価：1800円（税別）

ISBN：9784062173988｜装丁：帆足絵里子

未来を諦めない、豪快な思想書。

『動物化するポストモダン』の東浩紀が、「動物化」後の政治について真正面から書いた勝負作。すがすがしいまでの自由と精度の高い民主主義、その両立は可能だと訴え、ストレスフリーな社会を目指す。平易な文章と明晰な論理で読みやすい。読後の爽快感は、何より東浩紀の潔さによる。快適も尊厳も諦《あきら》めず、やせ我慢なしで理想を追求する本気の現代思想だ。「絆《きずな》」とか「コミュニケーション」とか「人間力」とか、そういうわずらわしいのはイヤだなと思っている人は特に必見。巷を徘《はい》徊《かい》する閉塞感とやらを、この本と最新の情報技術が打破してくれる。

次の一冊　『希望論——2010年代の文化と社会』宇野常寛、濱野智史著／NHKブックス
昔はよかったなんて全然思わない！ ここから始まる未来の構想。

**リブロ福岡天神店
野上由人さん選**

〒810-8680
福岡県福岡市中央区天神2-5-35
岩田屋本店本館7F
TEL 092-717-5180

夢のような絵本ゾーン「わむぱむ」、現代社会を読み解く本を集めた「Cartographia」など、注目コーナー多数！

Date
Jun. 24
著者命日

No. **175**

『二十歳の原点』

高野悦子

新潮文庫｜1979年｜210ページ｜定価：430円（税別）
ISBN：9784101183015｜装丁：杉浦康平

独りであること、未熟であること
これが私の『二十歳の原点』である

学生運動の嵐の中、時代と葛藤した女子大生の孤独と苦悩を、自ら命を絶つ直前まで綴った日記。1990年頃、当時学生にもかかわらず学校へ行かず、不精な生活を送っていた私の心を動かした一冊。本書を購入した本屋でバイトを始め、現在に至る書店員としての原点となった。1973年に映画化もされ、20年程前池袋シネマ・ロサにて田原総一朗監督「あらかじめ失われた恋人たちよ」（1971年）との素晴らしすぎる2本立てで鑑賞。残念ながらDVD化はされていないが、サントラは何度かCD再発済み。伝説のプログレッシブバンド「四人囃子《ばやし》」の初レコーディング作として知られる。

次の一冊
『二十歳の原点ノート［新装版］――十四歳から十七歳の日記』高野悦子著／カンゼン
文庫版は絶版。カンゼンより三部作とも新装版にて入手が可能です。

山下書店東銀座店
古川努さん選

〒104-8422
東京都中央区築地4-1-1
東劇ビル1F
TEL 03-6228-4325

いつ来ても気になる本が多くて、うっかり長居してしまいます。心地よいんです。近くに魚がおいしい食堂があります。は

ミシマ

2017年6月に閉店。

Date
Jun. 25

No. **176**

『深夜特急（1）——香港・マカオ』

沢木耕太郎

新潮文庫｜1994年｜238ページ｜定価：430円（税別）
ISBN：9784101235059｜装丁：平野甲賀

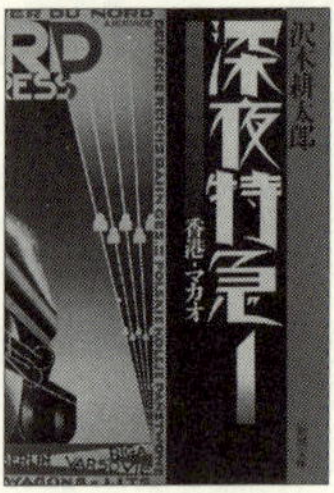

バックパッカーのバイブル

22歳のとき、雑誌の書評ページで見かけた「ロンドンまでバスで一人旅をする」という記事が読むキッカケでした。ストイックな生き方に憧れていた頃で、4歳上の沢木さんが情熱的でありながらクールに旅を楽しんでいる様子が大人っぽく真似したくなり夢中で読みました。当時、この本のカバーをはずし、ジーンズの後ろポケットに入れて持ち歩き、それが格好いいと本気で思っていました（笑）。最近また読み返し、自分も死ぬまでに旅に出たいと強く思いました。読んで触発されて、実際に私より先に旅に出ちゃった人は、けっこういるみたいです。（全6巻）

次の一冊　『十五少年漂流記』ジュール・ヴェルヌ（著）、波多野完治（訳）／新潮文庫
賢くて勇敢な少年たちに感動します。

文教堂書店赤坂店
小柴英治さん㊢

〒107-0052
東京都港区赤坂2-14-17
国際新赤坂ビル1F東館
TEL 03-5573-4321

赤坂サカスの向かいにあり、TBSや博報堂の最寄り書店ということで、特に広告・デザイン書関連が充実しています。ⓦ

『赤毛のアン』

L. M. モンゴメリー（著）、掛川恭子（訳）

講談社文庫｜2005年｜541ページ｜定価：781円（税別）
ISBN：9784062750615｜装丁：鈴木成一デザイン室

永遠の憧れの少女。

はじめて手にしたのは小学生のとき。緑の切妻《きりづま》屋《や》根《ね》、パフスリーブのドレス、レモンパイに木《き》苺《いちご》のコーディアル……時代は違えど、少女の胸をときめかせるものばかりの物語の世界に引き込まれました。そして、おしゃべりで、豊かな想像力を羽ばたかせてはいつも失敗、でもすぐに立ち直る前向きなアン。天然パーマがコンプレックスだった私は、赤毛を嫌がるアンにいつしか自分を重ねて読んでいました。いつか彼女のように魅力的になれたら、と憧れつつ。アンと彼女を取り巻く世界は私の永遠の憧れです。

次の一冊　『アンの青春』L. M. モンゴメリー（著）、掛川恭子（訳）／講談社文庫
全10巻からなるアンシリーズ。アンの成長を見守りながら、シリーズものを読む楽しさを感じてください。

落合書店宝木店
池田麻美さん 選

〒320-0061
栃木県宇都宮市宝木町1-3-135
TEL 028-650-2211

落合書店さんの郊外大型旗艦店。ほか、宇都宮の東武百貨店やララスクエア、イトーヨーカドー内に店舗を擁します。わ

Date
Jun. 27

No. **178**

『現代落語論』

立川談志

三一新書｜1965年｜280ページ｜定価：1000円（税別）
ISBN：9784380650079｜装丁：長尾みのる

落語はたぶん裏切らない

世の常識にもたれかかって安心しようとしたら大間違いで、その常識の中のウソを「冗談ぢゃねぇ」と叫び、揺さぶり、問題提起し、自問自答、肯定と否定、思考の狂気であった天才落語家。己のすべてを吐き出し続け、立川談志という見事なドキュメンタリーとしてその人生が存在しました。立川談志、よく書いてます。大量の文字を残しましたが、この『現代落語論』は20代で書いた最初の一冊。落語を理解するのなら、文章ではこの作品が最高峰。若き談志。センスと才能の塊《かたまり》。キラキラしていた頃の談志をぜひ読んでください。

次の一冊　『ナチスの発明』武田知弘著／彩図社
知らなかった！ こんなにすごいナチスドイツの技術力。

喜久屋書店草津店
河合利哉さん選

〒525-0067
滋賀県草津市新浜町300
イオンモール草津2F
TEL 077-516-1118

「滋賀県内ではウチが一番」と豪語する、スタッフ・河合さんの自信にも納得！ ここはホントにスゴイです。

No. 179

『カラフル』

森絵《え》都《と》

文春文庫｜2007年｜259ページ｜定価:505円(税別)
ISBN:9784167741013｜装丁:池田進吾

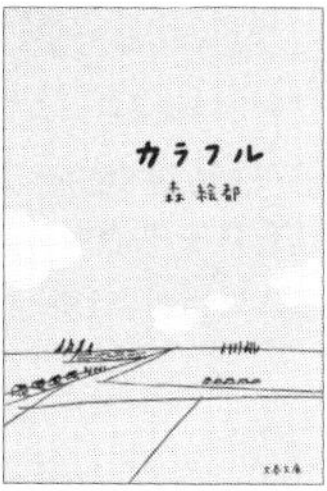

ホームステイ先は

イケテナイ 中学生男子!

突然ですが、中学生って色々あるよね。勉強、受験、友情、恋愛、反抗期。なんというか、「もやもや」でいっぱい。この主人公、もやもやでいっぱいです。しかも記憶がないまま、他人の体とその家族と過ごして、「自分の犯した罪を思い出して」と天使(?)に言われてもね。今ならわかりますが、大人になると中学生時代はあっという間だったことに気づきます。あのとき、体験したことも、感じたことも、思いさえも、自分を形成している一部になるのだと。主人公は気づきます。「この世はカラフルな世界なんだ」ということに。色がついていないモノなんて、ないのです。この楽しい世界には。

次の一冊
『死神の精度』伊坂幸太郎著／文藝春秋
死神も天使も「生命」を扱うものだから、似ていませんか?

リブロ西鉄平尾店
田島裕香さん選

〒810-0014
福岡県福岡市中央区平尾2-5-8
西鉄平尾駅ビル2F
TEL 092-534-3677

西鉄平尾駅の目の前にある駅近書店。若手店長の田島さんの創意工夫が随所に見られます。

2016年2月に閉店。

『ガール・ジン
──「フェミニズムする」少女たちの参加型メディア』
アリスン・ピープマイヤー（著）、
野中モモ（訳）

太田出版｜2011年｜415ページ｜定価：3500円（税別）
ISBN：9784778312688｜装丁：三木和彦

わたしが初めて手に取ったジンは、「Kathy zine」という名前。それは親密で友人からの手紙みたいで、刺激的で、今までわたしは寂しかったのかも、って涙が出たし、しばらく鞄の中にいれて一緒に行動した。うんと怒ったり悲しんだり、素敵なことについておしゃべりしたいとき、どうしたものか、と悩んでいたけれど、「これだったのか！」と思った。本書はアメリカのあらゆる女性たちの、ジンによる、戦いと友情の記録。ペンとコピー機でわたしたちは、怒れる、出会える、友だちになれる。転んでも一緒に立ち上がっていきましょうね。

次の一冊　『ヴァレンシア・ストリート』ミシェル・ティー（著）、西山敦子（訳）／太田出版
「やっちまいな！」って気分になってわたしはとりあえず自転車で走りました。

ジュンク堂書店福岡店
下妻久美さん選

〒810-0001
福岡県福岡市中央区天神1-10-13
天神MMTビル1～4F
TEL 092-738-3322

棚のあちこちにスタッフの方々の愛情がキラキラしています！間違いなく、福岡カルチャーをけん引する書店。く

『ひとがた流し』

北村薫

新潮文庫｜2009年｜397ページ｜定価：552円（税別）
ISBN：9784101373317｜装丁：新潮社装幀室

だれかの側で、丁寧に生きよう。

NHKでドラマ化された作品。大好きなのに妙にライバル視したり嫉妬してしまったりするくせに、ときには心のうちを家族以上に理解し合い、さらけだせたりするのが女友だち。男友だちとはまた違った、濃密な関係を持っているからこそかけがえのない存在だ。ここに書かれた女性たちは、それぞれ痛みを抱えている。けれどけっして不幸ではない。その生きかたを見つめてほしい。そして静かに流れていく時間の中で交わされる会話にゆっくりと、浸《ひた》ってほしい。「寄り添い」「支え合う」愛が伝わってくる。

次の一冊　『女ひとりの巴里ぐらし』石井好子著／河出文庫
こちらは自伝的エッセイ。半世紀前のパリで強く生きる女たち。

宮脇書店本店
竹本結香さん 選

〒760-0029
香川県高松市丸亀町4-8
TEL 087-851-3733

高松から全国に広がる、宮脇書店の本店がこちら。9つのフロアに分かれた建物が特長の地元をささえる本屋さん。

7月

夏、童心にかえる

July

『モモちゃんとアカネちゃん』

松谷みよ子

講談社文庫｜2011年｜293ページ｜定価：552円（税別）
ISBN：9784062771481｜装丁：大久保伸子

この文庫化は英断

全てのおとなに贈りたい物語

「モモちゃん」シリーズはあまりにも有名で、いまさら（?）と思われてしまいそうです。でも、実は内容はぼんやり……という方が多い作品。それはもったいない！ 分類は児童書でも、むしろ大人に読んでほしいものはたくさんありますが、「モモちゃん」はその筆頭。子どもの頃のみずみずしい気持ちを思い起こさせてくれるのはもちろん、あの頃は不思議なだけだったエピソードが、今読み返すとなんて深みのあるものになっているか。離婚したパパが、足音だけになって帰ってくる。死神は不吉で、どこかやさしい……。ほんの少し誰かに助けてほしいとき、この本を開いてください。

次の一冊　『ちいさいモモちゃん』松谷みよ子著／講談社
シリーズ第1作。併せて読んでください！

あゆみBOOKS荻窪店
伊藤菜つみさん選

〒167-0051
東京都杉並区荻窪5-30-6
福村産業ビル1F
TEL 03-3392-2271

親切、明るく、品ぞろえはちょっと独特？ な楽しいお店です。棚の一冊一冊までチェックしたくなる。わ

2015年12月に、文禄堂荻窪店としてリニューアルオープン。

『終わりと始まり』

ヴィスワヴァ・シンボルスカ（著）、
沼野《ぬまの》充義《みつよし》（訳・解説）

未知谷｜1997年｜126ページ｜定価：1400円（税別）
ISBN：9784915841514｜装丁：未知谷

「詩歌のモーツァルト」が言葉で世界を変えます！

池澤夏樹さんがこの詩集を由来にコラムを書いていることで日本でも有名になった、ポーランドの女性詩人シンボルスカの『終わりと始まり』。知的で平易な言葉で、何かが起きたとき、そしてその後に私たちが何を考えるべきか問う、珠玉の詩集です。ずっと内省を続けるような静かな強い言葉たちが私たちの心にいつまでも灯り続けます。ノーベル文学賞詩人におそれ多いですが、こんな素敵な年上の友人がいたら、いつまでも話を聞いていたいと思います。

次の一冊
『てんとろり――笹井宏之第二歌集』笹井宏之著／書肆《しょし》侃侃房《かんかんぼう》
みずみずしい言葉で繊細に綴られた、若さに悲しみすら感じる短歌集。

啓文堂書店吉祥寺店
長《ちょう》真由美さん 選

〒180-8552
東京都武蔵野市吉祥寺南町1-7-1
丸井吉祥寺6F
TEL 0422-79-5070

吉祥寺エリアで井の頭公園から一番近い立地。通路が広いのでベビーカーでもゆったり本が選べます。家族連れに最適。 わ

2017年8月より、キラリナ京王吉祥寺7Fへ移転して営業中。

『現代語訳　学問のすすめ』

福澤諭吉（著）、齋藤孝（訳）

ちくま新書｜2009年｜251ページ｜定価：760円（税別）
ISBN：9784480064707｜装丁：間村俊一

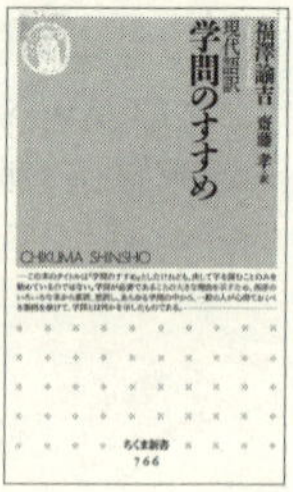

すべての大人の必読書
今、読むべき本の一冊です。

近所の悪ガキに説教を垂《た》れるオヤジになるために必読です。正しいことを自信を持って言える個人のあり方、また、正しい国家のあり方を示した、まさに一家に一冊の必備図書です。間違ったことに対して、きちんと声をあげることができる大人が増えると日本はもっとよくなるのではないでしょうか。ぜひ政治家の方も読み直していただきたい。

次の一冊　『こども「学問のすすめ」』齋藤孝著／筑摩書房
この本で、一本筋の通った考え方ができるようになるかな。

紀伊國屋書店大分店
福島伸男さん選

〒870-0161
大分県大分市明野東1-1-1
あけのアクロスタウン二番街2F
TEL 097-552-6100

まずはなにより、ダンディーな福島店長にご注目！ さわやかな笑顔で本の魅力を見極める、スゴ腕書店員。

『国をつくるという仕事』

西水《にしみず》美恵子

英治出版｜2009年｜313ページ｜定価：1800円（税別）
ISBN：9784862760548｜装丁：英治出版デザイン室

リーダーシップの真実 それは人々への深い共感

世界で活躍する日本の女性に関心を持ち、出会った一冊。前世界銀行副総裁が「国づくり」の現場で出会ったさまざまなリーダーたちの姿を情感込めて語った回想記です。著者が感動する場面、そして涙を流す場面でいっしょに泣けます。「頭とハートがつながっている」彼女がそこにいるからでしょう。この本のなかでリーダーシップの原点、それは何よりも人々に対する共感なのだということを。「自己の願望」からのリーダーシップではなく、「他者の共感」から発するリーダーシップこそ本物であることを。日本の将来をまかせる若者にぜひ読んでほしい一冊です。

次の一冊　『巻き込む力——すべての人の尊厳が守られる世界に向けて』土井香苗著／小学館
「人権問題」に活動する著者の情熱に共感と感動の一冊。

文苑堂書店福田本店
藤井荘平さん 選

〒933-0829
富山県高岡市福田43
TEL 0766-27-7800

コミックからこだわりの専門書までフルライン。文苑堂書店さんの旗艦店にして県西部の一番店。わ

『マイナス・ゼロ』

広瀬正

集英社文庫｜2008年｜518ページ｜定価：762円（税別）
ISBN：9784087463248｜装丁：和田誠

司馬遼太郎が直木賞に推した
タイムトラベルSFの金字塔!!

少年時代、ジュブナイル大隆盛の波に抗《あらが》えず、少年向けSF小説を読みつづけた時期があった。同じ作家が書いた本だから……という理由だけで手を出した小説は、コテコテのSF小説ばかりで、やがてSFの世界からは遠ざかってしまった。大学に入り、今度はミステリーの世界にどっぷりと浸《つ》かっていた頃、書店の文庫新刊コーナーで何気なく手にしたのが本作です。なぜ買うことになったのか、今では記憶にありません。ただ言えるのは、タイムマシンという、ド真ん中のSFアイテムを使いながら、誰が読んでも楽しめるこの大傑作を書いた広瀬正は天才です！

次の一冊　『エロス』広瀬正著／集英社文庫
「もしもあのとき……」、別の道に進んでいたら。こちらも傑作です。

シェトワ白揚《はくよう》四日市書籍館
川畑輝恭さん選

〒510-0822
三重県四日市市芝田1-10-3
TEL 059-354-0171

三重県でミシマ社本を買うならぜひこちら！ 店内をぐるりと一周すれば、「何かに出会える」本屋さんです。く

ミシマ

現在はTSUTAYA四日市店として営業中。

『サラダ記念日』

俵《たわら》万《ま》智《ち》

河出文庫｜1989年｜201ページ｜定価：440円（税別）
ISBN：9784309402499｜装丁：菊地信義

一生「恋」していたい
「女」だから…

できるなら、深夜に読んでほしい。恋をしたことのある女性なら誰でもわかるはず……楽しくて、苦しくて、それでも恋をしたい。あぁ自分は「女」なのだと自覚させられる一冊。少女の無垢《むく》な初々しい恋から、相手を疑う恋、信じる恋、割りきることを知る大人の恋、残像を追いかける恋、新しい恋と、少女から急に「女」へと成長する。最初は、妙に恥ずかしくなる。初々しい恋に一人困惑する。そして急に「女」に成長しドキッとする。『サラダ記念日』は女が女を自覚する本だと思う。失恋をした人、恋愛中の人、片恋中の人、恋縁遠き人、私たちの「女」を磨け。

次の一冊　『万葉集』角川書店編／角川ソフィア文庫
日本語の美しさは、声に出してよくわかる。

文榮堂本店
弘中早希さん選

〒753-0047
山口県山口市道場門前1-3-11
TEL 083-922-5611

山口県を代表する本屋さん、文榮堂の本店。すぐ近くのアーケードにある、「魔法の屋根」もぜひ見てください！

『どこいったん』

ジョン・クラッセン（作）、長谷川義史（訳）

クレヨンハウス｜2011年｜33ページ｜定価：1500円（税別）
ISBN：9784861011993｜装丁：森枝雄司

ほんわか 大阪弁のくまが
なんとも おかしくて。

ある日、うちの編集者が「いま、つくっている翻訳絵本が面白い！」とうれしそうに話してくれました。あらすじも説明してくれるのだけれど、いまいちぴんときません。そして訳者は人気絵本作家の長谷川義史さん。どんな絵本になるのかと思い、できあがったのを見たとたん！ のんびりした大阪弁（長谷川さんを知っている人には声が聞こえてくるとか）、表情がほとんど変わらないくまがぬぅっと立っているだけでおかしみが湧き出してきます。そしてラストは……読んでもらったらわかります！ 年齢制限がないのが絵本の魅力。家族で友だちで、いろんな人と共感できますよ。

次の一冊　『はやくはやくっていわないで』益田ミリ（作）、平澤一平（絵）／ミシマ社
そのときどきの自分にすっと入ってくる。そばに置いておきたい本。

クレヨンハウス東京店
大井五月さん選

〒107-8630
東京都港区北青山3-8-15
TEL 03-3406-6492

子どもの本が5万冊。おもちゃも充実なので、私は知人に赤ちゃんが誕生した際はこのお店にギフトを選びに行きます。わ

No.
189

『文学と悪』

ジョルジュ・バタイユ(著)、山本功(訳)

ちくま学芸文庫 | 1998年 | 345ページ | 定価:1300円(税別)
ISBN:9784480084156 | 装丁:林佳恵

好きな作品が
嫌いになるかも?

この本を手にしたのは高校時代だったであろうか。当時の私は『文学と悪』というタイトルに惹かれただけであった。しかし、読み進めると既読であったブロンテ『嵐が丘』やカフカ『審判』などの作品に対する私自身これまで持っていた印象を一変させた。バタイユの経験・思想・知識に裏づけされたこの書評たる批評はバタイユのいう「悪」の概念に満ち満ちていたからである。この本のせいで私の読書の連鎖が始まったと言っても過言ではないような気がする。興味が興味(欲求)を呼ぶ一冊。これが本書でなかろうか。まさに本の虫のための「悪のバイブル」である。

次の一冊
『バタイユ入門』酒井健著/ちくま新書
もっと知りたい人のために。

本間書店
本間智士さん選

〒135-0047
東京都江東区富岡1-8-13
TEL 03-3641-5261

下町ならではのお祭り関連書がそろっています。でも一番のおすすめは、本間さんがこっそり置いている哲学書の棚です。は

Date
Jul. 9

No. **190**

『心を整える。
――勝利をたぐり寄せるための56の習慣』

長谷部誠

幻冬舎｜2011年｜233ページ｜定価：1300円（税別）
ISBN：9784344019621｜装丁：松山裕一（UMD）

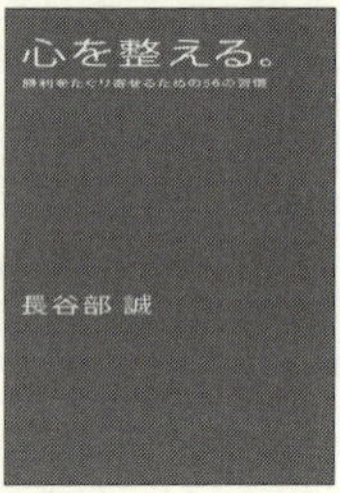

内にあるものが
その人を輝かせる。

藤枝に生まれ、藤枝の書店に勤めている私としては、この本をおすすめしないわけにはいきません。この本には長谷部誠の人となりがあふれています。「長谷部か！」という言葉どおりの真面目さ、ベストをつくす真摯な態度、将来の夢をかなえるためのたゆまぬ努力。サッカー日本代表のキャプテンに選ばれるだけのことはあります。だから自己啓発本としてではなく、人間探求の一冊としてこの本を読んでいただきたいと思います。

次の一冊 『単純な脳、複雑な「私」――または、自分を使い回しながら進化した脳をめぐる4つの講義』池谷裕二著／朝日出版社
この著者も藤枝出身。長谷部誠さんの小学校・高校の先輩です。

戸田書店藤枝東店
良《ら》知《ち》小夜美さん選

〒426-0033
静岡県藤枝市大手1-22-40
TEL 054-647-5611

「藤枝にはすばらしい読み手と書き手が大勢いる」という一言に、地域に根ざす書店としての強い意思を感じました。く

『ただマイヨ・ジョーヌのためでなく』

ランス・アームストロング（著）、安次嶺《あじみね》佳子（訳）

講談社文庫｜2008年｜442ページ｜定価:762円（税別）
ISBN:9784062760867｜装丁:泉沢光雄

静かにヤル気がわいてきます！

ツール・ド・フランスという言葉は知っているがマイヨ・ジョーヌという言葉は知らない。小説は読むが、自伝はなかなか読む気にならない。しかし、この本はそんな私の心に強く残る一冊となりました。気がつけばグイグイ引き込まれているのです。そういう類の本です。自転車の本というよりガン闘病記。ガン闘病記というより自己啓発本。自己啓発本というより……小説のようです。資質は人それぞれだが、諦《あきら》めず、努力し続ければ、人はきっと何かで大成するのでしょう。

次の一冊　『永遠の0《ゼロ》』百田尚樹著／講談社文庫
最近の鉄板本です。やはり面白い。若い人こそ読むべきでしょう。

ブックイン金進堂 フレスタ香椎店
長谷川功さん（選）

〒813-0013
福岡県福岡市東区香椎駅前1-11-1
フレスタ香椎2F
TEL 092-663-5128

福岡市の香椎《かしい》駅前すぐ。電車に乗る前、乗った後、みんなが立ち寄る本屋さんです。旬を大切にした選書をされています。

『がむしゃら1500キロ
――わが青春の門出』

浮谷《うきや》東次郎

ちくま文庫｜1990年｜240ページ｜定価:620円(税別)
ISBN:9784480024572｜装丁:奥村靫正

がむしゃらなう。

「中学最後の夏休み、高校入試が控えてはいるが、一つ大きな旅行をしてみよう」。男の子ならこの書き出しでワクワクしてきませんか？ 1965年、23歳の若さでコースに散り、伝説の名レーサーと呼ばれた男の熱く、ひたむきな気持ちが凝縮された青春記。まさに日本版「一人スタンド・バイ・ミー」。東京〜大阪間1500キロをバイクで走破する道中で出会う人々や出来事。さまざまな体験をあるときはまっすぐに捉え、またあるときは社会や大人への反抗心を交えて自問自答する。行動からあふれ出る情熱とみずみずしい感性は、同年代の少年少女にはもちろん、「何か」を諦《あきら》めた世代にこそ沁《し》みこんでいくはずです。「がむしゃら」さを失った時代の、すべての人々に。

次の一冊 『狂人日記』色川武大著／講談社文芸文庫
こちらは「ダメな大人」の模範の書です。自意識が肥大して眠れない夜にどうぞ。

ブックポート203緑園店
淺井康雄さん 選

〒245-0002
神奈川県横浜市泉区緑園4-2-17
TEL 045-811-5151

淺井店長はロックだ！ 栗平店時代、24時間テレビに対抗して「24時間読書」を企画。ツイッターで実況中継した。わ

No. **193**

『海底二万里(上)』

ジュール・ヴェルヌ(作)、
朝比奈美知子(訳)

岩波文庫 | 2007年 | 397ページ | 定価:900円(税別)
ISBN:9784003256947

元祖SF小説はこれだ!!

19世紀の天才小説家・ジュール・ヴェルヌの代表作。「ふしぎの海のナディア」という1990年4月12日から放送されたアニメーションを見た方なら手にとっているはずのスリルと感動に満ちた海洋冒険小説の傑作。日本の冒険モノ・軍艦モノの想像力を規定しているともいえる。当時の最先端の技術や知識のチョット先を見据え、しかも現実の事件や政治を織り込んだ半現実のSF世界。これが面白くないわけがない。(全2巻)

次の一冊
『地底旅行』ジュール・ヴェルヌ(作)、朝比奈弘治(訳)/岩波文庫
地球内部にはきっとなにかがある。発見せよ!!

大垣書店イオンモールKYOTO店
安永憲正さん選

〒601-8417
京都府京都市南区西九条鳥居口町1番地
イオンモールKYOTO Kaede館2階
TEL 075-692-3331

まずは文芸書コーナー、そしてフェアコーナーにご注目! いま話題の本が、バンバン飛び込んできます。

Date
Jul. 13

No. **194**

『ひみつの山の子どもたち
──自然と教育』

富山《とみやま》和子

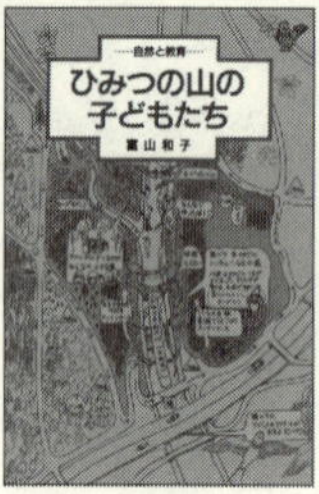

童話屋｜1997年｜222ページ｜定価：1500円（税別）
ISBN：9784924684942｜装丁：徳田秀雄

あなたの童心も
きっと輝き出す！

信州の小学生が野山を学校にして、遊びながら学ぶ日々を綴ったドキュメント。子どもたちの会話や行動が宮沢賢治の童話のようで楽しい。かつてたくさんの小説をすすめてくれた同僚がいた。最初は小池真理子の『恋』だった。その私にとってのカリスマ書店員が退職前、「小説じゃないけど、読んでみて」と最後にすすめられたのがこの本。小説を読むより感動して、涙まで流してしまった。児童書の体裁《ていさい》なので、すすめてくれなければ、読んでいなかったかも。私も誰かのために本をすすめていこうと思う。

次の一冊
『成功の実現』中村天風《てんぷう》述／日本経営合理化協会出版局
成功哲学の本だが、ヘタな冒険小説より痛快な一代記として読める。

ACADEMIA大垣店
松浦栄次さん選

〒503-0015
岐阜県大垣市林町6-80-21
アクアウォーク大垣2F
TEL 0584-77-6450

大垣駅直結の、とっても便利な大型書店。松浦店長のすばやい目利きで、日々充実の品ぞろえです。

『裏庭』
梨《なし》木《き》香《か》歩《ほ》

理論社ライブラリー｜1996年｜323ページ
定価：1500円（税別）｜ISBN：9784652011263
装丁：矢吹申彦

「裏庭」に出会ったから本屋さんになりました。

この本には、人を強くする力があります。もちろん、タイミングにもよりますが。10代のころ、「現実」と戦うことができなかった私に、とある方が『裏庭』を貸してくれました。照美と一緒に大冒険をして、少しだけ、強くなれました。思い返すと、『裏庭』と出会って、人生が変わりました。本との出会いは、人との出会いと同じくらいパワーがあると知って、いろんな人にいろんな本に出会ってほしいと、本屋さんになりました。ぜひ読まれる際には、文庫サイズよりも大きいサイズ（文芸書サイズ）を。本の力が違います。実は、貸してもらった『裏庭』、まだ返せていないのです。早く返しに行かないと！

次の一冊
『西の魔女が死んだ』梨木香歩著／新潮文庫
ぜひ『裏庭』の後に読んでいただきたいです。

TSUTAYA東《ひがし》香《こう》里《り》店
村田晴香さん選

〒573-0075
大阪府枚方市東香里3-3-13
TEL 072-860-2000

TSUTAYA随一の仕掛け人、そして根っからの本好き女子、村田さんが活躍するお店。いつもキラキラしています。

『アラビアの夜の種族(1)』

古川日出男

角川文庫|2006年|277ページ|定価:514円(税別)
ISBN:9784043636037|装丁:片岡忠彦

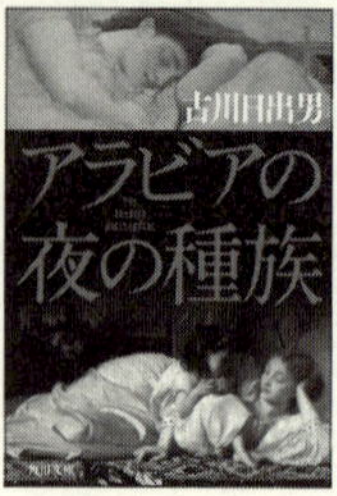

まるでロールプレイングゲーム
をやっているようだ

友人に「読み応えのある本が読みたい」とリクエストしたときにこの本を紹介されました。永遠に続くかと思われる圧倒的な文字量、豊富な語《ご》彙《い》からくりだされる読みにくい遠回りな表現。これだけ聞くと誰も読む気にならないですね。しかし内容はというとこれでもかというほど練られており読み始めるとページをめくる手がとまらなくなるのです。RPGのようなその独特の世界に引き込まれ気がつけば読み終わっていることでしょう。私はおもしろすぎて4回読みました。夏の文庫倍増期間には本書を全面に押し出す売り場づくりが毎年恒例となっています。(全3巻)

次の一冊　『聖家族』古川日出男著／集英社
こちらも読み応え充分。果てしなく長い物語です。

三省堂書店岡山駅店
杉浦正人さん選

〒700-0024
岡山県岡山市北区駅元町1-1
サンステーションテラス岡山北館2F
TEL 086-801-1881

岡山駅から徒歩0分の超駅近書店。本を買った後は、駅前にある桃太郎の銅像をぜひご覧ください。ク

『最終目的地』

ピーター・キャメロン(著)、岩本正恵(訳)

新潮クレスト・ブックス｜2009年｜440ページ
定価:2400円(税別)｜ISBN:9784105900755
装丁:新潮社装幀室

読む人の中を風が吹きぬけます。

本屋を始めようと思い立った直後にたまたまめぐり合った一冊。まっすぐで無神経、不器用でもどこか憎めない青年オマー。辺境ウルグアイの地で、不意に現れた青年によって登場人物たちの心がサン・キャッチャーの光のようにくるくる変わる。未知の場所へ辿《たど》りついたとき、感じる「遠くまで来たなぁ」という感覚。わくわくしながらも心細くもあり。留《とど》まろうと思えばそこが目的地だし、新しい景色を見たいと思えば次の場所へ向かうのも自由だ。この小説は、続きはまだあるんだよとさりげなく示してくれる。夏の木陰で冷たい飲物を用意して読みたい上質な長編小説。

次の一冊　『海からの贈物』アン・モロウ・リンドバーグ(著)、吉田健一(訳)／新潮文庫
海外小説の後はエッセイも。夏の浜辺に持って行くならこれ。

OMAR《オマール》 BOOKS
川端明美さん選

〒901-2301
沖縄県北中城村字島袋309 1F
TEL 098-933-2585

OMAR BOOK WAGON(出張販売)、朗読会や企画展など、魅力的なイベントが多数開催されていておもしろい!く

ミシマ

2018年3月に閉店。

『タナボタ!』

高嶋哲夫

幻冬舎|2010年|229ページ|定価:1300円(税別)
ISBN:9784344018600|装丁:bookwall

政治家のREAL?
まさか・・・ねぇ

職を求めるプータローが国会議員になった。さまざまな特権を手に入れて歓喜する、主人公大場大志(27)。庶民がセンセイになって知る世界は、選挙の当落しか頭にない議員。スポイルされた官僚。ゴシップ&ワイドショーのマスコミ。泡沫《ほうまつ》議員が地元の庶民の声で立ち上がる。ありそうでなさそうなエンターテイメント政治小説。

次の一冊　『史上最強の内閣』室積光著/小学館
スカッ!! と読めて、ボロボロ泣けます。

戸田書店豊《と》見《み》城《ぐすく》店
仲村篤さん選

〒901-0225
沖縄県豊見城市豊崎1-420
TEL 098-852-2511

沖縄のニュータウン、豊崎にできた新しいお店。ほかでは見かけない本を、どん! と提案する姿勢がかっこいいです。く

『少女は卒業しない』

朝井リョウ

集英社｜2012年｜257ページ｜定価：1300円（税別）
ISBN：9784087714425｜装丁：鈴木成一デザイン室

18歳、あの頃の想いは誰にもある。私にもある。

「現役大学生作家 朝井リョウ」というキャッチフレーズで、『桐島、部活やめるってよ』でデビューした著者。正直な話、軽めな作品を書く作家さんという先入観を持っておりました。違います……。まったく違います。7つの物語で構成される本作は全編女子高校生が主人公。それぞれが素敵に恋をして、夢を持ち、そして後悔もして悩みながら成長していく物語。こんなにもみずみずしく、生き生きと描かれる彼女たちの息吹《いぶき》に、自分の18歳の記憶が混ざり合い、言葉では言い表せないあの頃の気持ちを思い起こさせてくれます。青春小説好きには避けて通れない本です。

次の一冊　『シグナル』関口尚著／幻冬舎文庫

谷島屋浜松本店
丸林篤史さん 選

〒430-0926
静岡県浜松市中区砂山町6-1
浜松駅ビル「メイワン」8F
TEL 053-457-4165

読書ラウンジで本を選びながらコーヒーが飲める「Books & Cafe」スタイル！ 駅ビルの最上階で眺めがいいですよ。

ミシマ

Date
Jul. 19

No. **200**

『言い寄る』

田辺聖子

講談社｜2007年｜352ページ｜定価：1500円（税別）
ISBN：9784062140935｜装丁：大久保伸子

棚に残してほしい1冊です。

売場で、装丁と本の質感に魅かれ、勤務終了後迷わず購入した一冊。でもこの作品が30年前の恋愛小説で、それも三部作だと知ったのは読み終えてからでした。自分に素直に生きている主人公・乃里子の生き方は、テンポのいい関西弁と合わさって、行間からは彼女のかわいらしさが一緒に漂ってくる気がします。日常が恋愛に程遠くても、読み返すたびにそのときの「想い」を大切にしたくなる作品です。文庫化もされていますが、私は新装版派です。お店のブックカバーをはずして、装丁もぜひ味わってください。

次の一冊
『私的生活』田辺聖子著／講談社
三部作すべて読んでほしいですが、続きから……。

ブックファースト自由が丘店
和田知子さん選

〒152-0035
東京都目黒区自由が丘1-8-21
メルサ自由が丘Part1地下1階
TEL 03-5731-8891

自由が丘駅南口すぐ。雑誌や実用書、芸術書などが充実した、自由が丘らしい品ぞろえ。地元出版社ミシマ社の棚もあります！ほ

『きらきらひかる』

江國香織

新潮文庫｜1994年｜213ページ｜定価:400円(税別)
ISBN:9784101339115｜装丁:新潮社装幀室

普通であることがそんなに偉いの?

「吉川さんのPOPがほしいというお客様が来られています」と、ある日呼び出されました。お客様は中学生くらいの女の子。読書感想文の参考にしたいそうで……。POPには、こう書いてありました。「同性愛者の夫、アルコール依存の妻、二人の間にあるのは情熱的な性愛ではなく、互いを思いやる気持ちに満ちた優しい人間愛でした。しかし世間からは幸せである事より普通である事を求められます。苦しむ二人の姿から普通である事って何なのだろうと考えさせられます」。周りの人と違うことが怖くて普通を演じている。もしかしたらPOPをほしがった女の子もそんな窮屈を感じていたのかもしれません。

次の一冊　『キッチン』吉本ばなな著／新潮文庫
きらきらとひかる文章に魅せられ、涙し、考えます、いろいろと。

大垣書店烏丸三条店
吉川敦子さん選

〒604-8166
京都府京都市中京区烏丸通三条上ル
烏丸ビル1F
TEL 075-212-5050

京都を代表する、地域にとって欠かせないお店。超地域密着型で、老若男女、さまざまな読者の支持を集めています。

『「街的《まちてき》」ということ
——お好み焼き屋は街の学校だ』

江《こう》弘《ひろ》毅《き》

講談社現代新書｜2006年｜230ページ｜定価:720円(税別)
ISBN:9784061498563｜装丁:中島英樹

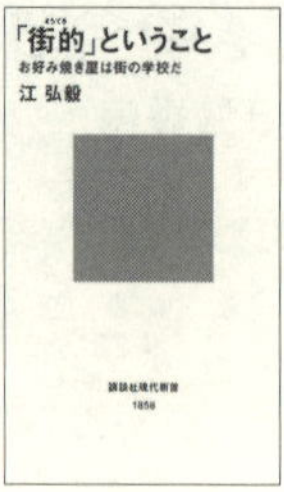

自分の街を好きと言える誇り

この本は単なるお好み焼き屋を紹介する本ではありません。人、モノ、食を通じて、大阪をとりまく関西の街のよさを元ミーツ名物編集長・江弘毅氏が綴った、どんなガイド本よりずーっと本棚に入れておきたい一冊です。著者から自分の街が大好きという誇りを感じ、個人的に自分の街を見つめなおすきっかけにもなりました。特に関西のよさを紹介しているページでは、読みながら自分の街にもいいところがあると思わず言ってしまう場面がありました。皆さん、自分の街は好きですか？きっと好きになれる一冊です。もちろん関西も好きになれます！

次の一冊
『「うまいもん屋」からの大阪論』江弘毅著／NHK出版新書
こちらは食のみ。うまいもんだらけ。江氏に脱帽です……。

ブックファースト梅田3階店
小野龍生さん選

〒530-0012
大阪府大阪市北区芝田1-1-2
阪急梅田駅3階
TEL 06-6485-2155

大阪・阪急梅田駅3階改札前。なんと朝7時から夜11時まで営業。最新刊がどこよりも早く手に入ります！

No. **203**

『月刊ビル特別号
——総力特集　味園ビル』

BMC

BMC｜2011年｜18ページ｜定価：300円（税別）
装丁：デザイン室405

はみだすビル愛が
あなたも幸せに！

月刊と名乗ってはいるものの、戦後で昭和なビルを愛するほぼ1970年代生まれの大阪在住5人組、BMC（ビルマニアカフェ）が発行する不定期刊のミニコミ。毎号、大阪の街中で使い続けられている個性際立つビルの魅力を特集しています。この号は、メンバーが溺愛《できあい》する大阪ミナミ・千日前の総合レジャービル「味園」を徹底取材、内容てんこ盛りの特別号として発行されました。味園ビルの深すぎる懐に、生みの親や今も使い続ける人たちの愛、そんな人と街とビルを愛するBMC、小さな冊子から愛がはみ出してます！ こんな幸せをもらえる本、なかなかないですよ。

次の一冊　『京都の中華』姜尚美著／京阪神エルマガジン社
目の付けどころといい、切り口といい、ほかの出版社には絶対出せない本！

Calo Bookshop & Cafe
石川あき子さん㊜

〒550-0002
大阪府大阪市西区江戸堀1-8-24
若狭ビル5F
TEL 06-6447-4777

インディーズ本を多数取り扱うブックショップ＆カフェ。ここでしか見られない本を発見する喜びがあります。

Date
Jul. 23

No. **204**

『おこだでませんように』

くすのきしげのり（作）、
石井聖岳《きよたか》（絵）

小学館｜2008年｜32ページ｜定価：1500円（税別）
ISBN：9784097263296｜装丁：田辺卓

深呼吸して
こどものこころ感じて下さい

新刊の絵本が入荷すると、まずは手描きのPOPをつくるために目を通します。この本は関西弁のニュアンスも楽しいな……などと読み進めていたら、仕事中だというのに涙がボロボロあふれてとまらなくなりました。不器用ですこぶる要領が悪くて、いつも叱られてばかりいるわが家の長男を思い出して……とても大きな後悔がこみあげてきました。私は自筆でPOPを描きました。「お買い上げいただかなくてかまいません。ぜひこの絵本を手にとってお読みください」。

次の一冊　『食堂かたつむり』小川糸著／ポプラ社
おいしくて、せつなくて、ホッコリする一冊です。

蔦屋書店フジグラン高知
山本淑子さん選

〒780-8076
高知県高知市朝倉東町52-15
TEL 088-844-8530

とにかく親切！ そしてPOPが面白い！ お店の方が誇りに思うほどの接客レベルの高さが素晴らしい。

『坊っちゃん』

夏目漱石

新潮文庫｜1950年｜234ページ｜定価：310円（税別）

ISBN：9784101010038｜装丁：新潮社装幀室

見守っていてほしい。
受けとめてほしい。

言わずと知れた名作。私自身は中学生のときにこの本と出会いました。坊ちゃん自身に目がいきがちなのですが、読むうちに、そんな彼を受けとめ、見守る「清」という存在の大きさにいたく感心した記憶があります。出身地である愛媛の方言「〜ぞな、もし」がくりかえし用いられているので愛着もあります。名作初心者にも、再読者にも、おススメしたい一冊です。

次の一冊

『疾走』重松清著／角川文庫
もし、坊っちゃんのように受け止めて見守ってもらえなかったまま大人になったらこうなるのかも？（恐）

大垣書店イオンモール京都五条店
山口沙耶香さん選

〒615-0035
京都府京都市右京区西院追分町25-1-091
ダイヤモンドシティ・ハナ3F
TEL 075-326-8710

若い女性と子どもにやさしい品ぞろえ！ イオンモール内にある本屋さん。毎月、読み聞かせイベントを開催しています。く

Date
Jul. 25

No. 206

『頭のいい子を育てるおはなし 366――1日1話3分で読める』

主婦の友社（編）

主婦の友社｜2011年｜415ページ｜定価：2300円（税別）
ISBN：9784072795682
装丁：坂川栄治＋坂川朱音（坂川事務所）

1日3分、継続は力なり。

わずか1日3分で日本はもちろん、世界の昔話・名作・童話、落語や詩の世界を味わえる一冊です。3分だから、大人にも続けやすく、夜寝る前の親子のひとときを楽しめます。付属の「読んだよカレンダー」にシールを貼っていけば、子どもの達成感にも、また思い出にも残ります。当店では、発売してからずっとじわりじわりと売れています。プレゼントにも最適の一冊です。夏休みに読み始めるのもいい機会かもしれませんね。

次の一冊
『うきわねこ』蜂飼耳（ぶん）、牧野千穂（え）／ブロンズ新社
表紙のねこ「えびお」がとってもかわいいです。

ブックファースト デュー阪急山田店
関浦里恵さん選

〒565-0824
大阪府吹田市山田西4-1-2
デュー阪急山田2階
TEL 06-6836-4500

本の面白さをしっかりつかんでオススメする姿勢に、いつも助けていただいています。小さなPOPにもご注目ください！く

『十方暮《じつぼうぐれ》の町』

沢村鐵《てつ》

角川書店｜2011年｜298ページ｜定価：1600円（税別）
ISBN：9784048742580
装丁：坂川栄治＋永井亜矢子（坂川事務所）

仲間＋成長＝心温まるファンタジー

幼稚園に通うわが娘の将来の夢は「プリキュア」になること。アニメを楽しみに見ては決めゼリフ、決めポーズの研究に余念がありません。敵キャラ役は、もちろん父親の私。必殺技を食らい、何度も何度も倒されています。でもね、わが娘よ。必殺技を持っている人や敵より強い人だけが、ヒーローではないのだよ。むしろ自分と向き合う素直な心と、大切なものを守ろうとする強い心が必要なのだよ。それをいつか伝えようと思います。傍《かたわ》らには本書『十方暮の町』。主人公たちの成長を描いた青春ファンタジーの本書を読めば、父の思いはきっと伝わることでしょう。

次の一冊 『賢い子に育つ！ 0歳からのらくらく子育て　カヨ子ばあちゃん73の言葉――子育てほど面白いもんはない！』久保田カヨ子著／ダイヤモンド社
ただの子育ての本と一味違います。むしろこれは人生訓だ！

さわや書店フェザン店
栗澤順一さん選

〒020-0034
岩手県盛岡市盛岡駅前通1-44
盛岡駅ビル内
TEL 019-625-6311

栗澤さんは「栗兄」もしくは「マロン兄ぃ」の愛称で業界的に親しまれつつ、静かに熱いスピリットを持った素敵な兄。わ

『うなぎ丸の航海』

阿《あ》井《い》渉介《しょうすけ》

講談社文庫｜2007年｜347ページ｜定価：648円（税別）
ISBN：9784062756907｜装丁：林田航

うなぎ、存亡の危機

（内容にウソが あるような、ないような）

ただマグロ船に乗りたかっただけの推理小説家が、ひょんなことからうなぎ調査船に！ スタート地点は若干不純かもしれないが、坂道を転がるようにうなぎの魅力にとりつかれ、果ては野外調査から学会に顔を出すまでに深入りしていきます！ それもこれもうなぎがまだ天然の卵すらみつかっていなかったため（当時）。まだまだ神秘のベールに隠されていたのです。……って、たった10年前のことですがね。

次の一冊
『アフリカにょろり旅』青山潤著／講談社
東京大学海洋研究所の方のうなぎ採取の冒険譚。登場人物、かぶってます！

文教堂書店ユーカリが丘店
山田智裕さん 選

〒285-0858
千葉県佐倉市ユーカリが丘4-1
ユーカリプラザ4F
TEL 043-460-5181

山田店長は注文書FAXの欄外に一言メッセージ&イラストを描いて送ってくださる。今度ウナギ食べに行きましょう。わ

No. 209

『Get back, SUB!
——あるリトル・マガジンの魂』

北沢夏音《なつお》

本の雑誌社｜2011年｜539ページ｜定価:2800円(税別)
ISBN:9784860112226｜装丁:戸塚泰雄

We are a part of the Loud Minority!!

きっかけはいつだって音楽だった。「BARFOUT !」、和モノレアグルーヴのイベント「自由に歩いて愛して」、「クイックジャパン」に掲載されたゆらゆら帝国へのインタビュー、伝説のバンド「村八分」のヴォーカル・チャー坊の評伝etc.。そして、北沢夏音氏の名前を見かけるのはいつだって、カッコいい雑誌で、だった。その北沢氏が、70年代にわずか6号で消え去った幻のリトル・マガジン「SUB」の編集者・小島素治の足跡を辿《たど》る。70〜00年代、どの時代でもよいけれど、むさぼるように（サブ）カルチャーマガジンを読んだ人なら、絶対に読んだほうがよい。

次の一冊
『ブラック・マシン・ミュージック——ディスコ、ハウス、デトロイト・テクノ』
野田努著／河出書房新社
ハウスやテクノもまた、「正しく」ブラックミュージックである。

今井書店湖山店
髙木善祥さん選

〒680-0942
鳥取県鳥取市湖山町東4-85
TEL 0857-28-7007

こちらのお店の看板は、なんといっても店長・髙木さんの存在！本だけでなく、音楽にも詳しいですよ。

『ぎおんご　ぎたいご　じしょ
[新装版]』

牧田智之

パイインターナショナル｜2012年｜400ページ
定価：1980円（税別）｜ISBN：9784756241856
装丁：森本千絵

「きゅん」とするのはどこだろう。

手に取るまでは、洋書の辞書だと思っていました。白いカバーにかわいらしい文字。開くと薄いブルーのイラストと写真たち。「うるうる」ブルーのイラストが本当にうるうる。うっすら見えるイラストは「ぼんやり」なのか「ほんわか」なのか。そして「ねちねち」で、あぁ、ぐったり。しかけもあるのでお楽しみに。「ぱらぱら」してみてください。

次の一冊
『ないもの、あります』クラフト・エヴィング商會著／筑摩書房
「ないもの」の数々、あったら買ってしまうんだろうか。

今井書店吉成店
山本典子さん選

〒680-0874
鳥取県鳥取市叶310
TEL 0857-51-7020

三角屋根の時計台が目印。じっくり本をえらべる落ち着いたお店です。CD、DVD、文具そろっているのも嬉しい！ ク

ミシマ

『星座から見た地球』

福永信《しん》

新潮社｜2010年｜135ページ｜定価：1500円（税別）
ISBN：9784103247319｜装丁：名久井直子

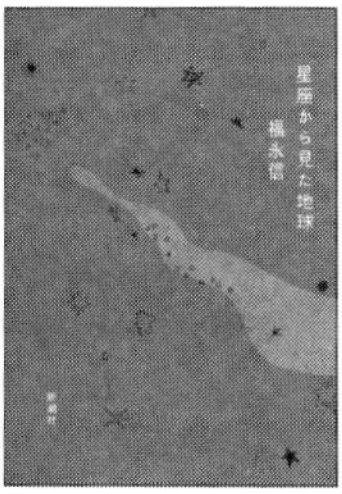

夜空の星々に、線を描く小説

奇妙な小説である。A、B、C、Dという小さな子どもたちのエピソードが順番に、脈絡もなく繰り返されていく。時系列がバラバラで、登場人物が同一であるかすら確証がなく、不安なまま、一行一行と向き合わなければいけない。でも、そうやって丹念に読み解いていくうちに、子どもたちの物語や経験が、忘却に埋もれていた自分の記憶と結びついて、名も定かでない、アルファベットで表記された子どもたちに深い愛情を禁じえなくなる。なぜそんなことが起こるのかわからない。でも、こんな小説があっていいと思う。けっして読みやすいわけではない、でも確実に世界を見る目が変わる一冊。

次の一冊　『これはペンです』円城塔著／新潮社
誰にも似ていない、自分の文体を持っているところが、とにかくすごい。

ジュンク堂書店西宮店
地道裕勝さん選

〒663-8035
兵庫県西宮市北口町1-1
アクタ西宮西館4F
TEL 0798-68-6300

西宮でしっかりした本を選びたいなら、ぜひこちらへ。地道さんをはじめ、信頼できる書店員さんがたくさんいます。く

『コロボックル物語（1）だれも知らない小さな国』

佐藤さとる（作）、村上勉（絵）

講談社文庫｜2010年｜292ページ｜定価：552円（税別）
ISBN：9784062767989｜装丁：柳川昭治

気配を感じたことはあります

きっといるはず……いつか姿を見せてくれるはず……。シリーズ作品を読み進めていくうちに想いはさらに強くなり、いつしか物語の世界ではなく、身近な日常の中で彼らの姿を期待してしまうようになります。前作から12年後に出版された完結編となる5作目と出会ったのは、学校帰りに立ち寄った本屋さんでした。ふと目に飛び込んできたそのときの“心の震え”は今でも忘れられません。彼らとの思いがけない再会でした。本書からはじまる彼らの物語を読んでみてください。あなたのまわりにもきっといるはずです。

次の一冊　『天使のかいかた』なかがわちひろ作／理論社
天使は、のはらにいるみたいです。

旭屋書店イオンモールりんくう泉南店
野林茂夫さん 選

〒590-0535
大阪府泉南市りんくう南浜3-12
イオンモールりんくう泉南2F
TEL 072-480-6501

関西国際空港のほど近く。海と飛行機が見える贅沢なロケーションの本屋さん。野林店長のお人柄も魅力です。く

ミシマ

2016年11月に閉店。

8月

熱くなる本、涼しくなる本

August

『哀愁のサード　三宅秀史』

平岡泰博

神戸新聞総合出版センター｜2009年｜263ページ｜
定価：1500円（税別）｜ISBN：9784343005410
装丁：MASAGAKI

ある野球職人の生きかた。

プロ野球華やかりし昭和30年代、あの長嶋茂雄のプレイを子ども扱いするような選手がいました。その名は三宅秀史。阪神タイガースの名サードとして活躍し、玄人ファンを唸《うな》らせた職人肌の人物です。しかし現役時代の輝かしい功績とは裏腹に、引退後はさまざまな理由で、表舞台から姿を消してしまいます。野球選手とは思えない生真面目《きまじめ》な性格が、損な役回りを三宅にさせたとも思えますが、それを承知の上で言い訳をしない「人間の矜持《きょうじ》」を久々に見せてくれた力作です。

次の一冊　『新編 みなかみ紀行』若山牧水（著）、池内紀《おさむ》（編）／岩波文庫
酒を愛し、旅に寄りそう。酒仙歌人の決定版です。

大盛堂書店
山本亮さん選

〒150-0042
東京都渋谷区宇田川町22-1
TEL 03-5784-4900

「山椒は小粒でもピリリと辛い」渋谷のランドマーク的本屋さん。創業者・舩坂弘氏の想いは今も息づく。わ

『高校野球って何だろう』

渡辺元智《もとのり》

報知新聞社｜2012年｜208ページ｜定価：1300円（税別）
ISBN：9784831901439

松坂、成瀬、涌井、そして
上地雄輔を教えた名監督。

古くは愛甲《あいこう》、最近では松坂大輔、千葉ロッテの成瀬、西武の涌井《わくい》、横浜DeNAの筒香《つつごう》、そしてタレントの上地《かみじ》雄輔を教えた横浜高校の名監督・渡辺元智。野球部じゃなくても高校時代こういう人と出会っていたら、今、自分はどうなっていたんだろう。野球以外にも教育、経営に通じる一冊。

次の一冊

『やくざ監督と呼ばれて――山陰のピカソ・野々村直通一代記』野々村直通著／白夜書房
野球部の監督はこれくらいじゃなきゃ！

オークスブックセンター
東京ドームシティ店
岡野淳一さん 選

〒112-0004
東京都文京区後楽1-3-61黄色いビル2F
TEL 03-6801-8901

野球、競馬、プロレスの本ならおまかせ。東京ドーム、場外馬券売場、後楽園ホールに行くならば必ず立ち寄るべき本屋。わ

『コーチング――言葉と信念の魔術』
落合博満

ダイヤモンド社｜2001年｜224ページ｜定価：1500円（税別）
ISBN：9784478720219｜装丁：石澤義裕

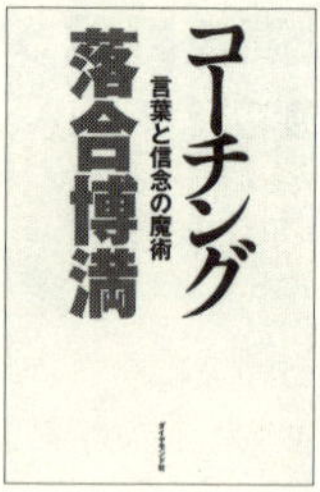

教えない。ただ見ているだけでいい。

日本中がミレニアムで浮き足立っていたあの時代《ころ》……。私は山形の片田舎で吹奏楽部の学生指揮者として悶々《もんもん》とした日々を過ごしておりました。みんなを引っ張っていく自信がないし、もちろんカリスマ性なんてない。何をどうしたらいいのかわからない……。「教えない。ただ見ているだけでいい」。書店で目に飛び込んできた帯のキャッチコピーに惹かれて手にとって見ると、ページの隅から隅まで面白くためになる言葉ばかり。「コーチング」するすべての人へのバイブル本です。

次の一冊　『参謀――落合監督を支えた右腕の「見守る力」』森繁和著／講談社
落合ドラゴンズを8年間支えた名コーチのコーチング論。

くまざわ書店山形店
石川和男さん選

〒990-0039
山形県山形市香澄町1-1-1
エスパル山形5F
TEL 023-615-3266

山形駅の駅ビルにある便利な本屋さん。余談ですが石川店長イチ押しの山形みやげは、「キムチこんにゃく」です。わ

『PRIVATE WORLD』

下田《しもだ》昌克《まさかつ》

山と渓谷社｜2002年｜389ページ｜定価：2200円（税別）
ISBN：9784635280587｜装丁：長友啓典・小山泰＋K2

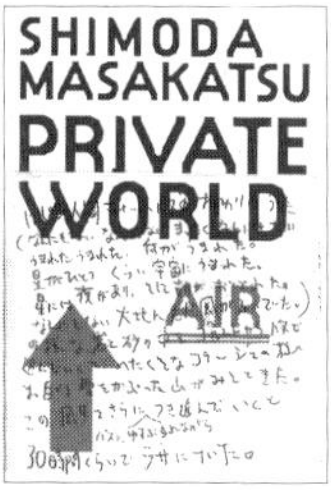

きっと何かを
思い出したくなる1冊。

旅のお供に欠かせないものはありますか？ 記念撮影のためのカメラ、移動中の暇つぶしのための文庫本なんかが定番かもしれません。では、色鉛筆とスケッチブックなんてどうでしょう？旅先の景色や出会いをさらっとスケッチできたら素敵かもしれません。ケータイ片手につぶやいてみるのもいいかもしれませんが、いつの日かぱらぱらっとページをめくって思い出してみるのも素敵ではないでしょうか？ 中国に始まり、アジアを抜けてヨーロッパまで。スケッチブック片手の2年間が詰まった旅の日記。きっと何かを思い出したくなる、そんな気持ちにさせてくれます。

次の一冊　『神の棄てた裸体──イスラームの夜を歩く』石井光太著／新潮文庫
ただ観光に訪れただけでは見えない裏の姿に衝撃を受けます。

ブックファースト茶屋町口店
川島健史さん選

〒530-0012
大阪府大阪市北区芝田1-1-2
阪急梅田駅2階
TEL 06-6292-4343

川島店長の人柄のよさがにじみ出ている、駅中の本屋さん。店長自らが選ぶおすすめ本は、はずれなし！

『十五少年漂流記』

ジュール・ヴェルヌ(著)、波多野完治(訳)

新潮文庫｜1951年｜285ページ｜定価:400円(税別)
ISBN:9784102044018｜装丁:新潮社装幀室

勇気から生まれる友情

無人島生活に憧れていた中学時代に読んだ一冊。まぁ、15人も子どもたちがいると、ケンカはつきものだし、人間関係もやっかい。でもさ、「やっぱり仲間っていいね」って最後に思える。「勇気」や「友情」って言葉を本当に身近に感じられる。毎年、書店員として中学生の読書感想文の課題にオススメしている本。オススメしてる手前、何度も読み直しているけど、毎回感動。あのときとは違った視点で読んだりしてる自分に対しても「大人になったな、オレ」って毎回感動。男子中学生に絶対読んでほしい本。

次の一冊　『虹の星』高砂淳二(写真・文)／小学館
友人のプレゼントによく贈っています。

くまざわ書店佐賀店
平井秀典さん選

〒840-0201
佐賀県佐賀市大和町尼寺3535
イオンモール佐賀大和1F
TEL 0952-62-7325

大きなイオンモールの中にあり、ご家族での本探しにぴったりです。書評で紹介された本も充実していて、うれしいです。

『スカイ・クロラ』

森博嗣《ひろし》

中央公論新社｜2001年｜304ページ｜定価：1900円（税別）
ISBN：9784120031588｜装丁：鈴木成一デザイン室

淡々としているのに どうして こんなにも熱く読めるのだろう

森博嗣著作が大好きで大っ好きでたまらない私が、あえてひとつ選ぶならこの作品。シリーズを通してつながっていく世界にぞくぞくし、ところどころにある伏線に気づいたときの戦慄《せんりつ》と感動は、何度読んでも味わえます。飛行機が加速し地上を離れる瞬間。雲を抜けた先にある、青い空間とまぶしさ。すべてを書くことで表現された空の世界。静と動、緩と急、明と暗、感情と人間と、言葉で表現するとこうなるのか、という文章そのものにもすっかり魅せられてしまいました。ハードカバーでも文庫でも装丁の美しさは、圧巻です。空の旅には、必ず持っていく一冊です。

次の一冊　『すべてがFになる――THE PERFECT INSIDER』森博嗣著／講談社文庫
私がこの店にいるかぎり、この本が面陳から外れることはない！

蔦屋書店熊本三年坂
迫彩子さん選

〒860-0801
熊本県熊本市安政町1-2
カリーノ下通店1F
TEL 096-212-9101

熊本、三年坂通りに面する、本、CD、雑貨、文具など、あらゆるものがそろうお店。インストアライブも多数あり！

『ハーバード白熱日本史教室』

北川智子《ともこ》

新潮新書｜2012年｜190ページ｜定価:680円(税別)
ISBN:9784106104695｜装丁:新潮社装幀室

清々しく素晴らしい
行動力、向上心、好奇心

まず1980年生まれの日本人がハーバード大学で教え、人気を博している。そんな人がいるんだなぁと驚き、手に取るとその漲《みなぎ》る勢いに圧倒されます。日本史・日本人について考える第一歩となる本であるとともに、著者のあふれる行動力に触発され、刺激を受け、世代や立場を問わず前向きになれる一冊です。

次の一冊　『三四郎』夏目漱石著／岩波文庫
「次に読んでほしい一冊は?」という質問でふわっと思い浮かんだ本がこちらでした。

紀伊國屋書店大手町ビル店
今泉泰司さん選

〒100-0004
東京都千代田区大手町1-6-1
大手町ビル1F
TEL 03-3201-5084

日本の中心とも言えるビジネス街にあるお店なので、私は立ち寄ったら必ずランキングコーナーをチェックします。わ

『チェンジメーカー
──社会起業家が世の中を変える』

渡邊奈々

日経BP社｜2005年｜220ページ｜定価：1600円（税別）
ISBN：9784822244644
装丁：Chiyo Matsushita ＋ Liquid Air Entertainment, Inc.

社会起業家は、知恵と情熱に
みちています。

仕事への情熱を呼び覚ますならこの一冊です！ いまでは、関連本で書棚ができるほど認知されつつある社会起業家です。が、日本ではまだボランティア団体とNPO・NGOが混同されているような状況です。この本では、社会をよりよくするという"志"をビジネスとして成功させている18人が紹介されています。彼らのビジネスは、社会が切実に必要としており、なおかつ仕事の本質がカタチとなったものだと、私は思っています。より多くの方に知っていただければ、日本にも根づいてゆくビジネス形態です。ぜひお手にとって、熱い思いを受け取って、あなたの情熱に変えてください。

次の一冊　『コミュニティデザイン── 人がつながるしくみをつくる』山崎亮著／学芸出版社
現代社会が産んだ新しい仕事のはなし。

ジュンク堂書店鹿児島店
青木渉子さん選

〒892-0826
鹿児島県鹿児島市呉服町6-5
マルヤガーデンズ5･6階
TEL 099-216-8838

山崎亮さんが携わった商業施設内、マルヤガーデンズ内にあります。施設全体も楽しんでみてください。

『ムーミン・コミックス(1) 黄金のしっぽ』

**トーベ・ヤンソン、
ラルス・ヤンソン(著)、
冨原眞弓(訳)**

筑摩書房|2000年|73ページ|定価:1200円(税別)
ISBN:9784480770417|装丁:祖父江慎+cozfish

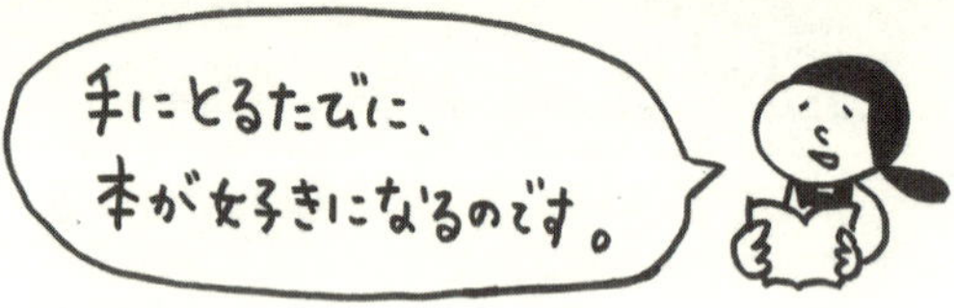

ムーミンたちの物語もヤンソンさんの絵も昔から大好きでしたが、この本は特別です。なぜなら、装丁がすばらしいから!祖《そ》父《ぶ》江《え》慎《しん》さんの名前が私の中で特別なものになったのも、この本からかもしれません。この本に出会ってから、カバーのついている本はカバーをめくって見たり、ページをめくって装丁した方の名前を探したり、手触りをたのしんだり、文字と物語を追うだけではなく、目と指と脳と気持ちとで、本をたのしむようになりました。本そのものが、もっとずっと好きになりました。お客さまにも「ね、すてきでしょう!」って自慢したくなっちゃうのです。(全14巻)

次の一冊 『不思議の国のアリス』ルイス・キャロル(著)、トーベ・ヤンソン(挿絵)、村山由佳(訳)／メディアファクトリー
ヤンソンさんのアリスが、どのアリスよりいちばん好きです。

**ジュンク堂書店仙台ロフト店
佐藤純子さん**㊿選

〒980-0021
宮城県仙台市青葉区中央1-10-10
仙台ロフト7F
TEL 022-726-5660

「書標(ジュンク堂のPR誌)」に連載中のマンガの「仙台ロフ子」そのままの佐藤さん。地元愛あふれる棚にほっこり。(は)

2014年8月に閉店。

『南の島のティオ』

池澤夏樹

文春文庫｜1996年｜237ページ｜定価：495円（税別）
ISBN：9784167561024｜装丁：杉浦範茂

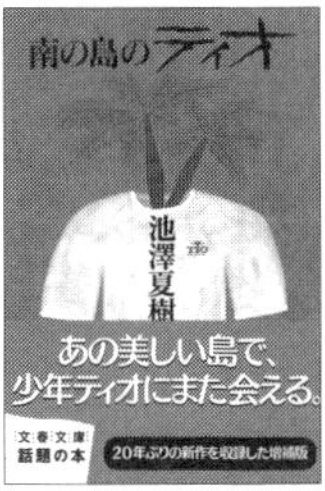

疲れたら
ティオに会いに行こう！

南の島に住むティオが体験する不思議な出来事たち。大きな海のような、温かいひだまりのようなこのお話が、心も頬も緩む時間を体験させてくれます。ちょっと心がしんどいな、疲れたな、と感じたとき、ふと思うんです。ティオに会いたいなぁって。そして会ったこともないティオを想像します。よく焼けた小麦色の肌に細く伸びた足、形のよい頭を持っていて、短く少し硬い黒い髪。澄んだ目で、人懐っこい笑顔でこちらを見ているティオに「ありがとう、また来るね」と言って本を閉じ、私はまた日常に戻っていきます。きっとあなたの心のビタミン剤になります。

次の一冊　『天国はまだ遠く』瀬尾まいこ著／新潮文庫
何も起こらないけど何かが変わった気分……。

金沢ビーンズ明文堂書店
西沢由香さん選

〒920-8203
石川県金沢市鞍月5-158
TEL 076-239-4400

3階建てでそら豆のような存在感ある建築。金沢ビーンズという名称は公募で決まった。子どもが本を好きになる店。わ

『しずかな日々』

椰月《やづき》美智子

講談社｜2006年｜268ページ｜定価:1400円(税別)
ISBN:9784062135870｜装丁:グッドデザインカンパニー

この本を読んであなたの大切な
「しずかな日々」を思い出してください。

小田原在住の作家、椰月美智子先生の作品です。この作品は、小学5年生の男の子が母親と離れて、おじいさんの家で過ごす、ひと夏の様子を描いています。特に何か大きな事件が起きるわけではありませんが、どんどん読み進んでしまいます。それは、そこに描かれている夏の情景や空気感が、自分にとっての「しずかな日々」を思い起こさせてくれるからだと思います。夏休みに親子で読んで、自分の子ども時代のことを話し合ったりすると、本を通じて、より豊かな体験をすることができるような気がします。

次の一冊　『どんまいっ!』椰月美智子著／幻冬舎文庫
こちらは、青春時代を思い起こさせる一冊。

伊勢治書店本店
石川諭さん 選

〒250-0011
神奈川県小田原市栄町2-13-3
TEL 0465-22-1366

延宝8年（1680年）創業。3階のギャラリー新九郎の名は、戦国大名・後北条氏の開祖、伊勢新九郎からつけたとか。わ

2017年3月に閉店。

『MISSING』

本多孝好

双葉文庫｜2001年｜341ページ｜定価:600円(税別)

ISBN:9784575508031｜装丁:泉沢光雄

書店員になって初めて、
「この本を売りたい！」と思った。

この本との出会いは、私がまだまだ「新人」と呼ばれていた頃(今でも十分に「青二才」ですが)。5つの物語からなる短編集だが、著者の「言葉」を織りなすセンスに一瞬で惚れ込んでしまった。その勢いのままオリジナルの帯を作成し、仕掛け販売をしたところ、あっという間に自店ランキングで1位に。これは本当に嬉しかった。自分の惚れた本や作家をお客様に紹介し、より多くの読者との出会いをつくる。そんな本屋としての醍《だい》醐《ご》味《み》を、はじめて体験させてくれた作品でもあります。誰かに「面白い本ない?」と聞かれたとき、私が自信を持っておすすめする一冊です。

次の一冊　『WILL』本多孝好著／集英社
葬儀屋として生きる女性の物語。最後の10ページ、号泣して読了。

本の学校 今井ブックセンター
大國《おおぐに》貴寿さん 選

〒683-0801
鳥取県米子市新開2-3-10
TEL 0859-31-5000

今井書店さんの140年の歴史を感じながら、ゆったりと本を選べます。店内に展示されている、活版印刷機にもご注目!

『太陽のパスタ、豆のスープ』

宮下奈《な》都《つ》

集英社｜2010年｜250ページ｜定価：1400円（税別）
ISBN：9784087713329｜装丁：池田進吾

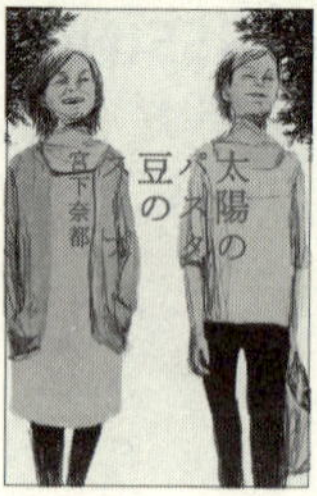

私が選ぶもので、私はつくられる。

そのとき、僕はとてもお腹が減ってしまうスープの物語を読み終えたところだった。だから、この本が目に入ったのだと思う。当時、大阪にいた僕は福井在住の宮下奈都さんという作家のことを知らなかった。その頃、ツイッター上では一躍、時の人となっていたのだけれども。今、たまたま福井に異動して来て、宮下さんともお会いする機会を得て……という縁の始まりの一冊のように思えてならない。個人的な思い出話を書いてしまったが、この本はそっと寄り添うように、背中を押してくれる。前を向く力をくれるのだ。そう、「始まり」の一歩を踏み出せるように。

次の一冊　『それからはスープのことばかり考えて暮らした』吉田篤弘著／中公文庫
きっとお腹が減ってたまらなくなると思います。

紀伊國屋書店福井店
奥野智詞さん選

〒910-0006
福井県福井市中央1-9-20
福井西武新館5F
TEL 0776-28-9851

福井駅前の西武内に立地。福井県下でミシマ社の本がもっとも充実したお店です。毎月第4日曜日には「おはなし会」も開催。わ

『立ちすくむ歴史
——E. H. カー『歴史とは何か』から50年』

喜《き》安《やす》朗《あきら》、成田龍一、岩崎稔

せりか書房｜2012年｜286ページ｜定価：2500円（税別）
ISBN：9784796703123｜装丁：木下弥

読みなおそう！目からウロコの歴史学

「歴史とは現在と過去との対話である」で有名なE. H. カーの『歴史とは何か』から50年。70年代に読んだ記憶があったので、その部分を確認すると、40ページ最後の2行にアンダーラインが引いてあった。ただ、読んだというだけできちんと理解はしていない。この『立ちすくむ歴史』という表題に目をとめた。動かないのか、動けないのか、どうしたらいいのかわからず立ち往生しているのかと、思いを巡らせる19世紀の歴史があり、20世紀の歴史がある。それぞれの「歴史」への向かい合い方が「対話」であると思う。21世紀に入り10年が経過した現在、新たな局面を迎えている。再読のきっかけをいただき、たいへん勉強になった。

次の一冊　『歴史とは何か』E. H. カー（著）、清水幾太郎（訳）／岩波新書

東京堂書店神田神保町店
深谷保之さん選

〒101-0051
東京都千代田区神田神保町1-17
TEL 03-3291-5181

1890年創業の名店・読書人の東京堂書店が、今春大幅リニューアルしカフェ併設に。購入前商品持込不可は流石の見識だ。わ

Date
Aug. 15

No. **227**

『空をあおいで』

こだま和文

K&Bパブリッシャーズ | 2010年 | 328ページ
定価：1800円（税別） | ISBN：9784902800159
装丁：藤原邦久

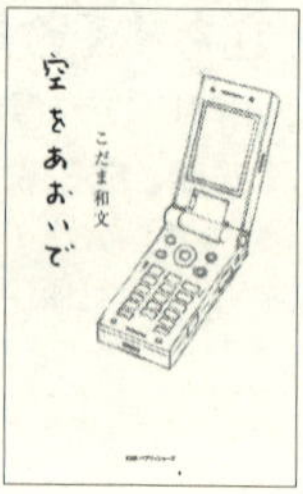

日々の暮らし
町の灯

年月が経過してもここに来ればいつでも手に入れられる、そのように置いておきたいものが、どうしても届けたい本といえるかもしれません。ウェブと違って明るさに依《よ》ることが難しい紙の本では、昏《くら》さの中で人を待つこともひとつの魅力のように思えます。『空をあおいで』も、そうして静かに待ち、訪れた誰かを喜びたい一冊です。生きることにまつわる哀しさ、傍《かたわ》らで途切れた時間に一つひとつ向きあいながら、大きく響くことを回避して静寂へ向かう言葉。ここにあるのは、二十余年の時間に紡《つむ》がれた文章で編まれた、この町に続いてきた、日々の暮らしの息遣いです。

次の一冊　『建築を考える』ペーター・ツムトア（著）、鈴木仁子（訳）／みすず書房
装丁と本の薄さ、文章から伝わってくる静謐さでしょうか。

増田書店
篠田宏昭さん 選

〒186-0004
東京都国立市中1-9-1
TEL 042-572-0262

「洗練と無縁ですが、創業64年の時間と埃の堆積があります。歴史なのかな。遊びにきてください」（篠田さんより）。わ

『永遠の0《ゼロ》』

百田尚樹

講談社文庫｜2009年｜589ページ｜定価：876円（税別）
ISBN：9784062764131｜装丁：岡孝治

今年も売ります！
売れます！

2009年に出版され、1年後からチェーン店でもグングン実売を伸ばしてきた作品。たまたま著者の方にお会いする機会がありました。街中でお会いしたら避けて通りたい強面風ですが、お話しするとやさしくダンディな方。恥ずかしながらお会いしたあとに読んだベストセラー。それまでも売り場で展開していたのですが、自分が読んで感動して「この感動をほかの人にも伝えたい！」って思って売ると今までと全然違う勢いで売れていきます。不思議です。自分も日本人なのに、なんてのんびり生きているんだろう、と考えさせられる一冊。値段の元は充分取れる感涙もの。超オススメ作です。

次の一冊
『もう、ビニール傘は買わない。──暮らしと自分を変える60の習慣』大平一枝著／平凡社
タイトルに「心当たりあるなぁ！」。これで習慣が変えられるかも！？

紀伊國屋書店徳島店
小作《こさく》昌司さん選

〒770-8511
徳島県徳島市寺島本町西1-5
そごう徳島店8F
TEL 088-602-1611

小作店長の「よい本を売る！」熱い姿勢がかっこいい。店長の意思が、店内に充満しています！
く

Date
Aug. 17

No. 229

『夏への扉』

ロバート・A・ハインライン(著)、
福島正実(訳)

ハヤカワ文庫 | 2010年 | 383ページ | 定価:740円(税別)
ISBN:9784150117429 | 装丁:ハヤカワ・デザイン

新しい時代は
きっと今よりもっと素晴らしい!

SF小説に馴染みのない私にとって冷凍睡眠に時間旅行というキーワードだけでもハードルが高そう、と尻込みするには十分。でもこの『夏への扉』は巧妙なSFの舞台装置以上に主人公ダンの生き方が魅力的です。親友と恋人に裏切られ、未来世界に放り出されたダン。新しい仕事を見つけ、進歩した技術に心躍らされ、復讐に心を割く暇もありません。手《て》酷《ひど》く騙《だま》されてもまた人を信頼し、身ひとつで放り出されても好奇心を持って順応する。ダンの前向きさと、作中にあふれる新しい時代への希望が爽やかな余韻《よいん》を残します。SFだからと敬遠するにはもったいない作品です。

次の一冊 『月の影 影の海』小野不由美著/講談社X文庫
異界に放り出された少女の過酷な旅と人を信じるということ。

紀伊國屋書店佐賀店
松本優子さん選

〒849-0915
佐賀県佐賀市兵庫町兵庫北土地区画
整理地内22街区ゆめタウン佐賀2F
TEL 0952-36-8171

佐賀のナンバーワン書店といっても過言ではない、佐賀の本好きが集まるお店。店内を一周すると、本のいまが見える!

『空の中』

有川浩《ひろ》

角川文庫｜2008年｜537ページ｜定価:705円(税別)
ISBN:9784043898015｜装丁:鎌部善彦

有川さんの書く
古き良き時代の人々が大好きです。

有川さんの文章はマンガっぽくて正直苦手でした。ですが、『空の中』に出てくる宮じいというキャラクターのセリフを読んで、この人、わかってるなぁとエラソーにも思い、有川さんが四国出身というのを知って妙に納得してしまいました。宮じいの言葉は素朴でシンプル。だからこそ心に響きます!! こんな人が人生の先輩として側にいてくれたらなぁ。

次の一冊　『阪急電車』有川浩著／幻冬舎

喜久屋書店阿倍野店
中《なか》部《べ》有理さん選

〒545-0052
大阪府大阪市阿倍野区阿倍野筋1-5-31
アポロビル2F
TEL 06-6634-8606

こだわりの絵本を取りそろえた「こども館」、関西最大級コミック専門店「漫画館」もぜひお立ち寄りください!

No. 231

『女ぎらい——ニッポンのミソジニー』

上野千鶴子

紀伊國屋書店｜2010年｜285ページ｜定価：1500円（税別）
ISBN：9784314010696｜装丁：鈴木成一デザイン室

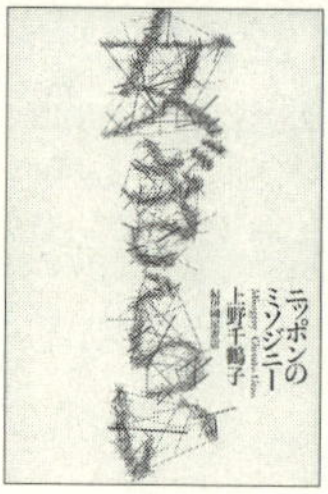

この世にオトコとオンナがいる限り

活字がないとご飯が食べられない私は、入荷したばかりのある冊子に載った文章に度肝《どぎも》を抜かれ、箸からエビフライを落した。その連載が、本書の副題でもある「ニッポンのミソジニー」です。「女性蔑視《べつし》」の訳語を与えられるミソジニーは「女でなくてよかった」「女で損をした」とも言い換えられます。東電OL事件での、売春の代価は殺されたエリート女子社員が男につけた値段である、ゆえに「安料金」であったのだという見立てに瞠目《どうもく》。もはや、複雑怪奇。それでもミソジニーが横たわるこの世で、それを知らぬことのほうが怖くなるまったくやっかいな本です。

次の一冊　『セクシィ・ギャルの大研究——女の読み方・読まれ方・読ませ方』上野千鶴子著／岩波現代文庫
上野センセイの処女作（なぜショジョサクというのだろう）。

紀伊國屋書店京橋店
山﨑均さん選

〒534-0024
大阪府大阪市都島区東野田町2-1-38
京阪モール2F
TEL 06-4801-9255

京阪京橋駅からすぐ近く、ザ・大阪の雰囲気をもった紀伊國屋書店。周辺の飲食店もウマい、安いでおすすめ！

『赤目四十八瀧心中未遂』

車谷長吉《くるまたにちようきち》

文春文庫｜2001年｜280ページ｜定価：505円（税別）
ISBN：9784167654016｜装丁：関口聖司

愚か者の美学

インターネットやケータイ電話の普及で、私たちが日々接する言葉の量は、おそらく増えている。残念ながら、書籍は年々売れなくなっている。出会う言葉の総量は増しているが、その中のどれほどが「生きた」言葉なのか私は知らない。欲、見栄、自尊心、自分のためだけに費やされる言葉に美しさはあるだろうか。この小説に登場する、世の底へ沈んだことのある者たちの言葉は、私を突き刺す。心の底から吐き出される言葉は怖くもあり、美しくもある。私にとってこの小説は、著者が命を削りながら（死ぬ覚悟で）書かれたように思えてしかたがない。

次の一冊　『紅い花／やなぎ屋主人』つげ義春著／筑摩書房
何度読み返しても飽きません。

喜久屋書店小樽店
久原栄二さん（選）

〒047-0008
北海道小樽市築港11-5
ウイングベイ小樽五番街2F
TEL 0134-31-7077

店内から、海が見えます。漫画館、子ども館も併設でコミックや児童書も充実。（わ）

『さよなら渓谷』

吉田修一

新潮文庫｜2010年｜245ページ｜定価：400円（税別）
ISBN：9784101287546｜装丁：新潮社装幀室

容赦なく切ない。
でも それが現実かもしれない。

ある事件の加害者と被害者のその後を描いた物語だ。いつまでも幸せになれない二人。ラストはせつなくて途方に暮れてしまった。最初に読んだときは……。数年後再読したら感じ方が違った。これは私が平穏に生きてこられたから、せつなく感じたのであり、何かに巻きこまれたことがある人でも同じように感じたかどうか……。二人が幸せになれないほうがきっとより現実的であり、幸せを願うけれど、しかし起きてしまったことはなかったことにはならない。彼の小説は容赦《ようしゃ》ない。きれいごとを許さず何かを突きつけるようだ。だから読後はきついけれど、心にずしりと響く。

次の一冊　『コスモスの影にはいつも誰かが隠れている』藤原新也著／東京書籍
単行本は東京書籍、文庫は河出書房新社から刊行された短編集。どれも素敵ですが表題作の一面のコスモスは圧巻です。

浅野書店
大宮和子さん 選

〒277-0005
千葉県柏市柏1-1-20スカイプラザB1F
TEL 04-7164-2040

大正15年創業以来、長きにわたって街の文化を支え続け、柏市民に親しまれている老舗の書店さんです。わ

2018年5月に閉店。

『奇談蒐集《しゅうしゅう》家』

太田忠司

創元推理文庫｜2011年｜286ページ｜定価：680円（税別）
ISBN：9784488490096｜装丁：本山木犀

増えろ！怪奇スキー!!

三度の飯より怪奇小説が好きな人間です。が、最近はいかにグロいか、そこに重点が置かれたホラーが増えてきて、もどかしく感じていたときに本書と出会いました。蒐集した奇談に隠された真実が次々と明かされていく、一見するとミステリーに分類されそうな連作短篇集ですが、最後の最後に怪奇スキーの心を鷲掴《わしづか》みにする大ドンデン返しが待っています。即効性の恐怖は少なくても、よくよく考えてみると背筋に冷たいものがぞぞっと走る、そんな上質の恐怖を味わえる怪奇小説の魅力がみっしり詰まった本書を、豆本などをつくって今日も今日とてこっそり推しています。

次の一冊
『赫眼《あかまなこ》』三津田信三著／光文社文庫
前書より恐怖を倍増させて。こんな本が増えてくれたら万々歳です。

中目黒ブックセンター
佐藤亜希子さん 選

〒153-0051
東京都目黒区上目黒3-7-6 2F
TEL 03-3792-1212

線路沿いのパチンコ屋さんの2Fという意外な場所にあります。サブカル系、芸術書などが充実、特色のある品ぞろえです。ほ

No. 235

『鳥山石燕《とりやませきえん》　画図百鬼夜行』

高田衛（監修）、稲田篤信、田中直日（編）

国書刊行会｜1993年｜350ページ｜定価：7600円（税別）
ISBN：9784336033864｜装丁：鈴木一誌

ニッポンの
夏はカレーと、妖怪!!

マボロシの天才画家・鳥山石燕による、「妖怪絵巻」。みなさんが知っている（?）妖怪のイメージはすべてここからといっても過言ではないでしょう。ヒマなとき、つまらないとき、そして、暑い夏にも、ごろりと寝ころんで見てみよう。とてもオモシロイです。文庫化（角川ソフィア）されていますが、やはり大きな画面で楽しんでほしい。夏に（……でもちょっと高いかナ）。
P. S. 巻末の力のこもった解説もスバラシイです。これであなたも妖怪が好きになります。ちなみに苗字が同じでも鳥山明の祖先ではないです。悪しからず。

次の一冊
『絵本百物語──桃山人夜話』竹原春泉《しゅんせん》（画）、多田克己（編）、京極夏彦他（文）／国書刊行会
上の続編。文庫（またしても角川ソフィア）もあるけどやっぱり大画面で。

大垣書店フォレオ大津一里山店
池田忠夫さん選

〒520-2153
滋賀県大津市一里山7-1-1
フォレオ大津一里山1F
TEL 077-547-1020

池田さんの読書量、知識量はほんとにすごい！ ビートルズから古書にいたるまで、面白い話がバンバン聞けます。く

Date
Aug. 24

No. 236

『怪奇小説傑作集(1)［新版］
――英米編(1)』

A・ブラックウッド 他(著)、平井呈一(訳)

創元推理文庫｜2006年｜474ページ｜定価:940円(税別)
ISBN:9784488501068｜装丁:中島かほる

怪奇小説だからって
敬遠しないで下さい!

「怪奇小説が好きな人に会ったことがない」と自慢げに語る外語大生のN君は、YBC武蔵境店のイケメンアルバイトです。パソコンはマック、B級映画好き、メタル好きと他人と一緒じゃ気がすまないN君にとって、怪奇小説もファッションの一部なのでしょうか。昨今の若者らしく、長編は途中で飽きるというN君に、この9編からなるアンソロジーは大のお気に入りのようです。「パンの大神」「猿の手」など、20年前に私も夢中で読んだこの小説を嬉々と語る。そんなN君をとてもカワイイと思い、今は品切れの平井呈一『真夜中の檻』をプレゼントしたのです。(全5巻)

次の一冊　『日本怪奇小説傑作集(1)』紀田順一郎、東雅夫編／創元推理文庫
日本の怪奇小説もぜひこの機会に。

八重洲ブックセンター イトーヨーカドー武蔵境店
佐々木章人さん(選)

〒180-0023
東京都武蔵野市境南町2-3-6
イトーヨーカドー武蔵境店西館5階
TEL 0422-39-7077

シックな雰囲気と窓際の開放感の中、家族でゆったり本が選べる。本店との連携で、在庫のない本も取り寄せが速く便利。(わ)

『超常現象の科学
——なぜ人は幽霊が見えるのか』

リチャード・ワイズマン（著）、木村博江（訳）

文藝春秋｜2012年｜317ページ｜定価：1550円（税別）
ISBN：9784163749204｜装丁：関口聖司

「30秒間
見て下さい。」

白い表紙に大きく両腕をひろげた少女の黒いシルエット。なんだ？ と思い、手にとって帯コメントにしたがって、進めていくこと数十秒。裏表紙に幽霊が浮かび上がっている?! とひとりでテンション高くなってしまいました。内容は、最先端科学実験を用いて、占い師のバケの皮をはいだり、念力やマインドコントロールのトリックをあばいたりとガッチリとして読みごたえあります。超常現象をテーマにヒトの認知の盲点をわかりやすく解説していますので、意外とマジシャンを目指す方にもオススメです（著者は元プロマジシャン）。まずは、実物の表紙を30秒間見つめてください。

次の一冊
『精神科は今日も、やりたい放題——“やくざ医者”の、過激ながらも大切な話』内海聡著／三五館
同じく表紙がシルエット。中身は全然違いますが、オススメです。

ブックセンタークエスト小倉本店
道免《どうめん》信男さん 選

〒802-0077
福岡県北九州市小倉北区馬借1-4-7
TEL 093-522-3914

小倉城のすぐ近く、笑顔が自慢のにこやかな本屋さん。本を買ったあとは、近くの勝山公園でお散歩が気持ちいいですよ。

『幽霊人命救助隊』

高野和明

文春文庫｜2007年｜605ページ｜定価：743円（税別）
ISBN：9784167717261｜装丁：野中深雪

運命なんか信じるな！
未来は自分で切り開くのだ！

自殺した男女四人の幽霊が、逆に、自殺志願者たちを救うために奔走する。コミカルな設定ながら、展開される救助活動は深くて重い。失恋や借金苦などさまざまな理由で「死」を選ぶ人々は、現在の失望が将来も続くと悲観する。だがちょっと待て。神ならぬ身の我々に、明日がどんな日になるかなどわかるはずがないではないか！「未来が定まっていない以上、すべての絶望は勘違いである」という名セリフは、作中の自殺志願者たちに向けられた言葉であると同時に、我々読者への、高野和明さんからの力強い応援歌であると信じている。前を向く勇気をくれる名作。

次の一冊　『リプレイ』ケン・グリムウッド（著）、杉山高之（訳）／新潮文庫
人生は、一度しかないからこそ素晴らしいのだ！

丸善・津田沼店
沢田史郎さん選

〒275-0026
千葉県習志野市谷津7-7-1
ブロックビルB棟 2・3階
TEL 047-470-8311

沢田さんいわく、「広いだけ、数が多いだけでなく、『これ面白そう！』という出逢いを仲人できる本屋を目指したい」。わ

『新宿駅最後の小さなお店ベルク
──個人店が生き残るには？』

井野朋《とも》也《や》

P-Vine Books｜2008年｜259ページ
定価：1600円（税別）｜ISBN：9784860202774
装丁：川畑あずさ

大好きなお店の本を売る
幸せ、味わいました。

以前行きつけだったお店の本が出る！ と興奮しながら仕入れた思い出の一冊。当時、秋葉原のお店に勤務していたので、「なぜ新宿の本を推しているのか？」と出版社営業マンや著者の店長、副店長も駆けつけてくださり、ベルクへの思いでおおいに盛り上がりました。新宿の書店にはもちろん負けるものの、一時、売上は日本で二番目に！ 思いの強さで売るという本屋冥《みょう》利《り》に尽きる感動を味わった貴重な一冊でした。読み物としての面白さはもちろんのこと、経営書としても非常に優れた本です。ベルクの居心地のよさ、美味しさの秘密に納得。あ〜、飲みに行きたい！

次の一冊
『謎の会社、世界を変える。──エニグモの挑戦』須田将啓《しょうけい》、田中禎人著／ミシマ社
読み物としてもビジネス書としても最高に面白い本といえばコレ！

有隣堂新百合ヶ丘エルミロード店
門脇順子さん選

〒215-0021
神奈川県川崎市麻生区上麻生1-4-1
小田急エルミロード4F
TEL 044-965-3075

本書制作佳境のある晩、ミシマ社にふらりと現れ「お疲れ様です！」とスイカを差し入れてくれた門脇店長に感涙した私。わ

『伝奇集』

J. L. ボルヘス（作）、鼓直《つづみただし》（訳）

岩波文庫｜1993年｜282ページ｜定価：720円（税別）
ISBN：9784003279212

終わりの無い物語の始まり

旅の途中のインドで、大好きだった楽器を習える機会を得たために、半年ほど、その町で下宿しながら昼は音楽、夜は読書という王侯貴族のような生活をしておった折に、飽きずにいったい何度読んだのでしょうか。虚構に満ちあふれ、永遠や一瞬、円環といった要素を含んだ物語は目的のない旅の途中で読むにはあまりにもふさわしかったのでしょう。作者本人が前書きにて「とくに説明を要しない」と記していますので内容の説明は省きますが、個人的に好きな楽しみ方は「灯りを消して眠りに入る前に頭の中でテキストをある程度の間違いを許容しながら復元していく」です。いい夢見れますよ。

次の一冊　『道化師の蝶』円城塔著／講談社
「旅の間にしか読めない本があるとよい」。まったくその通りだと思います。

MARUZEN 広島店
三丸晋さん選

〒730-0021
広島県広島市中区胡町5-22
天満屋八丁堀ビル7・8階
TEL 082-504-6210

とにかく広い!!　一度入ったら、迷うこと間違いなしでしょう。ゆっくり、じっくり楽しんでください。

『すべてがFになる
――THE PERFECT INSIDER』

森博嗣《ひろし》

講談社文庫｜1998年｜522ページ｜定価：733円（税別）
ISBN：9784062639248｜装丁：鈴木成一デザイン室

強烈理系FLASH☆
尻のムズムズ爆発=3

ミステリーはもっぱら海外文庫で長編好き♡　世で「理科系作家」と称されていることもまったく知らず、ふと手にした森作品。理系というのは数多《あまた》ある性癖と同じくらい未知の世界。作中の人物たちの思考回路が新鮮で衝撃的！ 脳にサイレントで染みてきて、少しずつ世界を白くしてゆくような幻惑感にくらくら。主役の男女が理系同士でこれまたツンデレ？ 堅物？ とまどろっこしさに尻のムズムズが爆発！ ラストに、大金持ちだろうが極貧だろうが、聖人だろうが変態だろうが、読みたきゃ読める！ 愛すべき世界中の本（訳しか読めないけど）愛すべき読者の孤独とFreedom！！

次の一冊　『ヤナの森の生活――ハワイ島の大地に生きる』ヤナ（著）、ケイコ・フォレスト（訳）／WAVE出版
斧でちょん切れそうになった指も葉っぱで巻いたら治った！？

Books & Goods Studio
TOKYU金剛店
藤原睦美さん選

〒589-0011
大阪府大阪狭山市半田1-622-3
TEL 072-366-7218

本はもちろん、面白雑貨もわんさかあります！ ラッキーな人は、黒猫クロちゃんも見れるかも。

Date
Aug. 30

No. **242**

『潮騒《しおさい》』

三島由紀夫

新潮文庫｜2005年｜213ページ｜定価:430円(税別)
ISBN:9784101050072｜装丁:新潮社装幀室

まずは偏見をもたずに読んでみたまえ。
心が洗われますぞ!

ちょっと疲れたなぁ、というときに最適。物語はいたって単純。南の島の若者、新治と初江が困難をのりこえ結ばれるラブストーリーです。奇抜な設定や難解な表現はなく、それだけに三島由紀夫という作家の高い技量を味わうことができます。素直に読後のすがすがしさを感じてほしい作品です。また、物語の終盤二人の仲を頑《がん》として認めなかった初江の父親、照吉が二人を許す場面が最高です。「男は気力や。気力があればええのや」と言い放っちゃう。照吉かっこいい! この場面、あなたのクヨクヨした心にしっかり喝! を入れてくれますよ。

次の一冊　『豊饒の海』三島由紀夫著／新潮文庫
同じ作家の本か? と思うほどの落差をお楽しみください。

鹿島ブックセンター
広辺信夫さん選

〒971-8141
福島県いわき市鹿島町走熊字小神山18-8
TEL 0246-28-2222

はじめて営業にお伺いしたとき、アポなしだったのに広辺店長は快く私を出迎えてくれました。それが今も忘れられない。わ

Date
Aug. 31

No. **243**

『猫語の教科書』

ポール・ギャリコ（著）、灰島かり（訳）

ちくま文庫｜1998年｜206ページ｜定価：580円（税別）
ISBN：9784480034403｜装丁：金田理恵

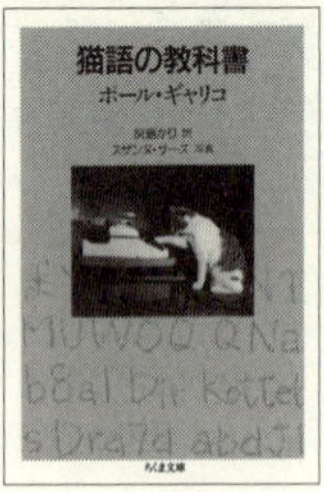

あなたはすでに
しつけられているッ!!!

本書のタイトルから、どのような内容を想像しますか。猫を飼うためのマニュアルでしょうか。そう思って本書を手にとったなら、きっと驚くでしょう。なぜなら本書は、猫の手によって猫に向けて記された、猫が「人間をしつけるための」マニュアルですから。猫を飼っている方、あなたは彼らの忠実な召使いになっていませんか？ 心当たりがあるあなた、すでにマニュアル通りにしつけられていますよ。気になる方は夜中にそっと、彼あるいは彼女の寝床をのぞいてみてください。「にゃッ！」とふりかえったその足元に、『猫語の教科書』が隠されているかもしれません。

次の一冊
『ユリイカ 2010年11月号』（特集：猫――この愛らしくも不可思議な隣人）／青土社
作品ガイド「猫のいる作品集」を収録。猫好き必携の一冊！

戸田書店静岡本店
井《い》谷《だに》晋弥さん選

〒420-0852
静岡県静岡市葵区紺屋町17-1
TEL 054-205-6111

静岡駅すぐ近くの新しいお店。スタッフの方の話がおもしろすぎて、新幹線に乗り遅れそうになりました！ク

9月

夏の終わり、秋のはじめに

September

『凍りのくじら』

辻村深《み》月《づき》

講談社文庫｜2008年｜568ページ｜定価：781円（税別）
ISBN：9784062762007｜装丁：坂野公一（welle design）

もしかしたら、売上日本一かも！

（って思ってる。違ってたらゴメン…）

8年ほどずっと文庫担当だった僕が、これまでで一番売ってる文庫。もちろん『ダ・ヴィンチ・コード』よりも。文庫発売以来、一度も売り場から外していないし、いまだにものすごい勢いで売れている。僕がはじめてちゃんと「仕掛けて売った」作品で、これが大いに成功してくれたおかげで、多面展開をしないという自分のやり方に自信を持つことができた。うちの店にいたPOP職人作の「この順番で読めば辻村ワールドをより楽しめる！」というPOPの存在を知った出版社さんが印刷してほかの書店にも広めてくれ、また小冊子にして文庫に挟み込んでくれもした。まだまだ売り続けます。

次の一冊　『スロウハイツの神様』辻村深月著／講談社文庫
さっき話にだしたPOPで、『凍りのくじら』の次がこの作品なんです。

中原ブックランドTSUTAYA小杉店
長江貴士さん㊙選

〒211-0063
神奈川県川崎市中原区小杉町3-420-5
TEL 044-739-5508

長江さん作成の「中原ブックランドTSUTAYA小杉店　文庫売り場の歩き方」は必見。その売場、ぜひ体験すべし。わ

2017年9月に閉店。

『芝生の復讐』

リチャード・ブローティガン（著）、
藤本和子（訳）

新潮文庫｜2008年｜265ページ｜定価：476円（税別）
ISBN：9784102147030｜装丁：新潮社装幀室

夏の終わりの始まりの終わりの頃に。

この本を読んでいる人を、買ってゆく人を見ると、とても話しかけたくなります。ブローティガンが書いた美しいもの、もしくは悲しみについて誰かに話しかけるとしたら、どんな言葉が必要だろうと考えるのですが、うまい言葉が思いつきません。ひょっとしたら二人の会話は、カリフォルニアの陽光と、犬の死骸と、シャボン玉と、燃えてゆく梨の木について、まるでブローティガンの文章のような千《ち》鳥《どり》足《あし》で、平行線を描き続けるのかも知れず、だからきっと話しかけることはないと思うのですが、その平行線、交わることのない線のことを、ぼんやり考えていると思います。

次の一冊
『怪しい来客簿』色川武大著／文春文庫
秋の始まりの終わりの始まりの頃に。

オリオン パピルス
小宮健太郎さん選

〒190-8554
東京都立川市柴崎町3-2-1
グランデュオ立川6F
TEL 042-548-1711

単なるコスプレではない深さを持ったセレクトショップ。「毎日の暮らしの中の、本とその周辺にあるもの」がテーマ。わ

2016年7月に閉店。

『仁義なき日本沈没
──東宝 vs. 東映の戦後サバイバル』

春日太一

新潮新書｜2012年｜255ページ｜定価:740円(税別)
ISBN:9784106104596｜装丁:新潮社装幀室

映画から見える、日本社会の病。

「仁義なき戦い」「日本沈没」ともに1973年に公開された、日本映画史に残る作品。一見何の関係もないこの二作が、“戦後を脱した日本社会に対する強烈な否定”という共通点を持つことが、丁寧に論じられている。また、東映と東宝という二大映画会社の盛衰が、巨大な生物がうごめくようなダイナミズムで描きだされている。飛ぶように売れるベストセラーになるような本ではないが、長く平積みにたえる名著だと思う。こういう本を大事にしていきたい。

次の一冊
『浅草芸人──エノケン、ロッパ、欽ちゃん、たけし、浅草演芸150年史』
中山涙著／マイナビ新書
幕末から現代までの東京の芸能史が一冊でわかる。安価なのに充実の内容。

八重洲ブックセンター本店
内田俊明さん㊎選

〒104-8456
東京都中央区八重洲2-5-1
TEL 03-3281-1811

全9階1400坪に在庫150万冊。お探しの本は1階サービスカウンターへ。プロの知識と接客が素晴らしくて感嘆。わ

Date
Sep. 4

No. **247**

『億万長者の秘密をきみに教えよう！』

ロジャー・ハミルトン(著)、鳥居祐一(訳)

中経出版｜2010年｜141ページ｜定価：1143円（税別）
ISBN：9784806135265｜装丁：重原隆

繰り返し何度でも！

グリム童話のような、9歳の男の子が7人の一流職人から学び、自分を成長させていくストーリー。億万長者の秘密なんて興味ないと思いながらも、キャッチコピーである「繰り返し何度も読み返すこと」にひかれ読んでみると、シンプルではあるが意外と深い内容で感動……。現在私は読み直し4回目で、読めば読むほど理解が深まる気がします（笑）。「定番物の自己啓発本より解かりやすく、簡単に読める！」と大きな文字で強調しPOPを作成。立ち読みで終わらず、ご自宅の大切な一冊にしてほしい思いで、店頭出しした思い出があります。

次の一冊　『佐藤可士和の超整理術』佐藤可士和著／日本経済新聞出版社
整理にもいろいろあるなと関心させられた一冊です。

文教堂書店二子玉川店
河合雅之さん選

〒158-0094
東京都世田谷区玉川2-21-1
二子玉川ライズSCタウンフロント6F
TEL 03-5797-5168

売場が広く、本が見やすく並んでいるので、ついつい長居してしまいます。児童書コーナーには大きなトトロがいます。ほ

『功利と直観——英米倫理思想史入門』

児玉聡

勁草書房｜2010年｜340ページ｜定価：3200円（税別）

ISBN：9784326154135｜装丁：大村麻紀子

記述の面白さと正確さが
両立している二度おいしい入門書です

本書は功利主義と直観主義の対比を軸として、ホッブズから現代に至る倫理学の流れに明快な見取り図を与えている。啓蒙される点は多いが、シジウィックを調停者、ムーアを破壊者として整理し、彼らの功利主義理解をもとに、それと対立するものとして、後続の直観主義者が、自身の直観主義をいかに自覚的に展開していったかが容易に見てとれる点が特に参考になった。私自身つい、19世紀後半、20世紀前半・後半の倫理学を独立したものとして考えがちだったのだが、この書籍においては連続の相のもとに把握できるようになっている点が特に意義深いように思われる。

次の一冊　『理系人に役立つ科学哲学』森田邦久著／化学同人
実は文系の人にこそ役立つ本なのではないかと思います。

ジュンク堂書店千日前店
日野雅文さん選

〒542-0075
大阪府大阪市中央区難波千日前12-7
Y. E. S. NAMBAビル内
TEL 06-6635-5330

なんばグランド花月の目の前にある、大阪・ミナミを代表する大型書店。芸人本の充実度は日本一です。

2016年3月に閉店。

『供述によるとペレイラは……』

アントニオ・タブッキ（著）、須賀敦子（訳）

白水Uブックス｜2000年｜193ページ｜定価：1000円（税別）
ISBN：9784560071342｜装丁：田中一光

最終章の勇気ある決意と
行動にグググッときます。

訃報《ふほう》に接し何度目かの頁にことさらゆっくりと歩を進めた。10年ほど前長く勤めた書店を故あって辞し、フライパン片手にパスタ（料理と言えるかどうか）に凝っていた日々、短章の冒頭に繰り返される「供述によるとペレイラは」の口調にすっかり惹きこまれた。作風を大きく変えたと言われるが、僕には『インド夜想曲』や『レクイエム』などにうかがえる下層の人々へのタブッキの温かな眼差しが心地よかった。現実の政治状況に依拠したミステリアスな展開の中で、何よりも最終章に描かれたペレイラの勇気ある決断に喝采《かつさい》を送りつつ、亡妻へのユーモアでさり気ない愛に心打たれた。

次の一冊　『インド夜想曲』アントニオ・タブッキ（著）、須賀敦子（訳）／白水Uブックス
はじめてタブッキに触れる方は、この本からお読みください。

ジュンク堂書店旭川店
中村克己さん 選

〒070-0040
北海道旭川市一条通り8丁目108
フィール旭川1F～5F
TEL 0166-26-1120

道内第2の都市・旭川市のジュンク堂さん。中村店長は専門書のみならず、地元関連書にも精通しており、頼りになるお店。わ

『神聖喜劇（第一巻）』

大西巨人

光文社文庫｜2002年｜578ページ｜定価：1048円（税別）
ISBN：9784334733438｜装丁：間村俊一

東大生に読んでもらいたい一作

虚無を抱いて陸軍に入隊した主人公・東堂太郎が、軍隊の不条理に遭遇し、その類稀《たぐいまれ》なる記憶力を駆使して、合法闘争をしていくという小説です。東堂太郎はその記憶力、論理構成能力によって完全無欠に見えるのですが、彼の周りにいる人物と対比すると、どこか滑稽に思えます。それが「喜劇」ということなのでしょうか。橋本・冬木といった人物の朴訥《ぼくとつ》さにかえって心を揺さぶられます。また、東堂が嫌悪する大前田軍曹がラストで超かっこいい。「日本とは？」「軍隊とは？」「組織とは？」などいろいろ考えさせられる作品です。（全5巻）

次の一冊
『破戒』島崎藤村著／新潮文庫
主人公・瀬川丑松の揺れる内面、そして最後の決断。感動の一作です。

紀伊國屋書店浦和パルコ店
杉野嘉彦さん選

〒330-0055
埼玉県さいたま市浦和区東高砂町11-1
浦和パルコ5F
TEL 048-871-2760

パルコというと若者向けのイメージですが、ここのお店はファミリーや年配の方でも楽しめる幅広い品ぞろえが魅力です。わ

Date
Sep. 8

No. 251

『知的生活の方法』
渡部昇一

講談社現代新書｜1976年｜214ページ｜定価：720円（税別）
ISBN：9784061158368｜装丁：中島英樹

やってみよう！と思えば
わりと、やれます。

20代の終わりからくりかえし読んでいる一冊です。知的生活とは頭の回転を活発にし、オリジナルな発想を楽しみ、内面の充実を求める生活。その方法がきわめて具体的に書かれており（読書や空間設計、ワインの飲み方まで細々と……）、実践可能なのですから、この通りにすればきっと誰でも知的生活者になれるはず？「ほんとうにはおもしろいと思わないものを、おもしろいなどというふりをしてはいけないのだ。自己の実感をいつわることは、向上の放棄にほかならない」とバッサリの渡部先生。自分の人生を横に広げるのではなく、深く掘り下げたい人におすすめします。

次の一冊 『続 知的生活の方法』渡部昇一著／講談社現代新書
渡部先生のお写真が、大人になったのび太くんみたい……。

本屋の寅さん
花田理絵子さん選

〒891-1104
鹿児島県鹿児島市油須木町888
TEL 099-298-2238
（レトロフト・ブックパサージュ内に居候中）

鹿児島で活動する、出張販売専門の本屋さん。カバンに本を詰め、寅さんのようにふらりと街にやってきます！く

『黒部の太陽』

木本正次

信濃毎日新聞社｜1992年｜369ページ｜定価：800円（税別）
ISBN：9784784092161｜装丁：菊地拓馬

勇気・信念・志
アツイ男たちの魂の記録

俗界を離れ大自然の中にアーチを描くダム、水煙をあげて放出される水に虹がかかる。見る者を圧倒する黒部ダムの雄大さは長野県で最も美しい景観のひとつだ。そしてそこを舞台に描かれた小説『黒部の太陽』は、長野県の書店として最も推したい一冊である。世紀の難工事と言われた通称「くろよん」。多くの犠牲と苦闘と葛藤に満ちた7年という歳月。それでもあきらめなかった男たちの、これは勇気の記録である。地元の贔屓《ひいき》目はもちろんある。が、それを差し引いても間違いなく、今、日本と日本人に勇気を与える、ウチの永久定番だ。

次の一冊
『高熱隧道《ずいどう》』吉村昭著／新潮文庫
「くろよん」が水なら「黒三《くろさん》」は熱、さらに壮絶なドラマがすでにあった。

平安堂長野店
西原理恵さん選

〒380-0825
長野県長野市南千歳1丁目1-1
ながの東急百貨店 別館シェルシェ2・3F
TEL 026-224-4545

長野といえば平安堂さん。信州ならではの本を集めたコーナーもあり。併設カフェでは年50回以上のイベントがあります。ほ

『孟夏《もうか》の太陽』

宮城谷昌光《みやぎたにまさみつ》

文春文庫｜1994年｜317ページ｜定価：543円（税別）
ISBN：9784167259051｜装丁：西のぼる

中国史って難しそう…と敬遠してると
あなたの読書人生、ソンしますよ!!

三国志で挫折した人（笑）or「いきなり長編は……」と思っている人に、うってつけの一冊！ これを読めば中国歴史小説（宮城谷ワールド）にハマること間違いなし!! 物語は春秋時代、大国「晋《しん》」の重臣、趙《ちょう》一族!! その時代の主を主人公に繰り広げられる連鎖短編集。短編と侮《あなど》るなかれ、主人公たちの生きざまに、きっと感銘をうけるはず！ 自分の生き方に迷ったときに読むとよいかも!! こんな生き方がしてみたい、と、感じさせてくれると思いますよ。自分の読書人生に中国歴史小説の感動を教えてくれた思い出の一冊です。つまらなかったら返金します！ とは言えませんが（笑）、それぐらいオススメです!!

次の一冊
『けむりの居場所』野坂昭如編／幻戯書房
文字どおり煙たがられる煙草も、著名な方々が語るとカッコいい！

サンブックス浜田山
木村晃さん選

〒168-0065
東京都杉並区浜田山3-30-5
TEL 03-3329-6156

世相に流されない棚づくりはまさに浜田山の良心。ちょくちょくオリジナルフェアもやっており、愉しい。わ

『どんまいっ！』

椰月《やづき》美智子

幻冬舎文庫｜2012年｜289ページ｜定価：600円（税別）
ISBN：9784344418554｜装丁：平川彰（幻冬舎デザイン室）

それでも人生は続くのだ!!

「最高！ 時よこのまま止まってくれ！」と思うほど嬉しいことや「最悪！ いっそこのまま消え入りたい！」と思うほどツラいことがあっても時は止まらないし、人はそう簡単に消え入ったりしない。その後も人生は淡々と続いて行く――。そんな当り前な人間の日々の営みを等身大に、まったく気取らず、ときに「筆が滑った！」てな感じでお行儀の悪いギャグ（かなり笑える。シモネタ率高し）をまじえて描く青春群像。なんてことない日常のなかにこそ素敵なものがあるということを、声高でなく教えてくれる椰月美智子さんの本は本当にイイ！ 一人でも多くの読者に届けたい！

次の一冊　『恋愛小説』椰月美智子著／講談社
ある恋愛の始まりから終わりまでを等身大に描いた激熱小説！

有隣堂アトレ恵比寿店
梅原潤一さん選

〒150-0022
東京都渋谷区恵比寿南1-5-5
アトレ恵比寿5F5080
TEL 03-5475-8384

営業に行くとおしゃれ大人女子が多くてドキドキします。梅原さんがPOPを書いた本は、どれも読みたくなります。は

『古代エジプトうんちく図鑑』

芝崎みゆき

バジリコ｜2004年｜303ページ｜定価：1600円（税別）
ISBN：9784901784429｜装丁：早川いくを

一般女性がここまで書いた!!
今なお重版を続けるエジプト本!!

エジプト文明の基礎知識を隅々まで網羅し、一方でヘタウマ感覚のイラストがスパイスとなり、大部ながら飽きずに最後まで読み通せてしまう、おもしろエジプト本。重版が今なお続いているという事実は、「誰が書いたか」という権威に惑わされない柔軟な思考や好奇心を所持した読者が、「何が書かれているか」を純粋に判断し、本書の稀有《けう》な面白さを正しく評価した結果にほかならない。2004年の発刊時にほとんど無名だった芝崎みゆきさんが、ある日独りで営業のためご来店くださった際、ダメもとでPOP作成をお願いしたところ、コンマ2秒で快諾くださったというエピソードが思い出深い。秋の夜長におすすめ。

次の一冊

『古代ギリシアがんちく図鑑』芝崎みゆき（画・文）／バジリコ
こちらもおすすめ、芝崎流「ギリシャ本」。あの重厚なギリシャ神話がコミカルな構成で、これまた読みやすい！

よむよむ草加谷塚駅前店
遠藤慎子さん選

〒340-0022
埼玉県草加市瀬崎町77-1
谷塚コリーナライオンズタワー2F
TEL 048-928-1207

東武スカイツリーライン・谷塚駅から徒歩1分、240坪の文具・雑貨併設書店。ライトノベル、コミックが特に充実。わ

『インパラの朝
――ユーラシア・アフリカ大陸684日』

中村安希

集英社｜2009年｜283ページ｜定価：1500円（税別）
ISBN：9784087814347｜装丁：鈴木成一デザイン室

**壮絶な旅であるはずなのに
この晴れやかな気持ちは何？**

旅のバイブル的存在の本は各々ある。少なくともぼくの時代はそうであり、旅人同士よく本の話しをしたものだ。旅に出ると人の芯が現れて普段の生活では気づかない自分に出会える。『インパラの朝』は684日に及ぶアジア、アフリカ、ヨーロッパの旅の記録である。中村安希は現地に深入りせず、自我を出さず、ゆるがない立ち位置から見事な観察眼で旅を描いている。そこから著者の大きな魅力が湧いてくる。群からはぐれたのか一頭のインパラが出てくる。その一頭の先に旅の無限の可能性を感じる。妻とは旅で出会った。今、彼女は本をつくり、ぼくは売っている。

次の一冊　『旅をする木』星野道夫著／文春文庫
今、この瞬間も旅先で見た風景は確実に継続して起こっている。

**西日本書店OAP店
柾《まさ》木《き》摂さん選**

〒530-6002
大阪府大阪市北区天満橋1-8-30
OAPタワー2F
TEL 06-6355-3355

緑あふれる公園、ゆったり流れる川、隣りには高級ホテル。ラグジュアリーな空間にたたずむ老舗書店。

2017年11月に閉店。

『九月の朝顔』

畑尾和美

ブックロア｜2011年｜177ページ｜定価：2200円（税別）
ISBN：9784990366735｜装丁：中島恵雄

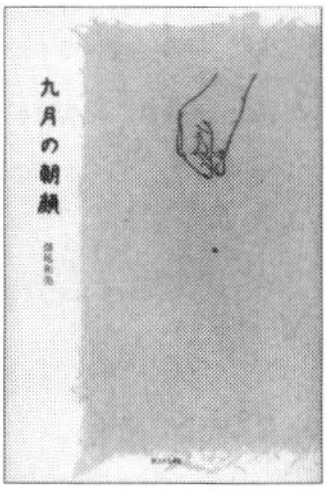

何でもないことが愛おしい。

蒸し暑い夜、畳に射す光や揺れる布を見て、家が呼吸をしているのを感じる詩「呼吸」は、子どもの頃、縁側に近い部屋で畳に頬を当て、寝るとも寝ないともしていたときの気持ちを蘇らせた。畑尾和美さんが朗読会で読んだ詩と刺繍作品をまとめた『九月の朝顔』は、日々の暮らしのなかから両手でそっと掬《すく》いあげたやさしい声が聞こえてくる一冊。母のこと、家族のこと、煮干しの気持ちなど、思わず笑ったり、ときに声を詰まらせながら読みました。いろいろなことを想い、そして思い出して、やさしい気持ちになれる本です。

次の一冊　『珈琲とエクレアと詩人――スケッチ・北村太郎』橋口幸子著／港の人
亡き詩人の晩年を描いたせつなく心あたたまるエッセイ。

長谷川書店水無瀬駅前店
長谷川稔さん選

〒618-0014
大阪府三島郡島本町水無瀬1丁目708
TEL 075-961-1560

街の本屋とセレクトショップ、二面性をあわせもつ稀有なお店。こんな本屋さんはなかなかないです！ く

『秘曲　笑《しょう》傲《ごう》江《こう》湖《こ》（一）――殺戮《さつりく》の序曲』

金庸《きんよう》（著）、岡崎由美（監修）、小島瑞紀（訳）

徳間文庫｜2007年｜453ページ｜定価：800円（税別）
ISBN：9784198926113｜装丁：鈴木正道

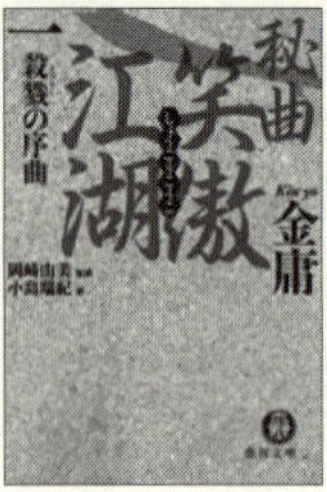

「武侠小説」って？

ジャッキー・チェンの初期カンフー映画を思い出してもらえれば、だいたい想像ができると思います。三国志や水滸伝の伝統を引きつつ、さらにエンターテイメントとして進化した小説です。男装の美少女に、命懸けの友情、武術秘伝書に陰謀、武芸の腕くらべ。中国人ならではの正義のありようが織り込まれています。日本でいえば、隆慶一郎《りゅうけいいちろう》や茅田砂胡《かやたすなこ》といった作家でしょうか。“血湧き肉踊る”を堪能できます。時代小説が日本のこころを表しているように、武侠《ぶきょう》小説には中国のこころが表されています。まずこの一冊から、中国のこころ、「金庸」を体感してください。（全7巻）

次の一冊　『宇宙の戦士』ロバート・A・ハイライン（著）、矢野徹（訳）／ハヤカワ文庫
ガンダムの元ネタのひとつ！　アメリカのこころを表しています！

有隣堂戸塚モディ店
安田信之さん選

〒244-0003
神奈川県横浜市戸塚区戸塚町10
戸塚モディ4F
TEL 045-881-2661

売場の雰囲気がよくいつも楽しい。過去、NOAHフェアでGHCヘビー級ベルトが売場に展示されたときがあり、驚いた。わ

『17歳のための世界と日本の見方
——セイゴオ先生の人間文化講義』

松岡正剛

春秋社｜2006年｜372ページ｜定価：1700円（税別）
ISBN：9784393332658｜装丁：美柑和俊（MIKAN-DESIGN）

知の連鎖。湧き出す
好奇心の泉。源泉ここにあり！♨

松丸本舗を見たときに、「あ～、正剛さんの脳みそってこうなってるんだぁ」と感心した。本書では宗教、哲学、科学、文学、幅広い切り口で、世界と日本の文化について語られている。ホメロスの『イーリアス』『オデュッセイア』とジョージ・ルーカスの「スターウォーズ」を比較し、同じ構造であることを示したりして、本当にわかりやすい。本書のテーマを紡《つむ》ぐ素材について、より深く知りたいという気持ちが心の底から湧きあがってくる。好奇心旺盛だった17歳に戻ってやり直したい（笑）気持ちで、本書を手にした。私のような“大人”の処方薬としておすすめする。

次の一冊　『超訳 古事記』鎌田東二著／ミシマ社
日本を知る最良の書物が『古事記』。それを超訳してしまった本。

ブックマンズアカデミー高崎店
山縣《やまがた》将樹さん選

〒370-0069
群馬県高崎市飯塚町1150-5
ウニクス高崎2F
TEL 027-370-6166

専門書も取りそろえ、アカデミックでありながら、階下にあるスーパーの買い物袋を手にしたお母さんにも愛されるお店。わ

ミシマ

Date
Sep. 17

No. **260**

『驚きの介護民俗学』

六車《むぐるま》由実

医学書院｜2012年｜233ページ｜定価：2000円（税別）
ISBN：9784260015493｜装丁：松田行正＋日向麻梨子

介護に関わるすべての人へ
介護に関心のないすべての人へ

「医学書院」の介護の本……、おそらく介護に関わったことのない方には、まず出会うことのない本でしょう。大型書店の、介護専門職の方向けの棚にしか並ばないと思います。だからあえて紹介したいのです。民俗学者である著者が、介護施設で働きながら聞き書きをした、多種多様なお年寄りたちの人生にまずは驚かされます。まさに『忘れられた日本人』たちの豊かな「語り」の世界です。そして、著者がさまざまなお年寄りと出会い、語りを「聞く」ことによって関係を深めていく過程は、感動的でさえあります。それにしても不思議なタイトルですね。「介護民俗学」とは？

次の一冊　『ケアの社会学――当事者主権の福祉社会へ』上野千鶴子著／太田出版
あえて、社会学的思考の入門書としておすすめしたい。この明解さ、やはりすごい……。

くまざわ書店八王子店
中島恭一さん選

〒192-0083
東京都八王子市旭町2-11
TEL 042-625-1201

全国に約200店を擁するくまざわ書店グループ発祥のお店。ハリーポッターを解禁日の早朝5時から販売し話題に。わ

Date Sep. 18

No. **261**

『ゾウの時間ネズミの時間
——サイズの生物学』

本川《もとかわ》達雄

中公新書｜1992年｜240ページ｜定価:680円(税別)

ISBN:9784121010872｜装丁:白井晟一

いきものってこんなに面白いものだったのか!

高校時代に読んで進路を決めるきっかけとなったこの一冊。理系にすすんだのはいいのですが、めぐりめぐって結局文系の書店員に……。運命を少し変えた(?)新書をご紹介します。目からウロコの生物学入門書。生物学だけにとどまらないさまざまな理論は、読んだあなたの運命ももしかして変えてしまうかも。

次の一冊　『金の空想科学読本』柳田理科雄著／メディアファクトリー
選びぬかれた空想科学検証本!!

明文堂書店富山新庄経堂店
大塚英敏さん選

〒930-0951
富山県富山市経堂123-4
TEL 076-494-3530

富山における専門書も充実した郊外型の先駆。特筆すべきはスタッフさんのホスピタリティ。皆さんあたたかくて感激。わ

『フェルマーの最終定理』

サイモン・シン(著)、青木薫(訳)

新潮文庫|2006年|495ページ|定価:790円(税別)
ISBN:9784102159712|装丁:新潮社装幀室

文系の人にこそ読んでほしい、数学者たちの苦闘を描いた大河ドラマ!

それは、17世紀、フェルマーが本の余白に記した一言から始まりました。このコメントをめぐっての3世紀にも及ぶ数学者たちの苦闘は、まさに大河ドラマを想起させます。そして、20世紀末、ついにワイルズが問題を証明したかに見えました。しかし、ミスが見つかり、彼もまた解決に苦闘するのです。こうした数学者たちのさまざまな挫折や苦しみを乗り越え、ある日、ワイルズの脳裏に、エレガントな解決への方法論が閃《ひらめ》いた瞬間には深い感動を覚えます。数学が苦手な人、文系の人に読んでほしい、知的興奮が得られるドキュメンタリーです。

次の一冊
『完全なる証明——100万ドルを拒否した天才数学者』マーシャ・ガッセン(著)、青木薫(訳)/文春文庫
数学の大難問「ポアンカレ予想」を解いた天才数学者の生きざま!

紀伊國屋書店弘前店
萩原正之さん選

〒036-8182
青森県弘前市土手町126
TEL 0172-36-4511

学都・弘前の地域文化を支えるお店。余談ですがお店から徒歩十数分の弘前城、2011年に築城400年を迎えたそう。わ

『数学は世界を解明できるか ――カオスと予定調和』

丹羽敏雄

中公新書｜1999年｜182ページ｜定価：660円（税別）
ISBN：9784121014757｜装丁：白井晟一

数学が苦手な人にも
読んで欲しい。

数学は苦手なもののひとつだ。だが数学が苦手だと言っても信じてもらえない。こんな本を読んでいるからか。読んだのは数年前、読み始めたきっかけはよく憶えていない。「世界を解明」という言葉に惹かれたのか。若い頃はそんな野望を持っていたのかもしれない。若さゆえの何とかってやつだろう（たぶん）。読んで少し（控えめ）は数学的な発想をできるようになった（かな？）。そういえば「mathematics loves world」などと勝手に英語タイトルを書いたPOPをつけていたことがあったなぁ。これも若さゆえの何とかだな。

次の一冊　『科学的とはどういう意味か』森博嗣著／幻冬舎新書
数学的、そして科学的思考をしてみましょう。

ジュンク堂書店ロフト名古屋店
原田元樹さん選

〒460-0008
愛知県名古屋市中区栄3-18-1
ナディアパークB1F
TEL 052-249-5592

ロフトと併設するジュンク堂書店。本と雑貨がまとめて見れるので、一度入ったら帰りたくなくなります。

『〈アイデア〉の教科書
──電通式ぐるぐる思考』

山田壮《そ》夫《お》

朝日新聞出版｜2011年｜102ページ｜定価:900円(税別)
ISBN:9784023308824

「なんか〈アイデア〉はないの!?」

アイデアを「思いつき」と考えている人にこの本をおすすめします。電通社内で「師匠から弟子へと継承されて」きた〈アイデア〉をつくるための思考プロセスについてわかりやすく書かれた貴重なテキストです。たとえば「売上を上げたい!」という目標がロジカル・シンキングでは容易に達成できないということは誰もが経験していることでしょう。そこで必要になってくる「アイデア」の創造を「感じる」「散らかす」「磨く」「発見」の4段階に分け、著者はこれを「ぐるぐる思考」と名づけ、組織のイノベーションへとつながると説く。例が面白く、文章が楽しい。ビジネスマン必読です。

次の一冊　『アイデアのつくり方』ジェームス・W・ヤング(著)、今井茂雄(訳)、竹内均(解説)／阪急コミュニケーションズ
「アイデア」に関する本の古典的テキスト。竹内均の解説がすばらしい。

文教堂書店カレッタ汐留店
森静男さん選

〒105-7090
東京都港区東新橋1-8-2
カレッタ汐留B1F
TEL 03-5537-6661

電通本社ビルの地下にあるお店なので、広告関係の品ぞろえに特色があります。通路沿いの多面陳列棚は要チェック。わ

2017年12月に閉店。

Date
Sep. 22

No. **265**

『書いて生きていくプロ文章論』

上阪《うえさか》徹

ミシマ社｜2010年｜318ページ｜定価：1600円（税別）
ISBN：9784903908236｜装丁：寄藤文平

——て生きていく

と言えるだけの仕事をするって格好いい！

担当者としてはじめて大きく展開するという経験をさせてもらったのが本書でした。一冊一冊本を届ける楽しさを教えてもらったのもこの本です。小手先のテクニック等はいっさい書かれていない、いわば愚直な文章論です。大ヒットしたインタビュー集『プロ論』を手がけた著者のインタビューの極意もたっぷり書かれていて、これが本当に面白く、そしてためになります。今年4月から着任した渋谷店では、文芸書の分類になっていたので、いかにこの本が好きかを文芸書担当に訴え、分類を奪い取りました。出勤すると、「売れますように！」と顔（表紙）を確認するのが日課です。

次の一冊

『途上国の人々との話し方——国際協力メタファシリテーションの手法』
和田信明、中田豊一著／みずのわ出版
対話の難しさと、無限の可能性について教えてもらえます。

MARUZEN＆ジュンク堂書店渋谷店
關根《せきね》志芳子さん選

〒150-0043
東京都渋谷区道玄坂2-24-1
東急百貨店本店7階
TEL 03-5456-2111

渋谷とは思えぬ、静かな世界。
1100坪の広大なワンフロアで、
ペン1本から専門書までじっくり
選べる魅惑の空間。わ

『誘拐』

本田靖春

ちくま文庫｜2005年｜361ページ｜定価:800円(税別)
ISBN:9784480421548｜装丁:間村俊一

本物のジャーナリズムには
伝播する"熱"がある!!

ちくま文庫で復刊された本書のおどろおどろしい装丁を目にするにつけ、そのゴツゴツとした岩を想起させるような独特の筆致で描かれた昭和の風景を思い出す。1963年（昭和38年）に起きた「吉展ちゃん誘拐事件」を扱ったこのノンフィクションは、閉塞感が、どこか冷めた空気が漂う今の世の中にはない、圧倒的な熱を有する作品だ。著者である本田靖春の「強きを挫《くじ》き、弱きを助け、己の信じたことを貫く」というジャーナリズムの本質は、読み終えてからというもの、私の判断する際のものさしであり続けている。

次の一冊
『我、拗ね者として生涯を閉ず』本田靖春著／講談社文庫
本書内の「清く正しい貧乏たれ！」……なんと胸に響く言葉か。

さわや書店上盛岡店
松本大介さん選

〒020-0061
岩手県盛岡市北山1-9-30
上盛岡ショッピングプラザ内
TEL 019-652-2007

『思考の整理学』の火付け役として業界的に著名な松本さんだが「本人の思考はいまだに整理されていない」とのこと。わ

2017年3月に閉店。

『白檀《びやくだん》の刑（上）』

莫言《もおいえん》（著）、吉田富夫（訳）

中公文庫｜2010年｜417ページ｜定価：1095円（税別）
ISBN：9784122053663｜装丁：ミルキィ・イソベ

石井輝男をもってしても映像化は無理…
なんだけど処刑に至るまでのハナシもステキ！

中国でノーベル賞に最も近い作家といわれ続けて十数年、最近はこの枕詞《まくらことば》をほかの作家の帯に見かけて苦笑してしまったのですが、映画「紅いコーリャン」のコン・リーは知られていても、原作者の莫言は日本ではちょっとマイナーな位置づけのようです。しかし新刊が出れば当店でも二冊ぐらいは必ず売れてくれます。未読だった『白檀の刑』が文庫化されて狂喜乱舞、阿鼻《あび》叫喚《きようかん》、ホッピー片手に読み進めるとやっぱりステキに面白い。引退した老処刑人に課せられたのは歴史に残る一世一代の極刑。「ニャオニャオ」と猫の鳴き声の合いの手が入る田舎芝居仕立てでつづる筋立てから一気にクライマックスへ！！（全２巻）

次の一冊　『阿Q正伝・狂人日記 他十二篇』魯迅（著）、竹内好（訳）／岩波文庫
本書収録の「孔乙己」は、酒飲みにはこたえられません。紹興酒片手にぜひ。

あゆみBOOKS綱島店
前田隆之さん選

〒223-0052
神奈川県横浜市港北区綱島東1-5-17
クリエイト綱島1F・2F
TEL 045-546-8731

棚の一冊一冊まで手の入った感じがたまらない。温泉の出る街・綱島にあるのでお風呂セット持参！？　でぜひどうぞ。わ

2017年2月に閉店。

『世界音痴』

穂村弘

小学館｜2002年｜189ページ｜定価：1300円（税別）
ISBN：9784093873734｜装丁：岩瀬聡

同じニオイのする本との
出会いは一生モノです！

上司「結婚できない男の本なんか読んで、何が面白いんだよっ」。いや、私が愛読するワケは、飲み会で席を自由に移動できなくて、回転寿司でさえ注文ができない穂村さんのことを小動物のごとく見守れる母性あふれるアラサー女だからではないんです。「世界の『自由さ』の中に含まれた『自然な』ルールがわからない」。描写される日常の「やりきれなさ」や「疎外感」が他人事とは思えないから。世界とつながりたくてもつながれない哀愁とおかしみに共感し、自分に似た他者がいることに慰められるのです。
追記：上司様→穂村氏は何年も前に結婚できてるから！

次の一冊
『ねにもつタイプ』岸本佐知子著／筑摩書房
女性版『世界音痴』!? 日本全国の「音痴」さんに必ずフィットします。

豊川堂カルミア店
天野めぐ美さん選

〒440-0075
愛知県豊橋市花田町西宿無番地豊橋
ステーションビルカルミア4F
TEL 0532-55-2810

豊橋駅ビル内にあり、いつもフレッシュな本がしっかりならんでいます。これこそ、地道な努力のたまものですよね！く

『古道具　中野商店』

川上弘美

新潮社｜2005年｜277ページ｜定価:1400円(税別)
ISBN:9784104412044｜装丁:新潮社装幀室

ダメ男に惚れやがれ!

中野商店は中央線沿線にある古道具屋だ。店主の中野さんはちょっとおネエなおじさんで、「だからさあ、」と言って話を切り出す癖があるのだが、誰もその「だからさあ、」が何に掛けて言っているのかわからない。典型的なダメ男でだらしないが、なぜか周囲に人が集まってくる愛されキャラの中野さん。中野さんのお姉さんやアルバイトで働いている若者たちなど、人と人との距離が近くてとても濃い話。なんとなく古きよき昭和の匂いが漂う物語に、懐かしさを感じ、穏やかな気持ちになれる。涼しくなってきた初秋の夕方に読んでほしい一冊だ。

次の一冊
『喋々喃々《ちょうちょうなんなん》』小川糸著／ポプラ社
寺町に生きる人々の日常を垣間見てみてください。

TSUTAYA枚方駅前本店
鈴木正太郎さん㊈

〒573-0032
大阪府枚方市岡東町18-20
枚方中央ビル 1F/2F
TEL 072-844-9000

TSUTAYAはここからはじまった! 開店30年のチェーン第1号店。つねにテンションの高さが伝わってきます。

2016年5月、枚方蔦屋書店としてリニューアルオープン。

Date
Sep. 27

No. 270

『放送禁止歌』

森達也

知恵の森文庫｜2003年｜256ページ｜定価：648円（税別）
ISBN：9784334782252｜装丁：多田和博

歌を規制するのは誰？

この作品が2000年に解放出版社から出版されたとき、私は放送局の中の本屋で働いていました。岡林信康の「手紙」やフォーククルセダーズの「イムジン河」など大好きな曲が扱われている内容に魅せられ、店の一番よい場所にいつも平積みしていました。場所がら面白いように売れて、書店員として至福のときを過ごさせてもらった大切な本です。放送禁止歌は単なるガイドラインでしかなく、メディア側の自主規制であったという事実。最終章では部落差別という避けては通れない問題にも触れています。久しぶりに文庫で積んでみよう。まだ書店員でいられる喜びをかみしめながら。

次の一冊　『放送禁止歌手 山平和彦の生涯』和久井光司著／河出書房新社
この本も最高の音楽本です。

Book Cumu朝日新聞本社店
渡辺剛鉄さん選

〒104-0045
東京都中央区築地5-3-2
朝日新聞本社内コンコース2F
TEL 03-3543-2428

朝日新聞社2階にあり、お膝元だけに朝日新聞出版の本が充実（なぜかミシマ社本も充実）。誰でも利用できる本屋さん。わ

『憂鬱と官能を教えた学校（上）
——【バークリー・メソッド】によって俯瞰される 20世紀商業音楽史（調律、調性および旋律・和声）』

菊地成孔《なるよし》、大谷能生《よしお》

河出文庫｜2010年｜373ページ｜定価：950円（税別）
ISBN：9784309410166｜装丁：中島浩

まるで"副作用"のカタマリ。
本って、危ないものなんですよ。

さしあたりは、音楽理論と歴史の話です。ところが、読み進めるうちに本筋を脱線し、文学や世界史、組織論や精神分析、言語学やブラジリアン柔術までをも巻き込んで加速する饒舌《じょうぜつ》に翻弄《ほんろう》され、一方では音楽理論のパズルを解きほぐしていく知的快感にしびれながら、即興演奏さながらの展開のスリルに飲みこまれていくのです。これは教科書？ 実用書？ 思想書？ フィクション？ それとも漫談？ まるで効き目のわからない薬を飲みこんで予期せぬ副作用に悶絶《もんぜつ》するような、戸惑いと興奮に引き裂かれるような体験。読書の醍醐味って、この危なっかしさだと思うのです。（全2巻）

次の一冊 『「三十歳までなんか生きるな」と思っていた』保坂和志著／草思社
行ったり来たりの思考のうねりに、静かな興奮が潜んでいます。

紀伊國屋書店新宿本店
矢田諭さん選

〒163-8636
東京都新宿区新宿3-17-7
TEL 03-3354-0131

昔から新宿にある、まさに老舗・紀伊國屋書店の代表店。改装後、文芸書が2階で広く展開されています。は

『輝く断片』

シオドア・スタージョン（著）、大森望（編）、大森望、伊藤典夫、柳下毅一郎（訳）

河出書房新社｜2005年｜377ページ｜定価：1900円（税別）
ISBN：9784309621869｜装丁：阿部聡

その発想力がすごい！

短編集の中の一作「マエストロを殺せ」。たとえば、ビル・ワイマンの抜けたストーンズ。ミックの唄、キースのギター＝ストーンズ。ビルなんかいなくとも成り立つはずなのに、どこかストーンズ感に欠ける感じ。バンドの音をそのバンドだけの音たらしめているものは、意外なところに潜んでいるのかもしれない。推理小説の体をとってはいるが、音楽の中に潜む人格を殺すというこの発想力。音楽小説といいながら、単に人間関係だけ描く小説とは次元が違います。ジャズ・スラング満載と思われる原文も読んでみたくなります。

次の一冊　『ドラゴンは踊れない』アール・ラヴレイス（著）、中村和恵（訳）／みすず書房
ブラックミュージック、とりわけレベルミュージックを愛する人へ。

有隣堂伊勢佐木町本店
高岸秀さん選

〒231-8623
神奈川県横浜市中区伊勢佐木町1-4-1
TEL 045-261-1231

高岸さんが子どもの頃にイメージしていた「本屋さん」がこちらのお店。それはどこかおそれ多い秘密の場所だったそう。わ

『グレイトフル・デッドにマーケティングを学ぶ』

デイヴィッド・ミーアマン・スコット、ブライアン・ハリガン（著）、渡辺由佳里（訳）、糸井重里（監修・解説）

日経BP社｜2011年｜274ページ｜定価：1700円（税別）
ISBN：9784822248529
装丁：祖父江慎＋鯉沼恵一＋小川あずさ（cozfish）

『多分、本人達は無自覚……』

ビジネス書とは思えない装丁にデザイン、おまけにいいお値段……しかも題材がグレイトフル・デッドって！（60年代のハードロックのバンドですよ！）。つくり手の熱を感じつつも大丈夫か？ という心配をよそにヒットしてしまいましたこの本。彼らのビッグになっていく過程を現在の無料コンテンツビジネスに重ね合わせて、その「戦略」を解読していくわけですが、本人たちはヒッピーなだけでマーケティング戦略なんて考えてなかったですよとツッコミを入れること請け合い。バンドの熱狂的なファンである著者の贔屓《ひいき》の引き倒しも何とも魅力的な一冊となっています。

次の一冊　『ハシエンダ――マンチェスター・ムーヴメントの裏側』ピーター・フック（著）、伊藤英嗣（監訳）、中谷ななみ（訳）／イースト・プレス
こちらは音楽ビジネス失敗の実例です。

三省堂書店神保町本店
篠崎凡さん選

〒101-0051
東京都千代田区神田神保町1-1
TEL 03-3233-3312

世界一の本の街、神保町のランドマーク。余談ですが、篠崎さんと私の座右の書は色川武大著『うらおもて人生録』で一致。わ

10月

秋の夜長にアート系

October

Date
Oct. 1
日本酒の日

No. **274**

『センセイの鞄』

川上弘美

文春文庫｜2004年｜288ページ｜定価:533円(税別)
ISBN:9784167631031｜装丁:吉富貴子

川上弘美は
読者の覚悟を試している。

発売前に読み、コレだ！ と、がつんときた。元来のおっさん好き数値がさらに上昇したという、個人的趣味にもあてはまりすぎな一冊。そしてこういう人を発見できず、わが人生いまだに(以下略)。センセイとツキコさんの充分すぎるほどの大人ゆえの大人げなさが愛しい。川上弘美の言い得て妙に日本語の豊かさをあらためて実感させられる。ベストセラーは無数にあれども長く読み継がれて行く作品を心の糧《かて》にしたい。何事も端《たん》的《てき》で手早くストレートな今って、どこかツマラナイと感じている人におすすめ。しかし、センセイのような人がいる居酒屋を教えてほしいものだ！

次の一冊
『風味絶佳』山田詠美著／文春文庫
ぶっ飛んだ恋愛も人間の妙味。詠美流はいつも新鮮でラブリーだ！

教文館
吉江美香さん 選

〒104-0061
東京都中央区銀座4-5-1
TEL 03-3561-8447

こんな本屋さんが銀座にあるなんて、奇跡！ アットホームで落ち着く、選書に間違いのない玄人好みのお店です。 は

『燃えるスカートの少女』

エイミー・ベンダー（著）、管《すが》啓次郎（訳）

角川文庫｜2007年｜271ページ｜定価：552円（税別）
ISBN：9784042968016｜装丁：大路浩実

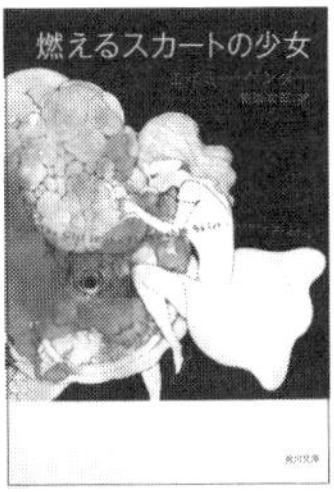

ひとりぼっちのあなたへ。

この本との出会いは決まっていたように思います。旅先で見かけ気になったものの買わずに数日後、友人から「おすすめよ」と紹介される。運命を感じ、ときめきでショート寸前。早速、買う、読む。……これは大好きだ！ エイミーは語ります。非日常や少し残酷なお話をとても可愛らしく甘く淡々と、だけど遊び心は忘れずに。出てくる女の子たちはみんな悩ましげな顔をしていて、見た目は中の上。実年齢より若く見えるだろう。そして性に少々ふしだらだ。砂糖に少しの毒を盛る。そんな中毒性のある本だと思います。

次の一冊　『薬指の標本』小川洋子著／新潮文庫
匂いたつようなあやしい雰囲気にうっとりします。

**ヴィレッジヴァンガード
ビックカメラ店
福永ひとみさん選**

〒453-0015
愛知県名古屋市中村区椿町6-9ビックカメラ6F
TEL 052-459-0280

名古屋駅からすぐ近くのヴィレッジヴァンガード。「遊べる本屋」のコンセプトは伊達ではありません！

『青春を山に賭けて［新装版］』

植村直己

文春文庫｜2008年｜297ページ｜定価：552円（税別）
ISBN：9784167178062｜装丁：石崎健太郎

これぞ不屈の精神!!あまりの前向きさに、あんぐり、にんまり。

はじめて読んだのは中学生のとき。以来、ずっと勇気を与え続けてくれています。挫《くじ》けそうなとき、にっちもさっちもいかなくなったとき、この本はぐっ、と背中を押してくれるのです。がむしゃらにいってみようよ、と。冒険本番はもちろん、その準備段階でのひた向きさに注目！ 30年以上も前に出された本ですが、愛読者を社内で二人発見しました。年も生まれ育った環境も違うのに、同じ一冊の本に感銘を受けている。なんだか、ヒマラヤの秘境で知己に会ったかのような心地がして（？）、盛り上がった勢いのまま「山岳小説フェア」を開催してしまったのはよい思い出です。

次の一冊　『栄光の岩壁』新田次郎著／新潮文庫
ハンディなんてなんのその。自分も負けるもんかと思えてきます。

紀伊國屋書店笹塚店
吉野裕司さん（選）

〒151-0073
東京都渋谷区笹塚1-48-14
笹塚ショッピングモール1F
TEL 03-3485-0131

お昼時に営業に行く際は、同じモールの2階にある洋食屋「ロビン」でランチを食べます。昭和な雰囲気がたまらない。（わ）

『演劇入門』

平田オリザ

講談社現代新書｜1998年｜206ページ｜定価：700円（税別）
ISBN：9784061494220｜装丁：中島英樹

戯曲を読むことは、こんなにも面白い！

劇作家、演出家の平田オリザ氏によるハウツー本です。著者自らがあえてハウツー本と語る通り、この本を読むと、戯曲の書き方、演劇の創り方が身近なものに思えてくるのです。小説の書き方・読み方やコミックのそれは山ほど出ているのに、演劇（特に戯曲）に関するものはなんと少ないことか！ 私がこの本と出会ってから14年近く経ちますが、あらためてこの本の価値に気づかされました。コミュニケーションを考えるきっかけとしてもきわめて示唆に富んだ本ですが、本書を手がかりにして、一人でも多くの方に、戯曲を読む楽しさを味わってもらいたいと思います。

次の一冊　『マキノノゾミ（1）――東京原子核クラブ』マキノノゾミ著／ハヤカワ演劇文庫
ノーベル賞受賞の朝永博士をモデルにした傑作。読売文学賞受賞。

ブックファースト渋谷文化村通り店
松田忠彦さん選

〒150-0042
東京都渋谷区宇田川町23-3
渋谷第一勧銀共同ビルB1～2F
TEL 03-5459-3531

新刊話題書の陳列、ランキング棚、各売場の棚、全部見て回れば今を先取る何かが見えてくる。このお店、鮮度がいい。わ

ミシマ

2017年6月に閉店。

『重力ピエロ』

伊坂幸太郎

新潮社｜2003年｜337ページ｜定価：1500円（税別）
ISBN：9784104596010｜装丁：新潮社装幀室

私が読んだ本の中で
最高の小説です。

ロジックが面白く、ミステリーとして最高の作品ながら、家族の絆《きずな》が静かな筆致で描かれていて、家族小説としても楽しめる小説です。この本を読み終えたとき、ずっと読みたかったものが読めた、そんな不思議な気分になりました。それ以来、おすすめを聞かれたときはこの本をすすめています。これを読まずして伊坂作品は語れない！ ぜひいろんな人に読んでほしい一冊です。

次の一冊
『永遠の0《ゼロ》』百田尚樹著／講談社文庫
小説の登場人物にここまで熱い思いを抱いたのははじめてです。

オリオン書房サザン店
澤村綾乃さん選

〒190-0023
東京都立川市柴崎町3-2-1 サザン2F
TEL 042-525-3111

オリオン書房の中でも選りすぐりの本をそろえているコンパクトな店舗。店長の白川さんは子煩悩です。わ

Date
Oct. 8

No.
281

『アクロイド殺し』

アガサ・クリスティー（著）、羽田詩津子（訳）

ハヤカワ文庫｜2003年｜445ページ｜定価：820円（税別）
ISBN：9784151300035｜装丁：ハヤカワ・デザイン

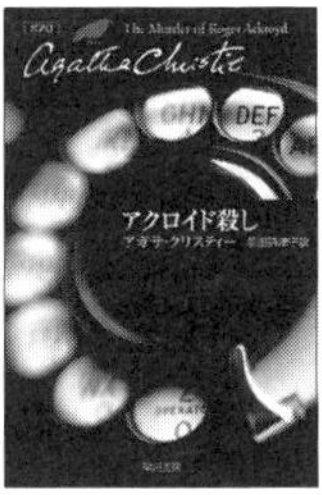

これからこの作品を読む方は，
この上なく幸せな読書体験ができます！

ABC殺人事件など、ホームズと並ぶ名探偵ポアロの鮮やかな推理が光る名作ぞろいのシリーズです。富豪のアクロイド氏殺害にまつわるトリックの解明が爽快な作品ですが、単に名作という評価に留《とど》まりません。発表当時その内容から大きな賛否両論を巻き起こしながら、それでもなお推理小説史上に名を残す傑作として異彩を放っているからです。この作品を手にする方は、その評価の理由をたっぷり味わって、この上ない幸せな読書体験をすることになるはず！　店頭でも必ずオススメしますが、素晴らしさを伝えきれず、もどかしいばかり！

次の一冊　『腑抜けども、悲しみの愛を見せろ』本谷有希子著／講談社
若手劇団主催者の著者の作品は、カタストロフがすさまじい！

羽田書店
安武祥吾さん選

〒144-0043
東京都大田区羽田4-5-1
TEL 03-3741-1817

18坪のお店の半分がカフェで、名物は「羽田プリン」。プリンと読書のマリアージュ。至福のひとときをぜひ。わ

現在はブックカフェ羽月として営業中。

『闇の喇叭《らつぱ》』

有栖川有栖《ありすがわありす》

講談社｜2011年｜317ページ｜定価:1600円(税別)

ISBN:9784062172097｜装丁:鈴木久美

本格派少女探偵誕生

著者は本格ミステリの旗手として、すでにおなじみの有栖川氏。火村英生、江神二郎など魅力的な名探偵を生み出した著者が新たに世に送り出したのが、少女探偵ソラこと空閑《そらすみ》 純《じゅん》です。本格ミステリとしても十分楽しめる作品ですが、青春ストーリーとしてもぜひおすすめします。ただし爽快さはありません。むしろせつなくて、ほの暗い感じです。そんななか、ソラの毅然《きぜん》とした姿に心うたれます。この一風変わった、少女の物語を皆さんもご覧になってみてください。

次の一冊　『真夜中の探偵』有栖川有栖著／講談社
「少女探偵ソラ」シリーズ第2弾！ こちらもお楽しみください。

うつのみや柿木畠本店
端真里子さん選

〒920-0962
石川県金沢市広坂1-1-30
TEL 076-234-8111

金沢の三文豪（徳田秋聲《しゅうせい》、泉鏡花《きょうか》、室生犀星《むろうさいせい》）も通った明治12年創業の老舗。金沢21世紀美術館が近所で愉しい。わ

2016年4月、香林坊地区へ移転し、現在はうつのみや金沢香林坊店として営業中。

『風紋（上）』

乃南《のなみ》アサ

双葉文庫｜1996年｜542ページ｜定価：857円（税別）
ISBN：9784575505795｜装丁：柿木栄

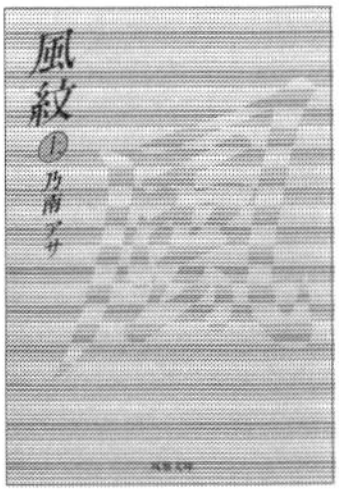

心に癒しがたい傷を負った人々に
幸せになってほしいと願っています

子どもの頃から推理小説一辺倒！！ ポー、クィーン、クロフツ、横溝、森村から、現在の作家さん硬軟とりまぜて読みました！！ 乃南さんのものも最初は女性刑事シリーズから、そして交番のおまわりさん……そして、この『風紋』に出会いました。厳密には犯人さがしものではありません。犯罪が起こること、そしてその後の人々の人生をいかに狂わせてしまうのか。そこには「爆風」とも言えるものが……人が生きて行く上で何が必要なのかを教えてくれたそんな一冊でした。（全２巻）

次の一冊
『晩鐘』乃南アサ著／双葉文庫
上記の『風紋』の続編。涙なくして読めません。

大垣書店本店
内藤良枝さん選

〒603-8143
京都府京都市北区小山上総町14
TEL 075-414-0770

老舗チェーン、大垣書店発祥の地！ いつも笑顔の内藤さんは、地元出版社にとってお姉さんのような存在。く

『新世界より（上）』

貴志祐介

講談社｜2008年｜498ページ｜定価：1900円（税別）
ISBN：9784062143233｜装丁：鈴木正道（Suzuki Design）

お墓に持って入りたいくらい面白い一冊!!

構想30年、鬼才・貴志祐介をもって、これ以上の作品は書けない、と言わしめた傑作。舞台は1000年後の日本。何も知らない子どもたちが、真実を知るとき、世界は一変し……。自らの想像力で、どこまでも深みにはまってゆける底なし沼のような作品。この本に出会えた感動を、一人でも多くの方に味わっていただきたいです。（全2巻）

次の一冊　『クリムゾンの迷宮』貴志祐介著／角川ホラー文庫
この本で、貴志祐介ファンになりました！

紀伊國屋書店堺北花田店
中上未紀さん 選

〒591-8008
大阪府堺市北区東浅香山町4-1-12-136
イオンモール堺北花田4F
TEL 072-246-5566

はじめて行ったとき、見渡すかぎりの本の山にびっくりしました！ 南大阪随一30万冊の在庫はさすがです。

『銀河英雄伝説(1)──黎明篇』

田中芳樹

創元SF文庫|2007年|376ページ|定価:800円(税別)
ISBN:9784488725013
装丁:岩郷重力+WONDER WORKZ。

これを読まずして

田中芳樹を語るなかれ!

人にすすめられてアニメからこの作品にふれましたが、小説を読むとこの世界観のすごさ・深さがよくわかります。何度も読み返して楽しめる大長編スペースオペラです。(全10巻)

次の一冊 『楊家将』北方謙三著/PHP研究所
最後まで己の信念を貫き通した姿は圧巻。

清風堂書店
服部幸令さん選

〒530-0057
大阪府大阪市北区曽根崎2-11-16
梅田セントラルビル
TEL 06-6312-3080

おそらく梅田で一番個性的な本屋さん。二大看板は教育書とコミック。年配の男性読者に人気のお店。

Date
Oct. 13

No. **286**

Page
306

『ビジュアルディクショナリー
——英和大事典』

DK&日東書院本社編集部(編)

日東書院本社|2012年|831ページ
定価:5500円(税別)|ISBN:9784528010031
装丁:出渕諭史(Cycle Design)

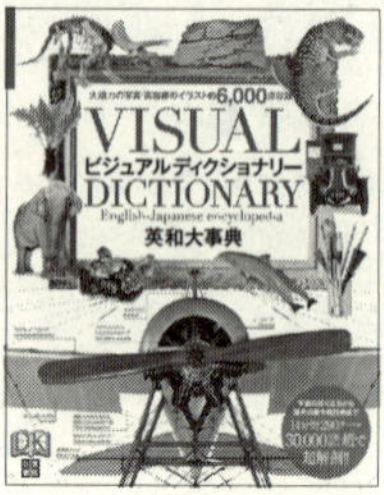

子供が見てるのを ついつい横取りしたくなる!!

一冊で手軽に楽しめる図鑑として、大変よくできている。宇宙の成立から森羅万象、現代の最先端技術に至るまで、14の分野から290のテーマを各々見開き2ページで掲載。細かい部位まで表現されたイラストをふつうに眺めるだけでも満足なのに、それが英和になっているというのがまた面白い。お客さんのウケも非常によく、特にお子さんがこの本を見つけるとすごくほしがる。人体や生物の解剖画がリアルでグロテスクなのだが、子どもは意外とこういうものに心惹かれるものだ。本書はプレゼントにも好適。親子で一緒にページをめくれば、きっと会話も弾むし、いい勉強にもなるだろう。

次の一冊
『異性』角田光代、穂村弘著/河出書房新社
男女の心理、感覚の違い、その間にあるものは何なのか? 考えさせられる。

今野書店
今野英治さん選

〒167-0042
東京都杉並区西荻北3-1-8
TEL 03-3395-4191

西荻窪駅北口徒歩1分。伏見通り商店街左手すぐ。ワンフロアにオールジャンル、綺麗な店内が快適な街の本屋さん。わ

『女流阿房《あほう》列車』

酒井順子

新潮文庫｜2012年｜276ページ｜定価：490円（税別）
ISBN：9784101351209｜装丁：新潮社装幀室

東京の地下鉄を 1日で
全線完乗してみたい奴でてこいやー

僕はやりたくないです（笑）。でも先日、仕事で大阪へ行く機会があり、1日フリーの時間を使い、たくさんの書店を見て回る予定を立てたのですが、いつのまにか、「いかにして多くの電車（路線）に乗り、書店を見てまわることができるか」というルールができ、ついにはこの電車（路線）に乗りたいがためにあっちの書店まで行くという……本当に疲れました。帰りの新幹線では爆睡。そこまでしてしまう鉄道の魅力とは？ そんな問いかけに答えてくれる一冊です。

次の一冊
『ワケあり盲腸線探訪――全国行き止まり路線ガイド』大野雅人著／枻出版社
妄想する力は大事です。

書泉グランデ
廣瀬祐理さん選

〒101-0051
東京都千代田区神田神保町1-3-2
TEL 03-3295-0011

鉄道・ミリタリー・車・アイドルからボードゲームや格闘技まで、熱い品ぞろえとその深い造詣にトキメキを禁じえない。わ

Date
Oct. 15
きのこの日

No. **288**

『マジカル・ミステリアス・マッシュルーム・ツアー』

飯沢耕太郎

東京キララ社｜2010年｜157ページ
定価：1600円（税別）｜ISBN：9784309908793
装丁：塚田佳奈＋石田百合絵（ME&MIRACO）

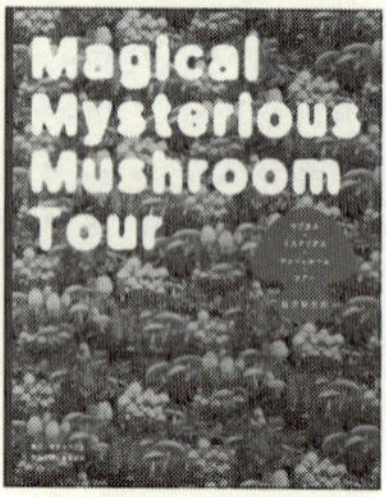

治療法はありません。

今、禁断症状が出ています。「きのこ」断ちをして数カ月経つのです。本書との出会いにより、「きのこ病」が発症してしまいました。仕事をしているとき、街を歩いているとき、いつも「きのこ」を探してしまうのです。そして、見つけたときの何とも言えない幸福感ったら……。こうして書いているうちに、また「きのこ」のことを考え始めています。本当にマジカルです。やっぱり「きのこ」断ちはやめて、明日から「きのこ狩り」へ出かけようかと思います。ご一緒にいかがですか？

次の一冊　『キノコの教え』小川眞著／岩波新書
真面目に「キノコ」について考えます。

廣文館広島駅ビル店
桑原太加彦さん選

〒732-0822
広島県広島市南区松原町2-37
広島ステーションビルASSE5F
TEL 082-506-1002

広島駅についたら、まずは駅直結のこちらに行きましょう！　文具、雑貨もそろっているのが嬉しいです。く

ミシマ

『それからはスープのことばかり考えて暮らした』

吉田篤弘

中公文庫｜2009年｜287ページ｜定価:629円(税別)
ISBN:9784122051980
装丁:吉田浩美＋吉田篤弘(クラフト・エヴィング商會)

あー お腹がすいたな。
サンドイッチが食べたい。
できればスープも・・・・

吉田さんの本はいくつか読みましたが、どれもほのぼのとしていて、物語の柔らかい空気が伝わり、幸せで、人の温《ぬく》もりを感じられます。「作品の中の町があったらいいな。素敵な世界だろうな」と思わせます。そして本作は、何より、食べ物がおいしそう。今、サンドイッチが食べたいです（作中に出てきます）。食のエッセイも好きで読みますが、これはちょっと違う。父の上手ではない料理が食べたくなる理由がわかりました。年に一度くらい、なんとなく棚から出して、ゆっくりと、丁寧に、少しずつ読んで。その後、父に電話をしています。

次の一冊
『つむじ風食堂の夜』吉田篤弘著／ちくま文庫
本作の姉妹作品。吉田さんの代表的（?）作品。映像化されているが、本（原作）を超えることはありえない。

蔦屋書店宮崎高千穂通り
今村拓史さん選

〒880-0805
宮崎県宮崎市橘通東4-8-1
カリーノ宮崎1F
TEL 0985-61-6711

宮崎一の在庫量といえば、こちらのお店！ 宮崎の本好きにとって、なくてはならない存在です。

『クローディアの秘密』

E. L. カニグズバーグ(作)、
松永ふみ子(訳)

岩波少年文庫 | 2000年 | 256ページ | 定価:680円(税別)
ISBN:9784001140507

家出します。
行先はメトロポリタン美術館!!

担当ジャンルから選書せよとのこと。今担当している児童書から一冊選ぶならこれ。クローディアは家出をする。ただし、あるところから逃げ出すのだけではなく、あるところに逃げ込むのだ。逃げ込む場所は、1. どこか大きい場所、2. 気持ちのいい場所、3. 屋内、4. できれば美しい場所。クローディアの「冒険」ではなく「秘密」、タイトルにも秘密がある。児童文学だが、20年近く前にはじめて棚担当した美術書売場でよく売ったのが懐かしい。美術館・博物館ガイドの平台に積んでいたけど、この本がメトロポリタン美術館を巡る役に立つわけではない。行きたくなるけど!

次の一冊　『楽園のカンヴァス』原田マハ著/新潮社
異能の画家ルソーの、これも「秘密」をめぐる物語。

リブロ名古屋店
三浦健さん選

〒460-0008
愛知県名古屋市中区栄3-29-1
名古屋パルコ東館4F
TEL 052-264-8526

芸術書の品ぞろえはピカイチ!
店長の三浦さんは、本のお祭りブックマークナゴヤの仕掛人!

2015年9月にリニューアルし、現在はCarlova360 NAGOYAとして営業中。

Date
Oct. 18

No. **291**

『楽園のカンヴァス』

原田マハ

新潮社｜2012年｜294ページ｜定価：1600円（税別）
ISBN：9784103317517｜装丁：新潮社装幀室

名画をめぐる《美しき謎》に、昂揚す

あの『ダ・ヴィンチ・コード』を凌ぐ美しさに満ちた絵画ミステリ。題材となるのは、アンリ・ルソーの大作「夢」です。伝説の蒐集家が所蔵する酷似した作品「夢のあと」。その真贋《しんがん》を懸けて、有名美術館の学芸員とルソー研究者が対決していきます。物語は幻想的でいて、虚実が曖昧な分、とてもリアルな感じ。絵画の華麗なる世界に浸《ひた》らせつつ、鍵となる「謎の手記」が語るルソーの物語が謎をはがしていきます。二重三重に仕掛けられた謎とともに、最後まで目が離せません。読後、表紙絵にもなっている「夢」が、なんだか特別に思えてきます。

次の一冊　『スメル男』原田宗典著／講談社文庫
敬愛しておりますお兄さんの本。笑っちゃうほど、カンドーします。

豊川堂本店
林毅さん選

〒440-0804
愛知県豊橋市呉服町40
TEL 0532-54-6688

創業明治7年から続く老舗書店。現在の社長は、なんと5代目！ 地域を愛し、郷土本が充実しています。

Date
Oct. 19

No. **292**

Page
312

『シネキャピタル』

廣瀬純

洛北出版｜2009年｜188ページ｜定価：1800円（税別）
ISBN：9784903127101｜装丁：洛北出版

思わずジャケ買いしたくなるPOPな装丁！
頁をめくると、思わず引きつけられるレイアウト！

美術書顔負けのお洒落でPOPな装丁が、人文書離れ（？）しています。でもこの本がもっとすごいのは中のレイアウトなんです。「レイアウトに命懸けました！」と言っても過言ではない画期的なレイアウトです。現代思想というと、とかく難解で、通読するのが困難なことも多く、途中で読むのに挫折して、お蔵入りなんてことになりかねませんが、この画期的レイアウトの助けを借りると、あっちのページからもこっちのページからも自由に本文に入って読むことができます。こんなふうに拾い読みしながら、新しい物の見方、考え方に出会えるのも、読書の愉しみのひとつではないでしょうか。

次の一冊
『東京大学のアルバート・アイラー――東大ジャズ講義録・歴史編』菊地成孔、大谷能生著／文春文庫
批評家、演奏家、両方の視点からJAZZを分析した快著。

丸善・お茶の水店
関根明子さん選

〒101-0062
東京都千代田区神田駿河台2-8
瀬川ビル1階
TEL 03-3295-5581

コンパクトながら、話題の本をはじめコミックから医学書まである駅前書店。思いがけない本との出逢いが愉しいお店。わ

Date
Oct. 20

No. **293**

『ミュージック・ブレス・ユー!!』
津村記久子

角川文庫｜2011年｜243ページ｜定価：514円（税別）
ISBN：9784043944477｜装丁：角川書店装丁室（鈴木久美）

ここに、音楽がある限り。

“音楽”を感じられる小説が好き。たとえ知らないメロディだってよい。ただじっと本を読んでいるだけなのに、あぁ、いま聴こえてきたのかもしれないと思えたとき、たまらない幸せを感じます。高校３年生のアザミの、ぼんやりした学校生活が終わる。先のことは何も決まらないけれど、やりたいことはただひとつ、ずっと音楽を聴いていること。それさえあれば、きっと生きてゆける。「音楽について考えることは、自分の人生について考えることより大事やと思う」。物語の中で主人公の同級生がぽつりと言う。書店員となった今でさえも、そうありたいと願います。

次の一冊　『ブラザー・サン シスター・ムーン』恩田陸著／河出書房新社
本と映画と音楽と、青春。ジャムセッションの音、聴こえます。

ジュンク堂書店三宮店
楠本杏子さん選

〒650-0021
兵庫県神戸市中央区三宮町1-6-18
TEL 078-392-1001

名実ともに兵庫一。三宮の街にとって、なくてはならない存在。これぞジュンク堂書店という雰囲気が素敵です！

『ばらばら』

星野源（し・うた）、平野太呂（しゃしん）

リトルモア｜2007年｜64ページ｜定価：2800円（税別）
ISBN：9784898152119｜装丁：関口瑚

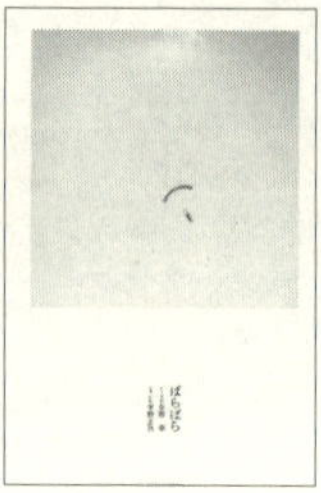

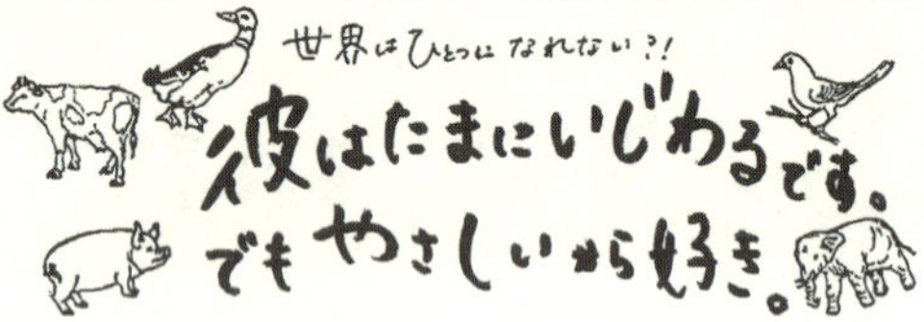
世界はひとつになれない?!
彼はたまにいじわるです。
でもやさしいから好き。

なんとも不思議な空気の本。一見日常のワンカットのようであり、地球をくるっとみているようでもある詞がくせになる星野源さん。と、何のためでもないけど、どうしても撮ってしまいたくなる風景があったという写真家・平野太呂さん。この二人のコラボとか化学反応とはまた違った作用が、なんとも不思議な空気を持ち出しているのだと思う。ただ寄り添っている感じ。本に挟まっているおまけの小冊子「ばらばらのしおり」のお二人の対談と寄稿がまた乙。こんな大人が近くにいてほしいし、この本を世に送り出してくれた大人がいるなんてなんとも ほっこりするではないか。

次の一冊
『BとIとRとD』酒井駒子著／白泉社
子どものまわりって何か別の世界がうまれてますよね。なんといっても駒子さんのイラスト装丁が素敵すぎる！！

TSUTAYA三軒茶屋店
後藤怜子さん選

〒154-0004
東京都世田谷区太子堂4-1-1
キャロットタワー2F
TEL 03-5431-7788

三茶に行くと、つい寄ってしまうのがこのお店。ちょっとトンガッたアート系から売れ筋の本まで、愛情こめて置かれてます。まさに快適空間。み

Date
Oct. 22

No. 295

『Sweethearts』

Emmett Williams

Walther Konig(洋書)｜2010年｜226ページ
ISBN:9783865608109

コトバは手のひらで笑う

当店で働き始めてすぐに出会った本。こんな本がこの世に存在するなんて、とびっくりしたのを思い出します。ページを繰ることでコトバが動き出す。たった11文字の見せる複雑で、シンプルで、楽しく、ときにちょっとせつないコトバのダンス。作者のエメット・ウィリアムスはオノ・ヨーコも参加した前衛芸術運動「フルクサス」の一員として1960年代から活躍した詩人にしてアーティスト。表紙の絵はマルセル・デュシャン作、というのもワタクシ的にはポイント高いのです。長いこと販売していますが「日記帳代わりに使っています」というお客様がいて二度目のびっくり。

次の一冊　『John Lurie』ワタリウム美術館編／アクセスパブリッシング
作品につけられたタイトルが楽しい、見て、読んで、クスッとしてしまう画集です。

オン・サンデーズ
草野象さん選

〒150-0001
東京都渋谷区神宮前3-7-6
ワタリウム美術館内
TEL 03-3470-1424

ワタリウム美術館地下にある美術書店。美術書以外にもいろいろ変な本やグッズなどが置いてあり、興味がそそられます。わ

『SWISS』

長島有里枝

赤々舎 | 2010年 | 214ページ | 定価:5000円(税別)
ISBN:9784903545592 | 装丁:寄藤文平

また呟いてしまった。

思わず「あぁ、いいな、これ」と、入荷したての本を手に取り呟《つぶや》くことがある。それは、新旧問わず、再入荷してきたものまで、つい呟いてしまう。長島有里枝さんの写真集『SWISS』。私にとって、いまだボソッと呟いてしまう一冊だ。この本は、長島さんの息子と二人で行ったスイス旅行の写真日記。写真とそれに付随してくる文章の曖昧な関係に最初は少し戸惑うのだが、実はそれが、作品全体を何とも言えない魅力的なものにしてくれている。パラリ、パラリと写真を眺め、日記を読む。すると、いつの間にか長島さんの意識のなかに刷り込まれていくような……。アートディレクションは寄藤文平さん。20色ある表紙の中から選べるのも楽しい。

次の一冊　『遥かな町へ』谷口ジロー著／ビッグコミックススペシャル
親の心、子の気持ちを切なく綴る名著です。

artos Book Store
西村史之さん選

〒690-0884
島根県松江市南田町7-21
TEL 0852-21-9418

松江の街に根づく老舗書店が、本のセレクトショップに生まれ変わった！ テーマは「衣・食・住」、芸術書も豊富。

『ミラノ　霧の風景』

須賀敦子

白水社｜1990年｜216ページ｜定価:1800円(税別)
ISBN:9784560041796｜装丁:伊勢功治

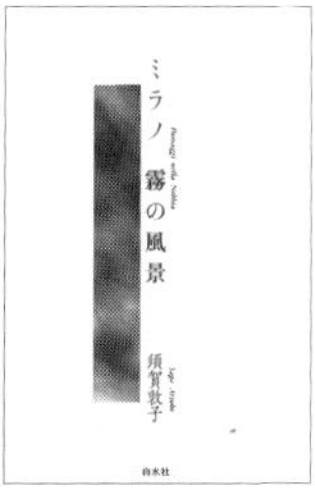

本を読むことに疲れた時に読む本

「人生ほど、生きる疲れを癒してくれるものは、ない」という詩の一節をたまたま開いた須賀敦子の文庫本に見つけたとき、眠くなるほどの安らかさに包まれたのを覚えています。イタリアの詩人ウンベルト・サバの詩「ミラノ」の一節です。一日、賑やかに本を売って、本を開くのも億劫なとき、この一節がふと浮かび、須賀敦子の本を読み返すことがあります。数年前、没後10年の機会に並べたときよく売れたのが、この『ミラノ　霧の風景』。イタリアでの生活を回想したデビュー作です。明晰でありながら柔らかな独自の世界は、静かに新しい読者を魅了し続けています。

次の一冊　『夕べの雲』庄野潤三著／講談社文芸文庫
こちらも疲れに効く本。須賀敦子がイタリアに紹介した作品です。

廣文館金座街本店
藤森真琴さん選

〒730-0035
広島県広島市中区本通1-11
TEL 082-249-1611

なんと、もうすぐ創業100周年！
おそらく広島で一番、地元愛にあふれた本屋さんです。

『アートの起源』

杉本博司

新潮社｜2012年｜221ページ｜定価:2600円(税別)
ISBN:9784104781034｜装丁:新潮社装幀室

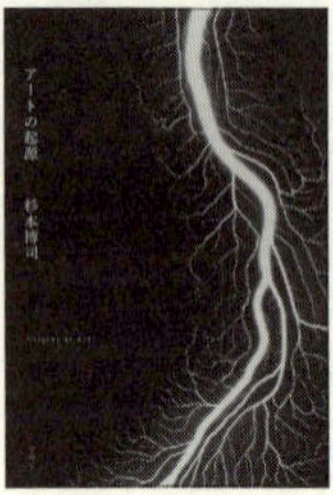

あなたの アート観を揺さぶれ!

杉本博司の手にかかると写真は、瞬間を切り取られた世界の断面ではなく、歴史という堆積物をその地層深くからまるごと掬い上げたかのような、時間の連続性と重みを獲得する。それはもはや写真を超えたもの、私たちがはじめて目にするものであり、太古の昔から見続けてきたはずの何かでもある。なぜ人は歴史や芸術を追い求めるのか? そもそもアートとは何なのか? そんな疑問と関心を抱く読者に、本書は無尽蔵の刺激を与えてくれるはずだ。

次の一冊
『旅をする木』星野道夫著／文春文庫
この人も人間の営為の根源を見つめ、考え続けた写真家だった。

くまざわ書店四条烏丸店
佐々木俊章さん選

〒600-8008
京都府京都市下京区四条通烏丸東入
長刀鉾町20四条烏丸FTスクエアーB1F
TEL 075-255-6800

京都のビジネスパーソンをささえる、四条烏丸の駅近書店。毎週金曜は2倍ポイント、お客さんでごったがえします!

『世界で一番美しい元素図鑑』

セオドア・グレイ（著）、ニック・マン（写真）、武井摩利（訳）、若林文高（監修）

創元社｜2010年｜240ページ｜定価：3800円（税別）
ISBN：9784422420042｜装丁：濱崎実幸

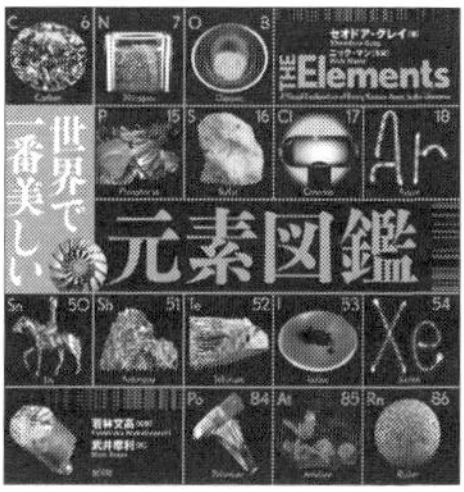

この本は専門書なのか？写真集なのか？
ここまで美しい写真で迫る「元素本」は他には無いです！

「元素」って言われてもよくわかりませんよね？ 理科の授業でテスト前に無理やり暗記したアレ（水兵リーベ僕の船……）です。僕も正直よくわかりません。でも理科系の話は好きなんです（全然詳しくはないですけど）。そんな僕がオススメするのがこの本です。この本はとにかく美しいんです。ほぼすべての元素が目に見える写真として、大きく紹介されており、その写真が非常に綺麗なため、プレゼント用にも選ばれる隠れたロングセラー商品です。とりあえず、店頭で中身を見てみてください。それで何かを感じてくださる方が少しでも増えてくれたら嬉しいです！

次の一冊
『元素生活』寄藤文平著／化学同人
ピンとこない「元素」を身近な生活の中で面白く説明している作品。

久美堂本店
石山圭一朗さん 選

〒194-0013
東京都町田市原町田6-11-10
TEL 042-725-1330

町田の久美堂といえば市民にとって書店の代名詞。棚卸明けでヘロヘロなのに上記を選書執筆くださった石山さんに感謝。わ

『コミュニケーションをデザインするための本』

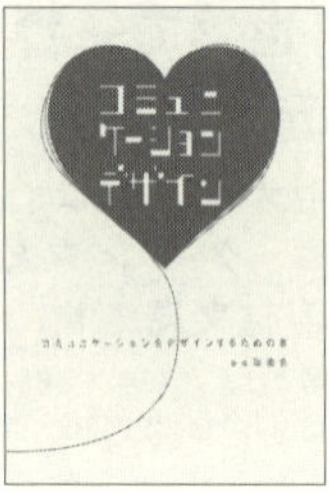

岸勇希

電通選書｜2008年｜201ページ｜定価：1800円（税別）
ISBN：9784885531989｜装丁：大熊和幸

仕事のヒント、詰まってます。

デザイン・広告関連のお客様も多い当店、ビジネス書のロングセラーです。コミュニケーション・デザイナーである著者が熱い言葉で語る「人に伝える方法」と「人と人をつなぐ方法」。「誰に伝えるか」を徹底的にイメージし、「どうやったら伝わるか」と考えていくプロセスが、豊富な実例をまじえながら説明されています。既成概念に縛られることも、媒体の枠に囚《とら》われることもない柔軟な発想で課題に取り組む姿勢から、ジャンルや時代を超えた普遍的な仕事術が学べる一冊です。

次の一冊　『コミュニティデザイン──人がつながるしくみをつくる』山崎亮著／学芸出版社
コミュニティだって、デザインできるんです。

青山ブックセンター本店
柳瀬利恵子さん 選

〒150-0001
東京都渋谷区神宮前5-53-67
コスモス青山ガーデンフロア
TEL 03-5485-5511

ほかのお店では目に留まらなかった本もここで見つけるとすごく気になったり。イベント・講座・ワークショップも注目。わ

『文体練習』

レーモン・クノー（著）、朝比奈弘治（訳）

朝日出版社｜1996年｜195ページ｜定価：3398円（税別）
ISBN：9784255960296｜装丁：仲條正義

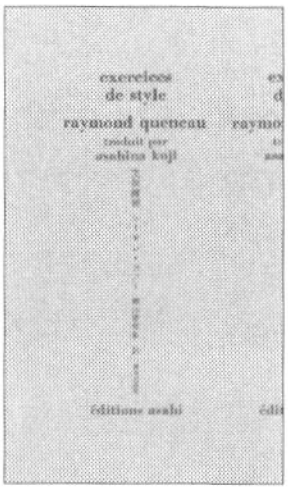

なんだ、これは！
おっそろしく質のいいコントなのか？

高1のとき、先生から谷川俊太郎の『ことばあそびうた』を紹介された。子どもの本でも、子ども扱いのない情緒のある装丁。日本語の語感に度肝《どぎも》を抜かれた。この本も『ことばあそびうた』同様、瞠目《どうもく》した。なんだ、これは。他愛のないひとつの出来事が延々と書きかえられていく。99通りの文体は同じストーリーをなぞりながら、まるでいろんな監督が撮った映画のような、じわじわ来るおもしろさ。装丁もいい。訳者もすごい。日本人ゆえ原書のニュアンスを味わうことができない本なのかもしれないが、いい加減な覚悟で翻訳はできなかったと思う。想像力を刺激しまくる一冊。

次の一冊
『掌の小説』川端康成著／新潮文庫
眠れない夜に、低刺激の遅効性短編集。目覚めたとき、効いてくる。

今井書店倉吉パープルタウン店
尾上今日子さん選

〒682-0023
鳥取県倉吉市山根557-1
倉吉SCパープルタウン2F
TEL 0858-47-4321

絵本選びに迷ったら、尾上店長に会いにいきましょう！ 誠心誠意、親身になってお手伝いくださいますよ。く

Date
Oct. 29

No. **302**

『ブタとおっちゃん』

山地としてる

フォイル｜2010年｜128ページ
定価：1800円（税別）｜ISBN：9784902943603
装丁：池田進吾

詰まってる 愛情は
家族とおんなじです。

養豚《ようとん》を営むおっちゃんとブタたちの愛すべき写真集。……と聞くと「微妙」と思うかもしれませんが、まぁだまされたと思って手に取ってみてください。だまされたらごめんなさい。ページを開いた途端に立ちのぼる、おひさまと土埃《つちぼこり》のにおい。生き物を当たり前のように隣にいる家族として扱う、愛情が伝わってくる写真集です。ペットではなく家畜なので、いつかは食べられる運命のブタ。鼻息が、体温が感じられそうなブタたちを見て「おいしそう」だなんてけっして思えない。けれど、わたしたちはそれを食べて生きています。大事な人に贈りたくなる、伝えたくなるそんな本です。

次の一冊　『震える牛』相場英雄著／小学館
こちらはブタではなく牛。食とは、生きるとは、と再度考える一冊。

紀伊國屋書店横浜みなとみらい店
安田有希さん選

〒231-8331
神奈川県横浜市中区桜木町1-1-7
Colette・Mare みなとみらい5F
TEL 045-640-3081

特に目的はなかったのに気づいたら2時間いてしまい、帰りの荷物がずっしり。気持ちはほっこり。そんなお店！わ

『哲学者とオオカミ
――愛・死・幸福についてのレッスン』

マーク・ローランズ（著）、今泉みね子（訳）

白水社｜2010年｜276ページ｜定価：2400円（税別）
ISBN：9784560080566｜装丁：伊勢功治

オオカミの眼で、
哲学する。

私は今まで自分の異常なまでの動物好きをひそかに誇りに思って生きてきた。そんな私が激しくシンパシーを覚えたのがこの書。著者が一匹の仔《こ》オオカミと出会い、死を看《み》取《と》るまでのエピソードを描いたものだ。哲学者である著者のオオカミを通しての思索を追いかけるうち、私がなぜ狂おしいまでにイヌたちに魅かれるのか、ひとつの答えに辿《たど》りついた気がする。著者はいう。ひとがイヌを愛するのは、イヌがわたしたちの古いオオカミだった頃の魂に語りかけるからだ、と。どうか一度、種を超えた生物同士の魂の交流に打ち震えてほしい。

次の一冊
『神話の力』ジョーゼフ・キャンベル、ビル・モイヤーズ（著）、飛田茂雄（訳）／ハヤカワ文庫
ヒトと動物のあいだに境がなかったころの話。何度読んでもワクワクします。

喜久屋書店倉敷店
楫《かじ》一子さん 選

〒710-0802
岡山県倉敷市水江1番地
イオン倉敷SC 2F
TEL 086-430-5450

たぶん倉敷で一番元気な本屋さん！ スタッフのみなさんがワイワイと店づくりをしているのが伝わってきます。

『あしたも　ね』

武鹿《ぶしか》悦子（作）、たしろちさと（絵）

岩崎書店｜2012年｜32ページ｜定価：1300円（税別）
ISBN：9784265081080
装丁：城所潤（ジュン・キドコロ・デザイン）

友情ストーリーから45度ずれてる
傑作絵本

日が暮れかけてもまだまだ遊んでいたくて、友だちとさよならができなかったあの頃。懐かしいわ〜と黄昏《たそがれ》気分に浸《ひた》れないのは、絵本の主役、ブーくんという存在があるから。このすっとぼけたぶたを筆頭に、始終あっけらかんとした登場人物ならぬ、動物たちの夕暮れどきのおしゃべり。緊張感のない会話のやりとりのために、素晴らしい友情ストーリーから方向が45度ずれてる感じが心をくすぐります。温かく美しい絵と、ぶたの愛嬌《あいきょう》たっぷりの様子が溶け込んでいて、もうやみつきです！最後のブーくんには、一本取られますヨ。

次の一冊　『しんと しずかな、ほん』デボラ・アンダーウッド（文）、レナータ・リウスカ（絵）、江國香織（訳）／光村教育図書
こちらに登場する動物たちも必見。

今井書店グループセンター店
吉儀《よしぎ》千栄美さん選

〒690-0058
島根県松江市田和山町88
TEL 0852-20-8811

山陰の雄、今井書店グループを代表するお店。その魅力はなによりも、在籍する書店員さんのあたたかさだと思います！

11月

読んでおいしい本

November

Date
Nov. 1

No. **305**

Page
326

『空が香る』

三宮麻由子

文藝春秋｜2010年｜207ページ｜定価：1400円（税別）
ISBN：9784163720906｜装丁：大久保明子

苺をこんなに美味しく、氷の音をあたたかく
書けるものなのか。

なぜ読書は秋なのか。それは紙の手触りがひときわ心地よい季節だから。落語、俳句、鳥、滝、ピアノ……と感性の幅広さと深さに驚き、その表現力の豊かさにいつも圧倒されます。自分がここに“在る”ことを実感させてくれる文章。三宮さんの本を読む幸福感を多くの人に味わっていただきたいと思います。

次の一冊
『傷を愛せるか』宮地尚子著／大月書店
包帯のような一冊。ときには薬よりも効くエッセイ集です。

丸善・博多店
徳永圭子さん選

〒812-0012
福岡県福岡市博多区博多駅中央街1-1
JR博多シティ8F
TEL 092-413-5401

売場長の前田さん、徳永さんをはじめ、個性派書店員がつくる、こだわりとカッコよさを兼ね備えたスゴい店！く

Date
Nov. 2

No. **306**

Page
327

『チクタク食卓（上）』

高山なおみ

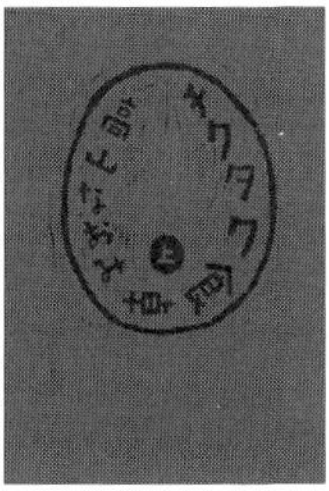

アノニマ・スタジオ｜2009年｜297ページ
定価：1600円（税別）｜ISBN：9784877586836
装丁：川原真由美

2人で食べたら◎、1人で食べると…○

高山家の１年の食卓を記した上下巻。おいしそうな手料理ばかり！ ではなくて、外食やインスタントもけっこうあり。それでも高山さんちのご飯は美味しそうなのは「誰かのため」の気持ちが表れているからかもしれない。一人のご飯は味がしないと書いてあると、私も寂しくなってしまう。私は独り身だが、読むだけで心がいっぱいになり（お腹は減る）、読むたびいつも高山さんから幸せのお裾《すそ》わけをもらっているようだ。高山さん、いつもごちそうさまでっす！（全２巻）

次の一冊　『ときめかない日記』能町みね子著／幻冬舎
主人公の不安や焦燥が痛いほどわかります。特に女性の皆様、おすすめです。

今井書店錦町店
小林千明さん選

〒683-0811
鳥取県米子市錦町3-90
TEL 0859-37-6700

カフェ・レストラン・ギフトショップ・雑貨店と融合した新しい本屋さん。深夜24時まで営業！夜更かしは錦町店で！！

『ハンカチの上の花畑』

安房《あわ》直子（作）、岩淵慶造（絵）

あかね書房｜1973年｜145ページ｜定価：1300円（税別）
ISBN：9784251063625｜装丁：あかね書房

この世にふたつとないとっときのお話。さあさあ、読んでごらん。

高度成長期の子どもたちに愛された名シリーズ、あかね書房創作児童文学選。そのほとんどが絶版となった現在、当時のままの姿で残っているのは奇跡です。安房直子は、人間の弱さ、欲望の果ての虚無を、なにひとつ難しい言葉を使わずに、子ども向けの物語に仕立てあげました。圧巻はラストシーンまでの数ページ。震えるような余韻《よいん》を味わえます。大人の皆さんもぜひお読みください。

次の一冊　『風と木の歌——童話集』安房直子著／偕成社文庫
短編集ならこちらをどうぞ。傑作「夕日の国」収録。

有隣堂テラスモール湘南店
吉澤みどりさん選

〒251-0041
神奈川県藤沢市辻堂神台1-3-1
テラスモール湘南4F
TEL 0466-38-2121

「児童書籍売場Do! Kids」は、親子でのびのび過ごせる空間。壁には大きな水槽が設置され、楽しい雰囲気です。わ

Date
Nov. 4

No. 308

Page
329

『僕らのヒットパレード』

片岡義男、小西康陽《やすはる》

国書刊行会｜2012年｜287ページ｜定価：1800円（税別）
ISBN：9784336054852｜装丁：平野甲賀

いつもレコードのことばかり
考えている人のために。

音楽にまつわるエッセイの名人芸と、多幸感あふれる高校生レベルの対談のギャップが味わえる贅沢な一冊。「いつもレコードのことばかり考えている」女優、ズーイ・デシャネルも絶賛（もし読んだら？）。

次の一冊
『マーシャル・マクルーハン広告代理店。ディスクガイド200枚。小西康陽。』
小西康陽著／学習研究社
さらにレコードのことばかり考えている人のために。

文教堂書店中央林間店
永井英二さん選

〒242-0007
神奈川県大和市中央林間4-6-3
TEL 0462-75-4165

東急田園都市線と小田急線が交差する中央林間駅にある本屋さん。余談ですが、こちらの店長の趣味はドーナツ盤収集。わ

Date
Nov. 5

No. **309**

Page
330

『十皿の料理──コート・ドール』

斉須《さいす》政雄

朝日出版社｜1992年｜184ページ｜定価：1800円（税別）
ISBN：9784255910444｜装丁：岡本佳子

さわやか風味の料理の本です。

はじめ、お客さまの取り寄せ品の箱の中でこの本を発見しました。「お！」と思ってめくる→これはすごい本かもしれん→しかしこれはお客さま用だから→自分用に発注、で読んだら、やはりすごい本でした。文章がとてもきれいなのです。きれいで、熱がこもっています。さらに、さわやかでもあるのです。10のレシピとそのエピソードとで編まれた本書は、料理を専門にする人のためだけの本と思われるかもしれない。それではあまりにももったいない！ この本は、働く人みんなのための本ではなかろうか、と私は熱くさわやかに主張します。

次の一冊 『日本一のクレーマー地帯で働く日本一の支配人──怒鳴られたら、やさしさを一つでも多く返すんです！』三輪康子著／ダイヤモンド社
歌舞伎町のホテルは命懸け。こちらも負けずにアツイです！

長崎書店
宮川洋一郎さん選

〒860-0845
熊本県熊本市中央区上通町6-23
TEL 096-353-0555

明治22年創業の老舗書店ですが、店構え、選書、スタッフの感覚、すべてが新しく、全国から注目を集めています。く

『リッツ・カールトン 超一流サービスの教科書』

レオナルド・インギレアリー、ミカ・ソロモン（著）、小川敏子（訳）

日本経済新聞出版社｜2011年｜245ページ
定価：1600円（税別）｜ISBN：9784532316846
装丁：ten pieces

受けてみたい　やってみたい
今できる最高のおもてなし

はっきり言って内容は堅い。多少難しい部分もあります。一度読んでもボンヤリとしか理解できないかも。二度読めとは言いません。気になった部分、ちょっと理解できなかった箇所に付《ふ》箋《せん》をつけてください。お客様への接し方、従業員部下への指導の仕方について迷ったとき、付箋のところをもう一度じっくり読み返してみてください。少し光が見えてくると思います。タイトル通り、サービスの教科書のような一冊です。東京に行く機会があれば、一度リッツ・カールトンに泊まってみたい！

次の一冊　『図解 ミスが少ない人は必ずやっている［書類・手帳・ノート］の整理術』
サンクチュアリ出版編／サンクチュアリ出版
見やすい、簡潔で多色刷り、イラストも大きい。イチオシです！

宮脇書店気仙沼本郷店
小野寺徳行さん 選

〒988-0042
宮城県気仙沼市本郷7-8
TEL 0226-21-4800

お客さんの要望にトコトン寄り添ってくれる、震災前も後も、地元の一番店として心から愛されて続けている本屋さん。は

『秋の牢獄』

恒川《つねかわ》光太郎

角川ホラー文庫｜2010年｜217ページ｜定価:514円(税別)
ISBN:9784043892037｜装丁:角川書店装丁室(鈴木久美)

美しくて物悲しい幻想の世界に
あなたも囚われてみませんか？

同じ著者の日本ホラー小説大賞受賞作で、直木賞候補にもなった『夜市』は人気も評価も高いものでした。比べてこちらの作品が、それほど人気がないのはどうしてなのでしょう？ 収録されている三篇はいずれも囚《とら》われることがテーマになっています。永遠に繰り返される一日、身代わりをたてなければ出られない家、人とは違う能力を持ったがための宿命。どちらかというと幻想的な雰囲気が漂うSF・ファンタジー色の強いこの三篇。ホラーが苦手だからという理由で手に取らないのはもったいないです。読めばおそろしいけれど、美しい世界にきっと魅せられることでしょう。

次の一冊
『深泥丘《みどろがおか》奇談《きだん》』綾辻行人著／幽BOOKS
怖いけど目眩がするような世界観がくせになります。

有隣堂藤沢店
犬塚冬子さん選

〒251-0055
神奈川県藤沢市南藤沢2-1-1
フジサワ名店ビル
TEL 0466-26-1411

本と文具が大好きなスタッフさんばかりで楽しいです。5Fフロアには「リブックス」という古書の売場もあります。わ

Date
Nov. 8

No. **312**

Page
333

『進化の存在証明』

リチャード・ドーキンス(著)、垂水《たるみ》雄二(訳)

早川書房|2009年|637ページ|定価:2800円(税別)
ISBN:9784152090904|装丁:川畑博昭

「本イコール小説」、
だけではもったいない。

「本を読む楽しみ」というのは、何も「文学」だけのものではありません。自然科学や人文科学、社会科学等の、いわゆる専門書を読むことで得られる「知る喜び」、「考える喜び」というのも、読書の大きな魅力のひとつだと思います。『進化の存在証明』は、進化学の巨匠ドーキンスが、進化を否定する創造論者たちに対抗するため、「進化はもはや仮説ではなく真実である」との論証を積み上げてゆく、科学の知力に満ち満ちた一冊です。読書によって知的好奇心を満足させる、その楽しさを、より多くの方々に味わっていただきたく、その一例としてこの本を選びました。

次の一冊　『とりつくしま』東直子著／筑摩書房
さすがは歌人、こういう静かな味わいのある本、好きです。

紀伊國屋書店流山おおたかの森店
大作裕秀さん選

〒270-0121
千葉県流山市西初石6-185-2
流山おおたかの森S・C2F
TEL 04-7156-6111

地元NPO「ながれやま栞《しおり》」の方々による月に2回の読み聞かせ会を始め、ミニセミナーやイベントも要チェックです。わ

ミシマ

Date
Nov. 9

No. **313**

Page
334

『尾崎放哉《ほうさい》全句集』

尾崎放哉(著)、村上護(編)

ちくま文庫|2008年|476ページ|定価:860円(税別)
ISBN:9784480424181|装丁:間村俊一

口ずさむと忘れられない、自由律俳句というつぶやき。

尾崎放哉という俳人を知ったのは、俳優の加瀬亮さんのインタビューからでした。映画「めがね」の与論島での撮影の日々をたとえて「大空のました帽子かぶらず」という作品を引用していたのです。それはまさに大空の真下で帽子をかぶらず、海風を心地よく頬で受けるような映画でしたので、私には加瀬さんの引用がとても素敵に思えて、尾崎放哉の作品を読むことにしたのです。有名なのは「咳《せき》をしても一人」など。私のお気に入りは「死ぬことを忘れ月の舟漕いで居る」。素朴だけれど孤独で寂寞《せきばく》とした、なんとも心に残る呟《つぶや》きのような俳句ばかりなのです。

次の一冊 『カキフライが無いなら来なかった』せきしろ、又吉直樹著/幻冬舎
現代の自由律俳句といえばこちら。くすりと寂しく笑えます。

リブロ松戸店
遠藤歌子さん選

〒271-0092
千葉県松戸市松戸1149-1
プラーレ松戸5F
TEL 047-308-5185

駅直結のデッキで徒歩2分、プラーレ松戸5Fに立地。毎月第2・第4土曜には店内にて絵本の読み聞かせも実施。わ

2015年2月に閉店。

No. **314**

『ボールのようなことば。』

糸井重里

ほぼ日ブックス｜2012年｜289ページ｜定価：740円（税別）
ISBN：9784902516777｜装丁：清水肇（プリグラフィックス）

「みんなかーみんな、
もともと ひとりだっつーの。」

糸井さんは言う。「『ひとり』がまずはすべてのはじまりで、『さみしさ』というものは、人間の感情のなかでもとりわけ根源的なもののような気がする」と。ページを開くとことばのボールが飛んでくる。ポーンとやさしいときもあるし、受けとるときちょっと痛いボールもある。ときどきページを開いてキャッチボールをしていると、いつの間にか心の筋肉が鍛えられて、ことばが実感できることがある。「さみしさ」をまとった「ひとり」の私を光射す方に誘ってくれるのは「ほとんどすべてのこどもの『願い』をとっくの昔から知っている」糸井さんだからなのだろう。

次の一冊
『君たちはどう生きるか』吉野源三郎著／岩波文庫
75年間読まれつづけている本には理由《わけ》がある。読んだらわかる。

山陽堂書店
遠山秀子さん 選

〒107-0061
東京都港区北青山3-5-22
TEL 03-3401-1309

谷内六郎の壁画でおなじみ表参道のランドマークは、なんと創業121年。還暦3周目に入った今も日々本屋更新中。わ

『やめないよ』

三浦知良

新潮新書｜2011年｜254ページ｜定価：740円（税別）
ISBN：9784106104053｜装丁：新潮社装幀室

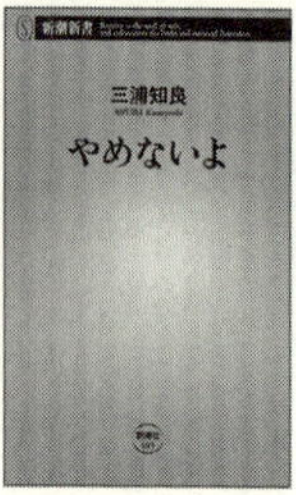

カズさんの生き方に人生を学べます。

「キング・カズ」の人生哲学が詰まった本書に、いつも助けられています。たとえば、自分は物事がうまくいかないとき、周りの人のせいにしてしまうことがあります。そんな弱い自分が出てしまったとき、本書を読み返します。「学ばない者は人のせいにする。学びつつある者は自分のせいにする。学ぶということを知っている者は誰のせいにもしない。僕は学び続ける人間でいたい」。著者の前向きで熱い思いが心に響きます。今、何かに挑戦し、頑張っている人に特にオススメの一冊です。

次の一冊　『計画と無計画のあいだ――「自由が丘のほがらかな出版社」の話』三島邦弘著／河出書房新社
とにかく熱い。この本に出会えたから、今も書店員続けてます。

谷島屋曲金《まがりかね》店
杉田貴彦さん選

〒422-8006
静岡県静岡市駿河区曲金2-7-55
TEL 054-286-9030

スタッフの杉田さんはとにかく熱くて謙虚な方。その姿勢にいつも頭が下がります。2Fの専門書コーナーも注目。く

2016年5月に閉店。

Date
Nov. 12

No. **316**

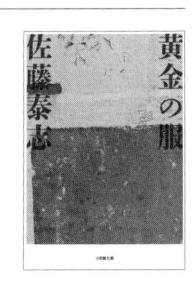

『黄金の服』

佐藤泰志

小学館文庫｜2011年｜304ページ｜定価：590円（税別）
ISBN：9784094086119｜装丁：名久井直子

幻想だとしても
僕らは黄金の服を信じるしかない。

自分でもよくわからないものとの闘争や葛藤や敗北感。誰しもの胸の中にあるが、誰にもわからない焦燥感。言いたいことを飲み込み、思いとは真逆の行動を繰り返す。現実的にはどこにもたどり着かない。ただひたすらひりひりとした時間だけがある。読み進めるうち、自分自身の「あの頃」の物語を紡《つむ》いでいくことになる。小説のもつひとつの魅力を感じた一冊。おそらく商業的な成功は難しいであろう作品。だからこそ我々にできることがあるのではと思う。「佐藤泰志コーナーの写真を撮らせてほしい」と声を掛けてくれた不思議な女の子は今、何を読んでいるんだろう。

次の一冊
『ダンス・ダンス・ダンス』村上春樹著／講談社
ほぼ同時期に出版された村上春樹の青春（鼠）三部作の続編。

心斎橋アセンス
大下朗さん 選

〒542-0085
大阪府大阪市中央区心斎橋筋1-6-10
TEL 06-6253-0185

洋書、美術書、洋雑誌が豊富な、大阪・心斎橋にある本屋さん。時代に流されない選書に、強い信念を感じます。

Date
Nov. 13

No. **317**

Page
338

『平行植物』

レオ・レオーニ（著）、宮本淳（訳）

工作舎｜2011年｜299ページ｜定価：2200円（税別）
ISBN：9784875024354
装丁：羽良多平吉＋海野幸裕＋西山孝司＋宮城安総

幻想の博物誌

大人のためのファンタジー☆

絵本「スイミー」や「フレデリック」でおなじみのレオ・レオーニがこんなに摩訶不思議な物語を大人のためにつくっていたなんて！ この本はレオーニの創りだした架空の植物のお話。とても豊かなイメージで描かれるそのストーリーは、レオーニの絵本の続きを思わせるかのようにユーモラスそしてときにとても切なくロマンティック！ 空想の植物だとわかっているのに、ふと本当はどこかに存在しているのでは？ と思ってしまうほど。植物たちの話の間あいだに織りこまれた小さな物語も秀逸で、「太陽と月」のお話は個人的にはとても大好きなお話。レオーニの魅力がたくさんつまった大人のためのファンタジー。

次の一冊　『金曜日の砂糖ちゃん』酒井駒子著／偕成社
ロマンティックな表紙に一目惚れ。大切な人にだけこっそりおしえたい……。

旭屋書店堂島地下街店
池上かおりさん選

〒530-0002
大阪府大阪市北区曽根崎新地1丁目
堂島地下街3号
TEL 06-6344-2266

リニューアルしたばかりの新しいお店。テーマごとに構成された棚で、いつもと違う本に出会えます！ く

ミシマ

2013年7月に閉店。

『巴里《パリ》の空の下
オムレツのにおいは流れる』

石井好子

暮しの手帖社｜1963年｜268ページ｜定価：1000円（税別）
ISBN：9784766000283｜装丁：花森安治

エレガントな
食いしんぼう

優雅なシャンソン、華やかな巴里の街、美味しい料理……。子どもの頃、母の「暮しの手帖」を本棚から拝借しては、後ろのページの紹介文をワクワクしながら読んでいました。同じ文を何度も読んでは、「なんてステキで、なんて美味しそうなんだろう……！」と、本の中の巴里に憧れて……。本書を実際に読んだのは、何年も後、大人になってからでした。美味しい料理はもちろん、そこには著者、石井さんの人に対する温かい愛がたっぷり詰まっていました。最高にキュートでエレガントな、美味しい世界を召しあがれ。

次の一冊　『日々ごはん』高山なおみ著／アノニマ・スタジオ
「料理が好き」って、純粋な気持ちで堂々と言えるようになった本です。

紀伊國屋書店国分寺店
板垣香奈子さん選

〒185-0021
東京都国分寺市南町3-20-3
国分寺駅ビル8F
TEL 042-325-3991

国分寺のお客さんが求めているものがここに集約している感じ。駅ビルの8階でいつも賑わっているバランスよいお店。わ

『ミーツへの道──「街的雑誌」の時代』

江弘毅《こうひろき》

本の雑誌社 | 2010年 | 253ページ | 定価:1600円(税別)
ISBN:9784860112059 | 装丁:平野甲賀

「ミーツ」の思い、
みんなに届いてますよ。

4年ほど前、私は大阪への赴任を命じられました。東の田舎で生まれ育った私は「都会に対する恐怖」「関西に対する恐怖」のダブルパンチに震えていました。そんなときに送別の品でもらったのが、京阪神エルマガジン社の通称「街本」シリーズ。この本のおかげで大阪での休日が楽しくてしかたないものになりました。そのエルマガの初代編集長が、この江弘毅さん。あの独特唯一な雑誌をつくりあげた人です。私はあなたのおかげで大阪の街が大好きになりました(主に食べ物の面で)。

次の一冊
『じゃりン子チエ』はるき悦巳著／双葉文庫
「大阪人理解したかったら、これも読まんでどうする?」(元上司談)

ヴィレッジヴァンガード
ららぽーと豊洲店
小澤七月さん選

〒135-8614
東京都江東区豊洲2-4-9ららぽーと豊洲3F
TEL 03-6910-1490

おやつの充実ぶりはヴィレヴァンの中でも屈指の存在。かつ、小澤店長はV. V. の中でも屈指のPB(プロレスバカ)。わ

2015年5月に閉店。

『京都の中華』

姜《かん》尚《さん》美《み》

京阪神エルマガジン社｜2012年｜112ページ
定価：1400円（税別）｜ISBN：9784874353837
装丁：有山達也

うす味中華で知る 京都文化の本質

いわゆる「京都本」は星の数ほど出版されていますが、そのほとんどが外からの視点に基づいたガイドブックです。日本人の眼からも、もはやエキゾチックな古都というフィルターを通して、それらしい味や景観を紹介した、多くのガイドブックとは一線を画する、内側から見た画期的文化論としての京都本がこちら。「京都の中華」という誰もが言語化しなかったコンセプトがあり、そこから京都文化を読み取る展開があり、ブックデザインと写真が非常に美しいという見ごたえがある。どの棚にもおさまらない、この本自体がジャンルのような、当店でこそ押したい一冊。

次の一冊　『本屋の窓からのぞいた京都――恵文社一乗寺店の京都案内』恵文社一乗寺店著／毎日コミュニケーションズ
こちらもガイドブックの形をとりながら、店と店との関係性を内側から紹介。

恵文社一乗寺店
堀部篤史さん㊜

〒606-8184
京都府京都市左京区一乗寺払殿町10
TEL 075-711-5919

本を巡るあれこれのセレクトショップ。店内の雰囲気、品ぞろえ、すべてが個性的。HPも面白いですよ。

『吉兆味ばなし』

湯木貞一

暮しの手帖社｜1982年｜325ページ｜定価：3200円（税別）
ISBN：9784766000344｜装丁：花森安治

ホントは 富士の如く山積みして売りたい本
「生活で一番役立つ本」

本は売るのも、読むのも大好きです。それ以上に食べることも大好きです。何を食べようか、うまい物を食べたいと思うと手に取るのがこの本です。吉兆の主人、湯木貞一氏が家庭の料理を少しでもうまくつくれるよう、「暮しの手帖」に連載したものです。料理のしかたはもちろん、季節のこと、器のこと、盛つけのことがさらりと書かれています。読んでいるうちに、調理する人の姿勢。食べる人への気づかい、材料の始末と、どんな仕事にも通じる湯木さんの仕事への考え方にも気づきます。たんに料理本に終わっていないすばらしい本です。湯木さんの食べる人への気づかいを理解すれば、それだけでうまくつくれます！

次の一冊　『新版 娘につたえる私の味』辰巳浜子、辰巳芳子著／文藝春秋

颯爽《さっそう》堂
鈴木孝信さん 選

〒167-0042
東京都杉並区西荻北2-11-6
ルシェール・ハル西荻1F
TEL 03-3301-6311

オレンジのカバーも選書もたまらんです。まるで西荻の街のように密度の濃い30坪。ソーセージ屋「もぐもぐ」の隣。わ

2015年11月に閉店。

『食卓一期一会』

長田弘《おさだ》

晶文社｜1987年｜200ページ｜定価:2300円(税別)
ISBN:9784794935274｜装丁:平野甲賀

おなかより心にひびく 食の言葉

「ひとが日日にもつ人生のテーブルが、食卓だ。人生とは、誰と食卓を共にするかということだ」と著者の長田弘さんは言います。ここにおさめられているのは、食卓にまつわる66篇の詩。と同時に、つづられた言葉は、料理の手順だったりもするのです。食いしん坊の私は、元気がないときも食欲がないときも、この本を手に取ると台所に立ちたくなったり、食欲がわいてきたり、とにかく元気に。そんなとき、食べることと生きることは、やっぱりつながっているんだなぁと教えてもらった気持ちになります。

次の一冊　『食語のひととき』早川文代著／毎日新聞社
“おいしい”をめぐる120通りの言葉。食感表現の奥深さを知る一冊。

COOKCOOP《クックコープ》
鈴木めぐみさん選

〒150-0002
東京都渋谷区渋谷1-11-1 1F
TEL 03-6418-8143

わずか6坪の店内ですが、並べられた本たちを通じて、食の魅力がたっぷりと伝わってくる「おいしい本屋さん」です。わ

2015年7月に閉店。

『ある日犬の国から手紙が来て』

松井雄功（絵）、田中マルコ（文）

小学館｜2009年｜127ページ｜定価：1200円（税別）
ISBN：9784093878371｜装丁：工藤亜矢子（オムデザイン）

ハンカチの準備はできていますか？
涙なしではいられません…。

まず表紙を見てください。その後ページをめくっていくと……挿絵《さしえ》がものすごく綺麗なんです。色彩やかで、幻想的で。内容はというと、ペットと飼い主との交流を描いた実在した「泣ける」話です。私は泣きたいときに読んでます。何とか多くの人たちに知ってもらえないかと思っていたとき、絶好のチャンスが訪れました。弊社の全スタッフがオススメする全店共通フェアで、私の選んだこの本も選ばれたのです。結果は大成功。多くの人たちに読んでいただき、社内で表彰されました。でも、もっともっと多くの人に読んでもらいたいんです。

次の一冊
『東京バンドワゴン』小路幸也著／集英社文庫
「THE日本の家族」のお話。こんな家族に憧れます。

旭屋書店天王寺MIO店
本田将弘さん選

〒543-0055
大阪府大阪市天王寺区悲田10-39
天王寺MIO 9F
TEL 06-6773-0107

女性の読者に大人気のとってもはなやかな本屋さん。今年8月下旬にリニューアルオープンして、さらにパワーアップ！

『孤宿の人（上）』

宮部みゆき

新潮文庫｜2009年｜493ページ｜定価：743円（税別）
ISBN：9784101369310｜装丁：新潮社装幀室

「呆」→「方」→「宝」。
（ぐっいる）

「琴江」「宇佐」「啓一郎」「一馬」、そして「加賀殿」。それぞれの事情を抱えた大人たちの真ん中に、わずか10歳の「ほう」という小さな少女がいる。誰かに言われたからでもなく、自分でそうしようとしたからでもなく、ただひたすらに「ほう」はまっすぐで、健気《けなげ》で、でも「ほう」が純粋な気持ちで慕う人たちはみな死んでしまう。「今日限り、私はおまえの奉公を解く」――「ほう」を逃すために、守るために。そう言った加賀様にもらった名前。それが「宝」。この物語が悲しいだけで終わらないのは、「ほう」が「宝」だから。愛おしい一冊をぜひ。（全２巻）

次の一冊
『ピアノの音』庄野潤三著／講談社文芸文庫
「あー、こうなりたい」としみじみ思う、静かでおだやかな夫婦の生活。

天牛堺書店光明池店
三山洋子さん選

〒590-0138
大阪府堺市南区鴨谷台2-2-1 サンピア1F
TEL 072-299-8005

新刊本はもちろん、老舗古書店としても有名な大阪府堺市の書店チェーン。どちらの品ぞろえもすごいですよ。ミシマ

Date
Nov. 21

No. **325**

Page
346

『彼女のこんだて帖』

角田光代（著）、ベターホーム協会（編）

ベターホーム出版局｜2006年｜142ページ
定価：1400円（税別）｜ISBN：9784938508791
装丁：新井崇（CASH G.D）

さぁ、今夜は何を食べようか？

“おいしいもの”が出てくるお話って、魅力的だと思いませんか？ふわふわのパンケーキが出てくる『ぐりとぐら』や大きなビスケットが出てくる『ぐるんぱのようちえん』等々、小さな頃読んだ絵本で印象に残っているものも、食べ物が魅力的に描かれているものが多いような気がします。この短編集は、日常の些細《ささい》な問題の傍《かたわ》らにおいしいご飯が登場し、主人公たちの背中をそっとやさしく押してくれます。それはどこかやさしいお母さんの味。物語を読んだ後はレシピを参考にお料理してみてはいかがでしょうか。文庫化もされていますが、写真も綺麗なこの単行本をおすすめします。

次の一冊　『ハニー ビター ハニー』加藤千恵著／集英社文庫
こちらも一話にひとつ“おいしいもの”が出てきます。小粒のお菓子のように、少しずつ味わってみてください。

ブックファースト青葉台店
酒井舞さん選

〒227-8555
神奈川県横浜市青葉区青葉台2-1-1
青葉台東急スクエアSouth-1別館3階・4階
TEL 045-989-1781

青葉台駅のすぐ近く。530坪という広い売場で、雑誌から専門書まで探している本が見つかります。ミシマ社本もそろっています！ほ

Date
Nov. 22

No. **326**

『智恵子紙絵』

高村智恵子（作）、高村規《ただし》（写真）

ちくま文庫｜1993年｜170ページ｜定価：1000円（税別）
ISBN：9784480028358｜装丁：金田理恵

こんなに静かな情動。
光太郎の愛が、胸を打ちます。

ページをめくるたびに洗練されていく智恵子の紙絵は、繊細で、温かくて、やさしい。精神を患っていた智恵子が、狂気と正気の中で作成した作品の数々に、私は大きな高揚を覚えました。巻末にある、高村光太郎が綴る「智恵子の半生」は、光太郎と智恵子の深い愛と理解を知ることができます。最後まで読んだ後、もう一度最初から智恵子の紙絵を見てもらいたいです。智恵子の光太郎への少女のような想いと、抑えられた苦悩がそこにあるように思います。好奇心を掻《か》きたてるストーリーは特にない、静かな本ですが、私には大切な一冊です。

次の一冊
『長い旅の途上』星野道夫著／文春文庫
問いかける写真、生きもの、そして紡《つむ》ぎだされる言葉たちの本。

文苑堂書店清水町店
室優子さん選

〒933-0858
富山県高岡市泉町685-7
TEL 0766-26-2245

こちらの本屋さん、春になると、外に咲く桜を眺めながら本を選べるという至福を味わえます（店内での飲食は×よ）。わ

Date
Nov. 23

No. **327**

Page
348

『ホスピタルクラウン
――病院に笑いを届ける道化師』

大棟《おおむね》耕介

サンクチュアリ出版｜2007年｜203ページ
定価：1400円（税別）｜ISBN：9784861139048
装丁：井上新八

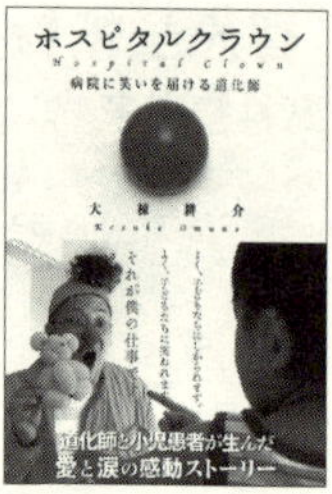

“天職”とは、目の前の人を笑顔にすることで たどりつく“瞬間”のこと

入院中の子どもに手品やパントマイムなど、いろいろな芸を繰り出して笑わせる道化師《クラウン》。闘病中の子どもたちだけでなく、看病するお母さんにもギャグやいたずらを仕掛け、なんとかして笑わせる。そんなお母さんを見て子どもたちも笑う。帰り際にお母さんが言う。「自分の子がこんなに笑うってこと、忘れていた」。そうじゃない。お母さんの笑う顔がうれしくて、子どもたちは笑うんだ。その瞬間をつくることがホスピタルクラウンの仕事。日々、こんなふうに本屋さんをしたい、と僕も思っています。

次の一冊　『計画と無計画のあいだ――「自由が丘のほがらかな出版社」の話』三島邦弘著／河出書房新社
混迷の時代に咲いた一冊の花。天職はきっと「あいだ」にある。

ツルハシブックス
西田卓司さん 選

〒950-2112
新潟県新潟市西区内野町431-2
TEL 025-261-3188

本屋には、新しい人生が転がっている。自分と世界を発掘したい方のためのジブン発掘本屋。HPには動画がいっぱい。わ

2016年10月に閉店。

Date
Nov. 24

No. 328

Page
349

『日本脱出記』

大杉栄

土曜社｜2011年｜205ページ｜定価:952円(税別)
ISBN:9784990558703｜装丁:豊田卓

今こそ、大杉栄。

アナーキスト・大杉栄による冒険記といってよい痛快な一冊でした。破天荒《はてんこう》で、自由で、軽やかで。これが、いまから100年近くも前の出来事というから驚きです。スゴイ日本人がいたのだなぁと圧倒されてしまいました。大杉栄がどんな思想を持ち、歴史上どういう人物だったのか、私はまだまだよくわかっていないのですが、本書はそんな私が読んでも十二分に興奮してしまう、パワフルな一冊でした。100年の時を越え、大杉が見たパリの景色が自分の中に色鮮やかに広がりました。ロマンです。

次の一冊
『アナーキー・イン・ザ・JP』中森明夫著／新潮社
大杉栄、21世紀のニッポンに降臨!! の一冊。ほとばしる熱さ。

札幌弘栄堂書店パセオ西店
坂胤美さん選

〒060-0806
北海道札幌市北区6条西4丁目
札幌駅パセオ1F
TEL 011-213-5520

札幌駅にある「ただ立地が便利なだけ」にとどまらない面白さが魅力的な本屋さん。ウインドウに並ぶ本は特に注目。わ

『ぎんのなみおどる』

今関信子（作）、飯野和好（絵）

朔北社｜2003年｜32ページ｜定価：1600円（税別）
ISBN：9784860850005｜装丁：朔北社

みんないい顔して暮らしている。

琵琶湖に浮かぶ小さな島の暮らしを子どもたちの演奏する「大漁太鼓」を通して描く絵本。力強い文章と大胆かつ鮮やかな絵の見事なまでのマッチングで読むもの、見るものを惹きつけます。そして、この絵本はこれからやってくるであろう時代の変化において、私たちが進むべき方向を指し示してくれているかのように感じてなりません。これからは誰もがそれぞれの地域で、この島の人たちのように自然に寄り添って“いい顔”をして暮らしていけるといいなと思います。まずは絵本を開いてみてください。“ドンドコドットンドンドコドットン”と子どもたちの大漁太鼓に元気がもらえるはずです。

次の一冊 『まちの謎解きブック』石打の子どもと地域を考える会編／農山漁村文化協会
まちの謎解きをしている間に自分のまちがもっと好きになる！

絵本と大判焼 トロフィー
中村和弘さん 選

〒205-0001
東京都羽村市小作台4-4-23
TEL 042-555-5320

「なんで絵本と大判焼なの？」とよく聞かれる中村さん。でも答えは単純。「どちらも大好きだからです」 わ

『ポケット詩集』

田中和雄（編）

童話屋｜1998年｜157ページ｜定価：1250円（税別）
ISBN：9784887470033｜装丁：島田光雄

言葉の宝石箱のような一冊

言葉は素晴らしい。わずかな文字で何気なく見ていた風景が一変したり、自分の中の漠とした想いが形をとって現れる。美しく洗練された詩を集めたこの本は、私たちの生活を深く豊かにしてくれると思う。言葉を共有して世界を広げましょう。

次の一冊　『寝ながら学べる構造主義』内田樹著／文春新書
難しいことをわかりやすく知の冒険に誘ってくれる。

ブックショップ書楽阿佐ヶ谷店
茂木信一さん選

〒166-0004
東京都杉並区阿佐谷南3-37-13
大同ビル1F
TEL 03-3393-5625

ブックカバーが格好いい。棚が面白い。お店紹介フリペ「書楽ってどんな本屋？」もユニーク。駅近い。いい本屋だなあ。わ

Date
Nov. 27

No. **331**

Page
352

『旅行者の朝食』

米原《よねはら》万里

文藝春秋｜2002年｜235ページ｜定価:1524円(税別)
ISBN:9784163584102｜装丁:南伸坊

誰か私に「XAJIBA」(ハルヴァ)をください!!
食べてみたいんです!!

棚が一杯になって、どうしても返品する商品を選ばないと行けなくなったとき、今では考えられないですが、この本を選んでしまった。前から気になっていた米原万里さんのエッセイ。この際返品せずに買ってしまおうか？ と、パラパラ中身を見て、即購入を決意。まさに運命の出会い（笑）でした。読んでるだけでおなかが減ってくるし、生唾《なまつば》出てくるし……。私のロシアへの好奇心も相まって、今では私の中の一押し本です。著者の軽快な語りと、出てくる食べ物を想像したときのなんとも言えぬ食べたさ。不味《まず》いと書かれている缶詰までも食べたくなってくる。特に、「ハルヴァ」、ぜひ食したいものです。

次の一冊 『ガセネッタ＆シモネッタ』米原万里著／文春文庫
「シツラクエン」や「フンドシ」をどうジョークで訳すか？ とにかく面白いのでオススメ！

大垣書店京都ヨドバシ店
辻中瑞保さん 選

〒600-8216
京都府京都市下京区烏丸通七条下ル
東塩小路町590-2京都ヨドバシビル6F
TEL 075-371-1700

とにかく最先端の商品を見逃さない！ このスピード感覚がすごいです。家電量販店と併設で、2倍楽しいですよ。

『おにぎり』

平山英三（文）、平山和子（絵）

福音館書店｜1992年｜23ページ｜定価：800円（税別）
ISBN：9784834011869

こんな本に出会うから
書店員はやめられない！

「絵本」というかたちが好きだ。絵と文章と目にみえない間。それを声に出して読むことで完成するという存在の仕方もたまらない。「しろいごはんで、うめのおにぎりをつくる」。平山さんの圧巻の絵が五感を刺激する。炊きたてのごはんを大きな手が握る。うめがはいり、のりがまかれる。言葉にもいっさいの無駄がない。絵本は現実と想像があいまいになるのがおもしろい。子どもは絵本で経験する。絵本でしかいけない世界へいく。この本は本気だ。「子どもに本気の本を残すことが書店員の使命だ！」とこーゆー本に出会うと熱くなってしまう。

次の一冊　『くだもの』平山和子（文・絵）／福音館書店
デザートです。

マルサン書店仲見世店
本田愛さん選

〒410-0801
静岡県沼津市大手町5-3-13
TEL 055-963-0350

1902年創業の老舗書店チェーン、マルサン書店の本店。沼津の書店文化をけん引する存在です。ミシマ

Date
Nov. 29

No. **333**

Page
354

『インド綿の服』

庄野潤三

講談社学芸文庫｜2002年｜192ページ｜定価:950円(税別)
ISBN:9784061982918｜装丁:菊地信義

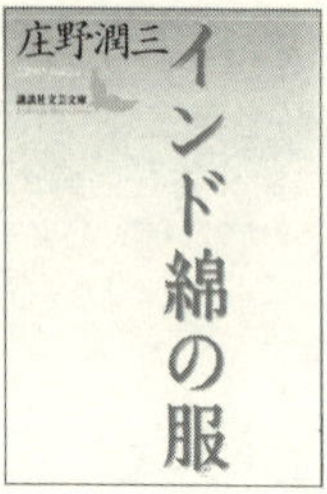

しあわせって こういうこと。

食べ物が出てくる小説が好きです。当店にもひっそりコーナーをつくってます。中でも第1位が本書。家族との暮らしぶりを伝える長女の手紙を、「私」が紹介する形で構成されています。自家製アップルパイ、生みたて玉子、スイス人の奥様から習ったハイデルケーキ……。でも何度も読み返してしまうのは、それらの描写に幸福感が滲《にじ》み出ているから。日常の些細《ささい》な出来事が拾い上げられ、嬉しさや驚きをユーモラスに伝える手紙は、カタログ的なスローライフ系雑誌にはないリアルな「暮らしの喜び」に満ちていて、寝る前にときどき読み返す枕元に欠かせない一冊なんです。

次の一冊
『なずな』堀江敏幸著／集英社
「穏やかな日常」＋「おいしそうな食べ物」＋「赤ちゃん」!!

ジュンク堂書店京都店
福井有理子さん

〒600-8005
京都府京都市下京区四条富小路角
TEL 075-252-0101

フロアの隅から隅まで、ぎゅうぎゅうに詰められた本、本、本! 一度入ると、面白すぎてなかなか出られません。

Date
Nov. 30

No. 334

『「かわいい女」63のルール』

里中李《り》生《しょう》

王様文庫｜2003年｜218ページ｜定価:476円(税別)
ISBN:9784837961864｜装丁:タカハシデザイン室

大切な人と
笑って読んでほしい!!

この本、恋愛自己啓発好きのお客様から教えてもらったのですが、正直私には必要のない本だと思っていました。「でも、ぜひ!」とすすめられたので試しに読んでみると、これが確かに面白い。誰かと読みながら自分たちの考えを恥ずかしげもなくさらけ出しあい、それによりお互いの考えや気持ちがよりわかるという、子どもの頃のような「読書の楽しみ」を思い出させてくれる、そんな一冊です。ここに書かれているのはあくまでも、著者の里中さんの好みの女性像です……それ以外はバッサリ切ります! でもだから共感できる、そして突っ込むスキも与えてくれる。里中さん、素敵です!

次の一冊　『くすぶれ! モテない系』能町みね子著／文春文庫
この本を読んでも何も解決しないし、モテもしません!(笑)

文星堂ThinkPark店
磯田直樹さん選

〒141-0032
東京都品川区大崎2-1-1
ThinkPark 1F
TEL 03-5436-3530

こちらのお店で本を買ったら必ずカバーをかけてもらっています。素敵なんだなあ、これが。絶対おすすめです。わ

2012年8月に閉店。

12月

一年のしめくくり、来年にむけて

December

『晩年』

太宰《だざい》治

新潮文庫｜1947年｜407ページ｜定価：520円（税別）
ISBN：9784101006017｜装丁：唐仁原教久

どうにか、なる

少しずつ小説を読み始めたころ、近所の小さな本屋の棚に並ぶ新潮文庫の黒い背表紙が開けてはいけない扉のように思えた。著者略歴を見るかぎり、こんなやつが身近にいたら「なんなんだオメーは」と言わずにはおれないが、その扉を開けてしまったのだからしょうがない。『晩年』という、最初期の短編集の一発目に収録された「葉」は、太宰がそれまでに書いてきた小説の断片を配列したものだが、それが不思議と連続性を持って迫ってくるようにも感じられ、強引に言ってしまえば、それは私が本屋の棚に求める一要素だ。この作品を選んだのはまったくの気分でしかないが、今もときどき読み返す。

次の一冊
『二列目の人生――隠れた異才たち』池内紀《おさむ》著／集英社文庫
この本みたいな佇まいの本屋になりたいという何冊かの一冊。

北書店
佐藤雄一さん選

〒951-8124
新潟県新潟市中央区医学町通2番町10-1
ダイアパレス医学町101
TEL 025-201-7466

「この本みたいな佇まいの本屋になりたいという何冊か」を知りたい方は、知る人ぞ知る呑む会合、通称「北酒場」へ。わ

『日本文化私観』

坂口安吾

中公クラシックス｜2011年｜363ページ｜定価：1850円（税別）
ISBN：9784121601261｜装丁：中央公論新社デザイン室

無頼の魂、ここにあり！

表題作「日本文化私観」では、「法隆寺とか、必要だったら、停車場にしてしまえばいい」と言いはなち（戦時中にもかかわらず、こんなことを書いています）、「青春論」は、宮本武蔵の逸話などをまじえつつ、人生、文学について論じています。上記の作品以外にも読みごたえのある作品ばかりですが、一番読んでほしいのが、「もう軍備はいらない」。テロ、戦争、紛争が尽きない現在だからこそ、ぜひ一読を。

次の一冊
『生ける屍《しかばね》の死』山口雅也著／創元推理文庫
パンク探偵が挑む、あまりに不条理な殺人事件。オススメです！

文教堂書店渋谷店
湯澤洋介さん選

〒150-0002
東京都渋谷区渋谷1-24-10
TEL 03-5468-2431

ギュッと密度があって充実の売場。店長いわく、「コミックの品ぞろえに自信アリ！」。握手会などのイベントにも注目。わ

2014年10月に閉店。

『ある明治人の記録
──会津人柴五郎の遺書』

石光真人（編・著）

中公新書｜1971年｜176ページ｜定価：660円（税別）
ISBN：9784121002525｜装丁：白井晟一

世の中、浮かれ始めた時
読んで欲しい本。

上級武士の子として会津に生まれた柴吾郎は、幼年10歳のとき、祖母、母、兄嫁、姉、妹を自刃に追いやられた。その悔しさと悲しみは、いかばかりか計り知れない。薩長藩閥政府が自藩の人材を多く登用する中で、悔しさと哀しみを懐の奥深くきざみこんで、明治初期の日本の発展に尽くす。『坂の上の雲』に書かれている逸材であった。

次の一冊
『城下の人──石光真清の手記（一）』石光真清著／中公文庫
上記の編者。石光真人の父で、明治元年生まれの真清による手記である。

**ブックスページワン イトーヨーカドー赤羽店
片岡隆さん**選

〒115-0055
東京都北区赤羽西1-7-1
イトーヨーカドー赤羽店6F
TEL 03-5993-7330

「地域のために本屋を残さなくては」と言う片岡社長は、実際本屋のない駅に小さな店を出店し続けてきたすごい経営者。わ

ミシマ

Date
Dec. 4

No. 338

Page
361

『経営に終わりはない』

藤沢武夫

文春文庫｜1998年｜235ページ｜定価：467円（税別）
ISBN：9784167130022｜装丁：坂田政則

**偉大なるエンジニアを愛した
偉大なる経営人の物語です。**

カリスマエンジニアであり、本田技研創業者である本田宗一郎とともに本田技研を世界的企業に育て上げたのが、この本の著者、藤沢武夫です。本田宗一郎という天才の技術と組織を後世につなげる、それを自身の使命として生きた藤沢の姿は徹底しています。本田への深い尊敬と愛情。そして経営のプロとしての先見力と実行力。「本田宗一郎は本田の実印を25年間見なかった」というエピソードに代表される、この二人のような関係はほかにないでしょう。本物とはこういう人たちなのだと思います。本田宗一郎の陰で黒子《くろこ》に徹した男の矜《きょう》持《じ》、読んでいて胸が熱くなる一冊です。

次の一冊
『経営はロマンだ！——私の履歴書』小倉昌男著／日経ビジネス人文庫
藤沢武夫はロマンチストでしたが、小倉昌男もロマンと実行力の同居するすごい人物です。

丸善・日本橋店
葛《くず》目《め》麻子さん選

〒103-8245
東京都中央区日本橋2-3-10
TEL 03-6214-2001

明治2年創業、古くから商業の中心である日本橋の地で本屋を続ける丸善さんの伝統と、モダンな新しさが息づくお店。わ

Date
Dec. 5

No. **339**

Page
362

『ポケットに名言を』

寺山修司

角川文庫｜2005年｜184ページ｜定価：362円（税別）
ISBN：9784041315248｜装丁：鈴木成一デザイン室

本は広い世界への入口
寺山修司的名言集

この本の真骨頂は、多様に広がる世界へのほんの入り口だということ。寺山修司の「交友録」と自身の作品の断片で構成された「ことばのカタログ」である。気になったものは、原典にふれてみる。セリフが胸にしみた映画、サルトルにマルクス、マザーグースに中原中也の詩、そして著者の作品などなど、お気に入りは指数関数的に増えていく。もちろんカタログ自体を思い出しては、ひもとくのもとても楽しい。ただし、ときどき危険物が混じっているので、上手に活用してほしい、そんな一冊。ぜひ一度お試しあれ。

次の一冊

『二十億光年の孤独』谷川俊太郎（著）、W. I. エリオット、川村和夫（訳）／集英社文庫
『ポケットに名言を』で「かなしみ」に心惹かれたら、ぜひどうぞ。

スタンダードブックストア茶屋町
塙本《はねもと》悦子さん 選

〒530-0013
大阪府大阪市北区茶屋町8-26
NU茶屋町プラス2F
TEL 06-6485-7139

お店のこだわりでセレクトされた本と文具、雑貨、そしてカフェ。その一体感が楽しいお店。フードメニューも充実！

Date
Dec. 6

No. **340**

『加藤周一著作集(22)――夕陽妄語《せきようもうご》II』

加藤周一

平凡社|1997年|396ページ|定価:3800円(税別)
ISBN:9784582365221|装丁:池田満寿夫

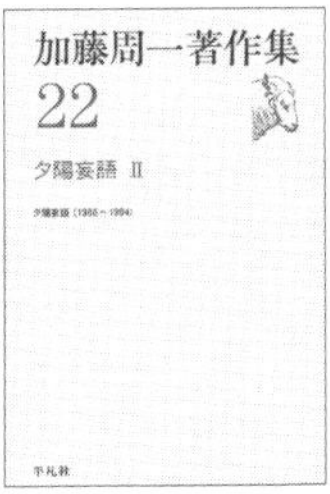

人間的に考えぬく
その姿勢に励まされます。

話題が多岐にわたるのと、著者の特徴である明晰さ、あたたかさがすべての評論に凝縮しているので「夕陽妄語」を選びましたが、加藤さんの作品ならなんでもオススメ。事の本質を正確にわかりやすく述べる文章を読むと、背景にある膨大な知識とそれを活かそうとはたらく知恵に感動します。相変わらず声高で雑駁《ざつぱく》な、でなければ難解で独善的な言文が目立つ世の中で、関心のある問題をさてどう判断したらよいかと悩むとき、この人ならどう考えるだろうと思いつつ読み返して、考えるヒントというよりは、人間的に考えぬく姿勢に励まされてきました。私の「座右の書」です。

次の一冊 『吉里吉里人』井上ひさし著/新潮文庫
「え? どう関係するの?」。お読みいただくとわかります。

北海道大学生協書籍部クラーク
片岡真さん選

〒060-0808
北海道札幌市北区北八条西7丁目
TEL 011-736-0916

大学人に代々読み継がれてきた名著と、最新の研究成果の結実たる新刊が一堂に。北大の知の創出を支える本屋さん。わ

Date
Dec. 7

No. **341**

Page
364

『私の個人主義』

夏目漱石

講談社学術文庫｜1978年｜169ページ｜定価：660円（税別）
ISBN：9784061582712｜装丁：杉浦幸治

「此処ではない何処かへ…」と苦悩するあなたへ！

「突き抜けたくっても突き抜けるわけにも行かず、何か掴《つか》みたくっても薬《や》罐《かん》頭を掴むようにつるつるして焦燥《じ》れったくなったりする」ときってありませんか？ 迎合しがちな日々の中、他人の受け売りではなく、自分の言葉で生きていくための勇気を与えてくれます。時を超え、漱石が身近に感じられる一冊です。

次の一冊
『二十歳の原点』高野悦子著／新潮文庫
自分の弱さを認めることは、美しいことでもあると気づかせてくれる一冊。

リブロ吉祥寺店
栗田克明さん選

〒180-0004
東京都武蔵野市吉祥寺本町1-5-1
吉祥寺パルコB2F
TEL 0422-21-8122

吉祥寺という街の縮図的な書店。私は学生時代（当時はパルコブックセンターといった）からこのお店の大ファンです。わ

2013年9月よりパルコブックセンター吉祥寺店に名前を変え、2018年7月に閉店。

『北村透谷《とうこく》選集』

北村透谷(著)、勝本清一郎(校訂)

岩波文庫 | 1970年 | 413ページ | 定価:860円(税別)
ISBN:9784003101612

憂いの美學、焦躁と美學……。

25歳という若さでの自死。それはおそらく日本文学史上初。夏目漱石『こころ』のKでは……という話や「恋愛」という言葉を広めたともいわれている彼。大学も諦《あきら》め95年の出来事を経てうだうだと部屋に閉じこもっていたその頃のボクは、少しずつうろうろと本屋でのバイトを始めた。さまざまな物語が棚のなかでひっそりとボクを待っている、気がして。そんなある日の検品中に手にしたこの本……。読み難い文語体に隠れたその言葉の断片はまさに研がれた剣か魚の小骨。今でもこの喉元《のどもと》にひっかかり、彼よりも十数年多く歳を重ねてしまっているボクに突きつけ悩ませる。

次の一冊　『マイケル・K』J. M. クッツェー(著)、くぼたのぞみ(訳)/ちくま文庫
エンタメ文学から遠く離れて。

丸善・アークヒルズ店
岩崎師博さん 選

〒107-6003
東京都港区赤坂1-12-32
アーク森ビル3階
TEL 03-3589-1772

日本の大規模再開発事業の先駆けアークヒルズ。コンパクトにまとめられた店内に岩崎店長の確かな商品知識がキラリ。わ

2015年12月に閉店。

『世界の終りとハードボイルド・ワンダーランド』

村上春樹

新潮社｜2005年｜618ページ｜定価：2400円（税別）
ISBN：9784103534174｜装丁：新潮社装幀室

読んだ人の人生を変える本、本当にあるんです。

元々教師になりたかったんです。だから、大学も教育学部を受けるつもりでしたし。ところが、この本と出会ったがために、僕の人生は思いもよらぬ方向へ……。受験勉強の息抜きのつもりでなんとなく手に取ったら、その圧倒的な世界観、描写にすっかり魅せられてしまいました。息抜きどころか最初に2回続けて読み、それから1カ月に1回というヘヴィーローテ。気づいたときには、文学部で村上春樹の研究をしていました。教師の夢を奪われた憎き作品『世界の終りとハードボイルド・ワンダーランド』……最高です。

次の一冊　『パン屋再襲撃』村上春樹著／文春文庫
村上春樹は長編だけじゃなく、短編もすごいんです。

紀伊國屋書店神戸店
小澤康基さん選

〒651-8511
兵庫県神戸市中央区小野柄通8-1-8
そごう神戸店新館5F
TEL 078-265-1607

そごう神戸店の中にある、神戸マダムが集まる本屋さん。男前書店員、小澤さんのスマートな接客にも注目！く

『ライ麦畑でつかまえて』

J. D. サリンジャー（著）、野崎孝（訳）

白水Uブックス｜1984年｜339ページ｜定価：880円（税別）
ISBN：9784560070512｜装丁：田中一光

多くの若者の人生を狂わせた本
これが文法とは
被害者世界レベル
いかがなものか？

有名すぎて読んでいないかもと推挙してみました。本書内容はいまさら感があり、wikiってしまえば出ちゃうんで割愛します。なぜ春樹訳ではなく野崎訳なのか！ 会話で進行する物語ゆえ、改訂訳ごとに読んでいくと言い回しの変化が面白い！ 時代に合わせてその時代の若者に問いかける物語であらねばならないってこともあるでしょう。言葉は生きているのだと知りました。印象的なのは、セントラルパークのサウス通りの冬には凍結してしまう池にいる家鴨《あひる》の行方。答えは書かれていません。この本で大きく人生が狂い、今こうして書いているわたしには答えがまだ見つかりません。

次の一冊　『路上』ジャック・ケルアック（著）、福田実（訳）／河出文庫
定番コース、ビートニク。若者よ、もっと反抗心を！！

ひぐらし文庫
原田真弓さん 選

〒171-0032
東京都豊島区雑司が谷3-3-14
TEL 03-5944-9968

テレビで紹介された本を読むだけではもの足りないと感じたら原田さんを訪ねてください。読書歴2歩めの本屋さん。わ

ミシマ

2012年10月に閉店。

Date
Dec. 11

No. **345**

Page
368

『移動祝祭日』

ヘミングウェイ(著)、高見浩(訳)

新潮文庫|2009年|330ページ|定価:590円(税別)
ISBN:9784102100158|装丁:新潮社装幀室

何を読んでも、同じこと。
『移動祝祭日』は君についてまわる。

晩年に書かれたヘミングウェイの作品。1920年代のパリを描いたこの作品は、ヘミングウェイにとって、どのくらい価値あるものだったのだろう。作家として歩み始めた彼がみた当時のパリ。そのことを晩年に思い出しつつ、『移動祝祭日』を書いた時間。そして、そのことをわくわくしながら読み始めるものたちの幸福なひととき。評価の高い作品は安心して読める。でも、評価はやはり読者一人ひとりでくだしてほしい。ほかのだれよりも自分の内面での出来事に驚くことを祝福しよう。そうしていれば、次の読むべき書はおのずと決まってくるのだから。

次の一冊 『バビロンに帰る』スコット・フィッツジェラルド(著)、村上春樹(訳)著/中央公論新社
ウディ・アレン監督作「ミッドナイト・イン・パリ」もぜひ!!

ジュンク堂書店京都BAL店
市木誉世夫さん選

〒604-8032
京都府京都市中京区河原町通三条下ル2丁目
山崎町251 京都BAL店内
TEL 075-253-6460

京都BAL店ほど、毎回面白いフェアをやっている書店はそうそうない! 各フロアにスゴ腕の仕掛人がいます。

2013年1月に閉店。現在は同じ場所で丸善京都本店が営業中。

Date
Dec. 12

No. 346

『麻雀放浪記(1)──青春篇』

阿佐田哲也

文春文庫｜2007年｜369ページ｜定価：629円（税別）
ISBN：9784167323042｜装丁：鶴丈二

電車内で読まない方が良い本

通学中の車内でこの本を開いた瞬間にどっぷりと物語の中に入り込んでしまい、降りるべき駅を行ったり来たり3回逃し、最後は本を開けないようにカバンの中に押し込んで、ようやく目的地で降りられた経験あり。血湧き肉躍る小説とはこの本のこと。麻雀を知らない人は、この小説の面白さを理解できない自分の愚かしさを知れ。（全4巻）

次の一冊　『百』色川武大著／新潮文庫
この後、伊集院静、山口瞳と続き、井伏鱒二へと進む。

島森書店鎌倉店
沼崎正昭さん選

〒248-0006
神奈川県鎌倉市小町1-9-3
TEL 0467-22-0266

鎌倉駅東口から若宮大路（由比ヶ浜から鶴岡八幡宮に通じる参道）への突き当りに立地。地元関連書籍の充実が嬉しい。わ

Date
Dec. 13

No. **347**

Page
370

『聖徳太子の言葉──〈超訳〉十七条憲法』

大角《おおかど》修

柑出版社｜2011年｜240ページ｜定価：1000円（税別）
ISBN：9784777920853｜装丁：ピークス

あの一万円札は重みあったよね。

国民性ってありますよね。『ヘタリア』、面白いですよね。イタリア留学していた友人が、ほんとあんな感じよ、イタリア人って！！ それでは、日本人の国民性ってどこから来てるのでしょう？ 震災以降世界が賞賛した日本人は「和をもって貴しとなす」ではなかったでしょうか。ただその先には多数に流されやすい日本人への戒《いまし》めも続きます。知ってはいるが、理解には程遠い聖徳太子の十七条憲法、1400年前から私たちにはこれほどの指針があったのに。今一度、日本人として読んでみませんか？ せめて、はじめにと四条だけでも。

次の一冊
『深夜の赤信号は渡ってもいいか？』富《と》増《ます》章成《あきなり》著／さくら舎
猪瀬直樹東京都副知事が面白いツイートをして、ちょっとだけ話題にもなりましたが、ここに哲学をはめてくる視点が面白いですね。

宮脇書店ヨークタウン野田店
熊坂敏光さん 選

〒960-8055
福島県福島市野田町4-1-3
TEL 024-533-0600

売場で「おっ！」となるパネルは大体、熊坂店長の労作。『震える牛』のパネルが震える仕様だったのには私も震えた。わ

ミシマ

Date
Dec. 14

No. **348**

『おんなのことば』

茨《いばら》木《ぎ》のり子

童話屋の詩文庫｜1994年｜157ページ｜定価：1250円（税別）
ISBN：9784924684782｜装丁：島田光雄

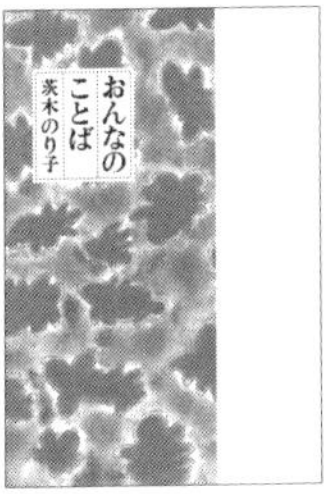

凝り固まってしまった心を
やさしくほどいてくれる一冊。

私が文芸書担当をしていたとき、詩のコーナーの片隅で展開していた文庫サイズのかわいらしい装丁の本。そう多くの人でなくていい、何気なく手にとって、茨木のり子さんの紡《つむ》ぐ力強い言葉にふれてほしいと思ったものでした。気持ちが沈んで心が凝り固まったとき、私はいつもこの本を開きます。生きとし生けるものへのやさしさにあふれた言葉たちに、心が少しずつほどけて、前に向かって生きていく勇気をもらっています。どこにいてもいつでも手の届くところに置いておきたい一冊です。

次の一冊
『わたしを離さないで』カズオ・イシグロ（著）、土屋政雄（訳）／ハヤカワepi文庫
カズオ・イシグロの作品はすべて大好きですが、この本は特別な一冊。

ジュンク堂書店那覇店
香川紀子さん 選

〒900-0013
沖縄県那覇市牧志1-19-29
1～3F
TEL 098-860-7175

那覇の街の面白さを、丸ごと飲み込んだような大型書店。地元作家の作品も充実していて楽しいですよ。

『数学の秘密の本棚』

イアン・スチュアート（著）、水谷淳（訳）

ソフトバンククリエイティブ｜2010年｜328ページ
定価：1900円（税別）｜ISBN：9784797356014
装丁：米谷テツヤ

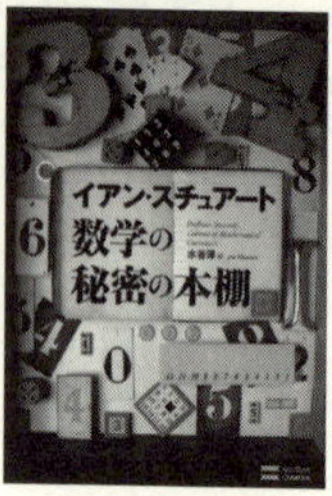

数学の面白さ、ぎっしり濃縮の一冊です。

その本棚には書き込んだノートやコピーでぎっしり。内容はすべて、数学で面白いと思ったこと。この本棚から、特に興味をそそる数学のパズル、エピソードを選び出してつくったのがこの書籍。ナルホド話から、難易度極高のパズルまでたくさんの項目からなる数学の本当の面白さが濃縮された一冊です。販売時には、書籍内のパズルやゲームをいくつか紹介した体験版をつくってみました。「テストのために学ぶ数学」ではなく、「読んで解いて楽しい数楽」。数の楽しさに触れたい、数の奥深い世界で踏み込みたい。そんな方へ。

次の一冊 『数学の魔法の宝箱』イアン・スチュアート（著）、水谷淳（訳）／ソフトバンククリエイティブ
第2弾。秘密の本棚には、まだまだ数学の面白さが詰まっている。

紀伊國屋書店富山店
橋本裕司さん㊣

〒930-0083
富山県富山市総曲輪3-8-6
総曲輪フェリオ7F
TEL 076-491-7031

県下最大級970坪の店内はとってもキレイ。暖色系の照明が目にやさしく、心が落ち着く素敵空間です。Ⓦ

『暗号解読
――ロゼッタストーンから量子暗号まで』

サイモン・シン（著）、青木薫（訳）

新潮社｜2001年｜509ページ｜定価：2600円（税別）
ISBN：9784105393021｜装丁：吉田篤弘＋吉田浩美

騙されたと思って
読んでみて下さい!!

ミステリー小説かと思い手に取ってみました。まず、目次で違和感をもち、数ページ読んだところ間違いに気づきました。結果的に、はまりました。おもしろい!!　現代社会にいたる暗号の歴史がそれに関わる人とともに描き出されてます。わたしがノンフィクションにはまるきっかけとなった一冊です。

次の一冊　『宇宙創成』サイモン・シン（著）、青木薫（訳）／新潮文庫
サイモン・シンの本、おすすめです。

BOOKSあんとく みずま店
床嶋正三さん選

〒830-0101
福岡県久留米市三潴町早津崎892
TEL 0942-64-5656

久留米の街に根づく、地域密着がモットーの本屋さん。POPがにぎやかで、楽しいお店です。

Date
Dec. 17

No. **351**

『100年予測——世界最強のインテリジェンス企業が示す未来覇権地図』

ジョージ・フリードマン（著）、櫻井祐子（訳）

早川書房｜2009年｜381ページ｜定価：1800円（税別）
ISBN：9784152090744
装丁：萩原弦一郎（デジカル デザイン室）

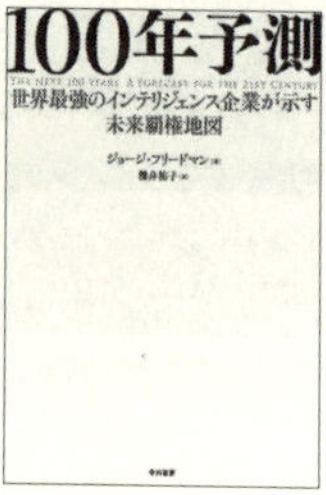

100年後に会いましょう

明日もわからないこの時代に、5年後、10年後ましてや100年後の予測をして何の意味があるの？ と私は思いました。下世話な「たられば」本が多くて並べるのも嫌になるときがあるのですが、何か惹かれるものがあって手にしてみました。本書は地政学という観点からデータを集め分析し、そこから未来像を導き出して解説しています。無駄に難しく考えるとか、重箱の隅をつつくような粗探しは置いといて、もっと単純に未来を想像するひとつのツールとして読んでみることをおすすめします。だって、皆さんのほとんどは100年後いないのですから。

次の一冊 『激動予測——「影のCIA」が明かす近未来パワーバランス』ジョージ・フリードマン（著）、櫻井祐子（訳）／早川書房
本書の続編になりますが、今度は10年予測です。

ACADEMIA菖蒲店
宮山修さん（選）

〒346-0106
埼玉県久喜市菖蒲町菖蒲6005
モラージュ菖蒲3F
TEL 0480-87-1781

入居するモラージュ菖蒲は埼玉県最大級250店舗を擁する超大型SC。陸の孤島のような立地も相まって興奮します。（わ）

『モモ
——時間どろぼうとぬすまれた時間を
人間にとりかえしてくれた女の子のふしぎな物語』

ミヒャエル・エンデ（作）、大島かおり（訳）

岩波書店｜1976年｜360ページ｜定価：1700円（税別）
ISBN：9784001106879

そんな症候群、大人に捧ぐ

あれ？ 時間どこ行った？

さっきまでそこにあったのに。

毎日9時から10時まで働いているぼくに、「そんなに働くと人生損だよ」と教えてくれて、次の日から8時に上がるようになり、週3で映画に行くようになって逆にお金がなくなって、時間とお金の大切さ両方に気づかせてくれた『モモ』。効率だけを重視して無駄を削《そ》いでいく現代社会のあり方を、時間泥棒という風刺の効いた物語で描いたこの本。仕事から帰っておちるように寝て、休みの日は溜《た》まった疲れのせいで昼過ぎまで寝て罪悪感。そんなあなたに、それはきっと時間泥棒が時間を盗んでます。いますぐこの本の中に住んでいるモモに助けを求めよう。

次の一冊　『永い夜』ミシェル・レミュー（作）、森絵都（訳）／講談社
一人ぽっちの永い夜に考えてしまうあれこれの絵本。

ヴィレッジヴァンガード下北沢店
長谷川朗さん選

〒155-0031
東京都世田谷区北沢2-10-15
マルシェ下北沢1F
TEL 03-3460-6145

映画「モテキ」で森山未來と長澤まさみが最初に待ち合わせたのはこのお店の前。その売場も含めもはや観光地レベル。わ

『いばらひめ――グリム童話より』

エロール・ル・カイン（絵）、
矢川澄子（訳）

ほるぷ出版｜1975年｜32ページ
定価：1200円（税別）｜ISBN：9784593500550

ひとめぼれでした。

児童書を担当することになるとは思ってもみなかった頃、旅先でふらっと入った絵本の美術館。そこで見入ってしまい、魅入られてしまったのがル・カインの絵本でした。生い立ちのせいか、どこか東洋的な神秘さを感じさせる画風は、単体でも素敵ですが、絵本になったときに最高の魅力を発揮するように思います。ページをめくるとドーンと広がる、というよりは気づくともう世界に引きこまれていた、という雰囲気をもっています。小さい子にはもちろんですが、大きい子（大人）にこそおすすめしたいと思います。

次の一冊　『イメージの魔術師 エロール・ル・カイン［改訂新版］』エロール・ル・カイン画／ほるぷ出版
こちらはル・カインの画集。お気に入りの一冊が見つかるかも。

三省堂書店新横浜店
濵元翔さん選

〒222-0033
神奈川県横浜市港北区新横浜2-100-45
キュービックプラザ新横浜8階
TEL 045-478-5520

駅ビルにあり便利。店長のHさんは「フリペコラボ」の仕掛け人として業界内で有名。ちなみに濵元さんは自転車好き。わ

『すてきなあなたに』

大橋鎮《しず》子《こ》（編・著）

暮しの手帖社｜1975年｜320ページ｜定価：1714円（税別）
ISBN：9784766000047｜装丁：花森安治

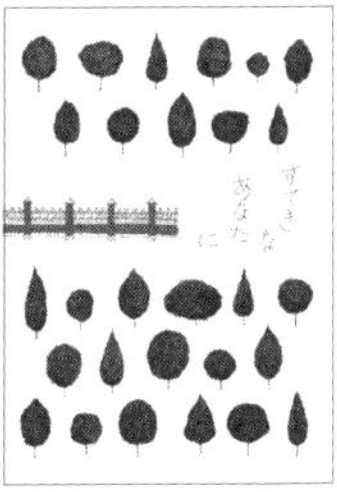

すてきなわたしになれるでしょうか。

社員として働く最初の店舗のオープン準備のときに見つけて、オープンしたら即買おう、と思った一冊です。雑誌「暮しの手帖」に連載されているコラムが本になったもので、普段文庫本ばかり買っているわたしは箱入りハードカバー挿絵《さしえ》つきの美しい装丁にまずやられたのですが、上品でやさしい語り口の文章にもうっとりです。レシピやファッション、旅先での出会いや読者とのやりとり、著名人とのエピソードなどなどお楽しみ袋のようにぎっしりで、なおかつ、すてきエッセンスいっぱいの本です。

次の一冊　『小さな男＊静かな声』吉田篤弘著／中公文庫
出てくるモノがすてきです。淡々と書かれてるけど、笑えます。

くまざわ書店下関店
岩下葉子さん選

〒750-0025
山口県下関市竹崎町4-4-7
シーモールest4F
TEL 083-228-0401

2011年11月の改装で、専門書がさらにパワーアップ！ 広い店内でじっくり選べるお店です。イスもありますよ〜！く

Date
Dec. 21

No. **355**

Page
378

『自分の仕事をつくる』

西村佳哲《よしあき》

ちくま文庫｜2009年｜331ページ｜定価：760円（税別）
ISBN：9784480425577｜装丁：ASYL

ページを折るも良し、余白に書き込むも良し。
自分の思いとも向き合える一冊。

現在9冊の本が出版されている働き方研究家、西村佳哲さんの最初の一冊。「いい仕事」をしている人の現場を訪ね歩いた、働き方をめぐる探索の小さな報告書です。なによりも本のタイトルが核心を突いていて心に響きます。他人事ではないこと、ほかの人には任せたくないこと、ほかでもない「自分の仕事」をしよう！ という強い願いが込められています。「自分の仕事」を見つめ直したくなったとき、「自分の仕事をつくる」ことに思いを巡らせたとき、「いい仕事」の現場や西村さんの綴られる言葉から、そのときどきに響くこと、感じることを知り、自分の思いとも向き合える一冊です。

次の一冊 『いま、地方で生きるということ』西村佳哲著／ミシマ社
自分たちの場所を自分たちでつくっている人たちに出会える一冊。

ブックスキューブリック箱崎店
秋山奉子さん選

〒812-0053
福岡県福岡市東区箱崎1-5-14
ベルニード箱崎1F
TEL 092-645-0630

2階にカフェ＆ギャラリーがある、ブックスキューブリックの2号店。雑貨も充実していて、楽しいですよ〜。く

ミシマ

『リアル・シンデレラ』

姫野《ひめの》カオルコ

光文社｜2010年｜413ページ｜定価:1700円(税別)
ISBN:9784334927028｜装丁:加藤愛子(オフィスキントン)

(今はもういない)あの人は「幸せ」だったのだろうか?
私がいま求めているものは「幸せ」なのだろうか?
足もとがぐらぐらしてきます。

シンデレラの物語は現在でも人気です。本屋の店頭でも、おもにディズニーによって描かれた物語が受け入れられて、派生したさまざまな「お姫さま」関連商品も存在します。私たちが生きる現代、シンデレラはだれか、王子様はだれか、シンデレラになるために必要なことは？ それはおとぎ話ではなく、むしろ「将来への不安」とセットになって取り組まなければならない問題としてリアルに意識されているのではないでしょうか。最近「競争したくない」という声はよく聞くようになりましたが「無欲」への距離はこのファンタジーによって縮められるでしょうか。

次の一冊
『お伽草紙』太宰治著／新潮文庫
日本の昔話も久しぶりに読んでみたくなります。

千駄木 往来堂書店
笈入《おいり》建志さん選

〒113-0022
東京都文京区千駄木2-47-11
TEL 03-5685-0807

往来堂さんゆかりの方々オススメの文庫が一堂に会するフェア「D坂文庫」は夏冬に開催。本／本屋への愛情がここに。わ

Date
Dec. 23

No. **357**

Page
380

『女の絶望』

伊藤比呂美《ひろみ》

光文社｜2008年｜277ページ｜定価：1700円（税別）
ISBN：9784334975487｜装丁：藤田知子

女の悩み
吸い取ります！

伊藤比呂美の身の上相談。詩人で50代の海千山千《うみせんやません》。座右の銘は「あとは野となれ山となれ」。彼女自身の人生も大変なものであったらしいが、この本では他人《ひと》事ではなく一緒に悩み、女の生きざまを語り、最後には楽にさせてくれる。やさしくてあったかくて泣けてくる。

次の一冊　『クク氏の結婚、キキ夫人の幸福』佐野洋子著／朝日新聞出版
男と女の傷だらけの日々……。

リーブルなにわ
谷香織さん選

〒060-0061
北海道札幌市中央区南一条西4
日之出ビル
TEL 011-221-3800

大通駅直結、札幌のなかでもとりわけ存在感ある創業60年超の老舗本屋さん。最近リニューアルを実施して装い一新。わ

2013年4月に閉店。

『七夜物語（上）』

川上弘美

朝日新聞出版｜2012年｜449ページ｜定価：1800円（税別）
ISBN：9784022509598｜装丁：祖父江慎（cozfish）

小さな二人の真摯な
まなざしに、胸をうたれます。

声は聞いたことがないけれど、川上弘美さんの本を開けば、いつも頭の中の川上弘美さんが朗読をしてくれる。なので読み飛ばしたりしない。いつもより時間が多めにかかるがじっくり読み進める、情景が広がる。今回のお話は続きがとても気になる。七つの夜をこえて、少しずつたくましくなっていく二人の冒険の先に、いったい何が待っているのだろうか。頭の中の川上さんにそれから？ それから？ と急《せ》かしてみても、川上さんはにっこり笑っていつもの調子でのんびり進める。気持ちは先へ先へとどんどん進もうとする。でもやっぱり丁寧に読み進めたい、そんな一冊。（全2巻）

次の一冊　『雲をつかむ話』多和田葉子著／講談社
夜の世界の冒険の次は、言葉と雲のあいだをたゆたおう。

ブックファースト淀屋橋店
田口美幸さん選

〒541-0041
大阪府大阪市中央区北浜3-6-14
御堂筋線淀屋橋駅北改札前
TEL 06-4706-7355

朝7時から夜11時まで営業のザ・駅近本屋さん。便利さはもちろん、細かな品ぞろえの完成度にいつも驚きます。

2014年12月に閉店。

Date
Dec. 25

No. **359**

Page
382

『沈黙』
遠藤周作

新潮文庫｜1981年｜256ページ｜定価：550円（税別）
ISBN：9784101123158｜装丁：新潮社装幀室

パードレ!!

信仰について深く考えさせられる作品です。日本人は無宗教だとよく言われますが、そんな私たちこそが読むべき本ではないでしょうか。作品の内容と描写が素晴らしく、思わず自分がその場にいるかのような錯覚をおぼえるほどです。神はいるのか、信仰心とは。江戸時代のキリスト教弾圧のなか、神を信じ、祈り続ける若きポルトガル人司祭ロドリゴ。その姿に心をうたれます。迫害されるキリシタンをよそになぜ神は沈黙を続けるのか、この作品の答えがすべての人にとって共感できるものかわかりませんが、一読の価値があります。読後、すっきりする青春小説などとは一線を画しますが、10代、20代の方にぜひ。

次の一冊
『余は如何にして基督信徒となりし乎』内村鑑三（著）、鈴木俊郎（訳）／岩波文庫
信仰の意味を教えてくれる一冊。

大垣書店六地蔵店
中川貴人さん 選

〒611-0001
京都府宇治市六地蔵奈良町67-1
イトーヨーカドー六地蔵店2F
TEL 0774-38-2355

接客大好き！ お客さんにやさしいお店。営業のときも、店長の笑顔に癒され、ついつい長居してしまいます。く

2017年2月に閉店。

Date
Dec. 26

No.
360

Page
383

『シャバット——安息日の現代的意味』

A. J. ヘッシェル（著）、森泉弘次（訳）

教文館｜2002年｜182ページ｜定価：1800円（税別）
ISBN：9784764260146｜装丁：熊谷博人

「休日とは 時間を直感する日である。
そこに 人生の豊かさがある。」

「ユダヤ教は時間の聖化をめざす時間の宗教である」とある本書は、ユダヤの宗教哲学者・ヘッシェルの作品のひとつで、特に安息日に焦点をあてた本です。宗教に興味がなくても十分に理解でき面白く読めますし、時間や休日、もしくは人生そのものに対しての思想をも深めてくれる本です。日本の社会には欠けている何か大切なことを教えてくれるような気がします。実益を得るには役に立ちませんが、たぶん人生を、心を、本当に豊かにしてくれる本かと思います。

次の一冊
『6:30 am』Robert Weingarten著／Cantz（洋書）
午前6時半の風景を1年にわたり撮り続けた写真集。静けさのなかで、心が落ち着きます。

三省堂書店名古屋高島屋店
西村早苗さん選

〒450-6011
愛知県名古屋市中村区名駅1-1-4
ジェイアール名古屋タカシマヤ11F
TEL 052-566-8877

老若男女、名古屋中のさまざまな人が集まる駅近大型書店。ある意味、名古屋社会の縮図のような本屋さん！ク

ミシマ

Date
Dec. 27

No. **361**

Page
384

『肝心の子供』

磯﨑憲一郎

河出書房新社｜2007年｜106ページ｜定価：1000円（税別）
ISBN：9784309018355｜装丁：泉沢光雄

大事なものはいつも向こうからやってくる。

去年の暮れに子どもが生まれ、新幹線に乗って、雪の新潟に向かった。自分の子どもを保育室のガラス越しにはじめて見たとき、感動のあまり泣いてしまうはずだと思っていたがそんなことはなくて、なんというか自分はこの赤ん坊のことをずっと前から知っていて、とても久しぶりに再会したのだというような、不思議ななつかしさに満たされたのだった。ブッダ、その息子ラーフラ、そしてティッサ・メッテイヤ、三代をめぐる物語を読み終え、本をぱたりと閉じたとき、胸に迫ったあたたかさ。世界がかちりと音を立てて回り始めたときの興奮を、ぜひお届けしたいと思いました。

次の一冊　『スティル・ライフ』池澤夏樹著／中公文庫
年に何度か読み返す本です。星を見ているような気分になります。

紀伊國屋書店相模原伊勢丹店
松下陽一郎さん 選

〒252-0303
神奈川県相模原市南区相模大野4-4-3
伊勢丹相模原店Ａ館6F
TEL 042-745-2811

お料理や美容などの実用書が充実。本屋さんらしい、ゆったりとした空気が流れるお店です。 わ

『もうすぐおしょうがつ』

西村繁男

福音館書店｜2010年｜31ページ｜定価：800円（税別）
ISBN：9784834025873

毎年、としの瀬になると
ひらきたくなる 絵本。

大好きな西村さんのイチ押し絵本です。最近は少なくなりつつある昔ながらのお正月までの数日の光景が、ほのぼのとした絵で描かれています。私が子どもの頃に感じた大掃除の後の部屋の匂いや、つきたてのおもちやおせちの煮物のい〜い匂いがページをめくるごとに懐かしく思いだされ、読後はいつもほっこりと温かい気持ちにしてくれます。絵だけをじっくり端から端まで見るだけでも、とても楽しめるんです。せちがらい世の中だからこそ、こんな本を手にとって、いつもと違う年末を過ごすのもよいのでは？

次の一冊　『かしこいビル』ウィリアム・ニコルソン（作）、まつおかきょうこ、よしだしんいち（訳）／ペンギン社
いつも同じページで笑いのツボにはまる本。

文盛堂書店
山内奈穂子さん選

〒411-0858
静岡県三島市中央町2-37
TEL 055-975-4229

三嶋大社のすぐ近く、社員合宿で出会った本屋さん。突然の訪問にも温かく迎えてくださった、みなさまに感謝！

Date
Dec. 29

No. **363**

Page
386

『そうざい料理帖（巻一）』

池波正太郎

平凡社ライブラリー｜2011年｜189ページ｜定価：780円（税別）
ISBN：9784582767209｜装丁：矢吹申彦

酒の肴に この一冊

池波正太郎の小説に出てくる料理がすごくうまそうだというのは、有名な話です。この本は、食に関するエッセイを季節ごとにまとめたものですが、ほかの季節に比べて冬の料理が断然多く載っています。私の勝手なイメージですが、池波正太郎の小説は冬に読むのがよく合うと思うのです。こたつに鍋、一杯やりながら『鬼平』や、『剣客商売』の世界に静かに浸《ひた》る。外はしんしんとした雪景色。そんな冬がたまらん！ と思っているザ・日本人の方たちにおススメします。ご本人も小さな土鍋でつくる簡単な鍋もの「小鍋だて」がお気に入りだったようです。お酒とよく合う一冊です。

次の一冊　『父の詫び状』向田邦子著／文春文庫
こちらも懐かしくて、読んでいると腹がへる絶品エッセイです。

ブックマンズアカデミー太田店
原田基幸さん選

〒373-0852
群馬県太田市新井町502-2
TEL 0276-40-1900

幅広い専門書と安らぎの場所を提供し、太田市民に愛されるブックマンズアカデミーさん。密度の濃い売場が魅力。わ

『菜根譚《さいこんたん》』

洪自誠《こうじせい》（著）、中村璋八、石川力山（訳注）

講談社学術文庫｜1986年｜441ページ｜定価：1250円（税別）
ISBN：9784061587427｜装丁：蟹江征治

一生もんです。
人生60年として、1年当たり21円。
これなら、大安売りですよ。

一生のうちで、幾度も読み返し、そのときどきで得られるものが変わってくる。不思議な本です。そのときどきの、自分の成長の度合いを測る、定規のようなものにも見て取れます。私自身、父親から、20歳のときに、「内容がわからなくてもいいから持っていなさい」と、半ば無理やり持たされたものでした。半年くらいは、読まなかったと思います。ですが、自分の人生の節目節目で、なぜか手に取り、ページをめくっていた記憶があります。見方も、20代前半の頃とは大分変わってきました。これから先、50代、60代と、どう変わっていくのか、今から楽しみです。

次の一冊
『道をひらく』松下幸之助著／PHP研究所
生きる指針として、働くことの意味を見失ったときにどうぞ。

文教堂書店新栃木店
神山修さん選

〒328-0013
栃木県栃木市昭和町2-25
TEL 0282-20-1135

一見普通の郊外店ですが一歩足を踏み入れると、よくわからないけど濃い棚が楽しめます。わ

2016年12月に閉店。

Date
Dec. 31

No. **365**

『歴史とは何か』

E. H. カー(著)、清水幾太郎(訳)

岩波新書 | 1962年 | 252ページ | 定価:820円(税別)
ISBN:9784004130017

歴史とは何か、

その答えが、ここにある!!

――「歴史」とは現在と過去の対話である。「歴史」を学ぶ人間にとって、忘れてはならない教訓である。現在と過去は常に隣り合わせにあり、歴史的事実に向き合うためには、「現在」および「過去」からの見地が必要となる。つまりそこに存在する「歴史」はあくまで「歴史的解釈」に過ぎず、それは「存在し得ないもの」を客観的に再構成したものが「歴史」なのである。歴史学上、類を見ない名著。何を隠そう私自身の「歴史」に対する価値観がひっくり返されたほど。発売後今年で50年経つが、いまだ版を重ねている来世紀に残したい一冊である。

次の一冊　『冤罪者』折原一著/文春文庫
叙述ミステリーの作品。この結末には誰もが驚愕させられます!

平坂書房MORE'S店
疋《ひき》田《た》直己さん選

〒238-0007
神奈川県横須賀市若松町2-30
横須賀モアーズシティー 7F
TEL 046-822-2655

地元愛が非常に強い街・横須賀市を代表する書店。余談ですが疋田さんの蔵書、金額を概算するとウン千万円あるとか。わ

現在は文教堂横須賀MORE'S店として営業中。

365書店MAP

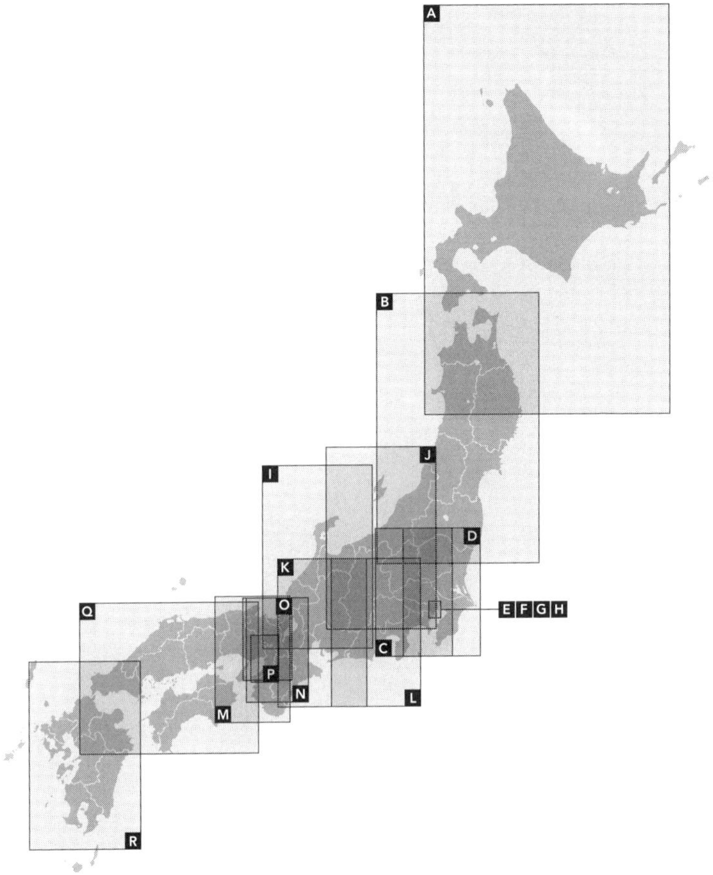

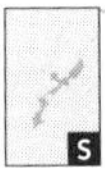

オホーツク海
ジュンク堂書店旭川店（P267）
こども冨貴堂（P019）
日本海
旭川
喜久屋書店小樽店（P249）
砂川
北海道
いわた書店（P113）
小樽
札幌
［中央区］MARUZEN＆ジュンク堂書店札幌店（P065）
三省堂書店札幌店（P047）
リーブルなにわ（P380）
紀伊國屋書店札幌本店（P111）
［北区］札幌弘栄堂書店パセオ西店（P349）
北海道大学生協書籍部クラーク（P363）
［厚別区］くすみ書房大谷地店（P022）
青森
太平洋
秋田
岩手

成田本店しんまち店（P137）
青森
紀伊國屋書店弘前店（P280）
弘前
青森
日本海
さわや書店フェザン店（P223）
さわや書店上盛岡店（P284）
秋田
秋田
盛岡
岩手
ジュンク堂書店秋田店（P067）
ブックスアメリカン北上店（P079）
北上
宮脇書店気仙沼本郷店（P331）
気仙沼
宮脇書店天童店（P036）
太平洋
山形
宮城
天童
山形
仙台
くまざわ書店山形店（P232）
八文字屋本店（P178）
ジュンク堂書店仙台TR店（P089）
ジュンク堂書店仙台ロフト店（P238）
あゆみBOOKS仙台店（P100）
福島
宮脇書店ヨークタウン野田店（P370）
岩瀬書店福島駅西口店（P121）
新潟
福島
郡山
ジュンク堂書店郡山店（P166）
みどり書房桑野店（P087）
いわき
鹿島ブックセンター（P259）
栃木
群馬
茨城

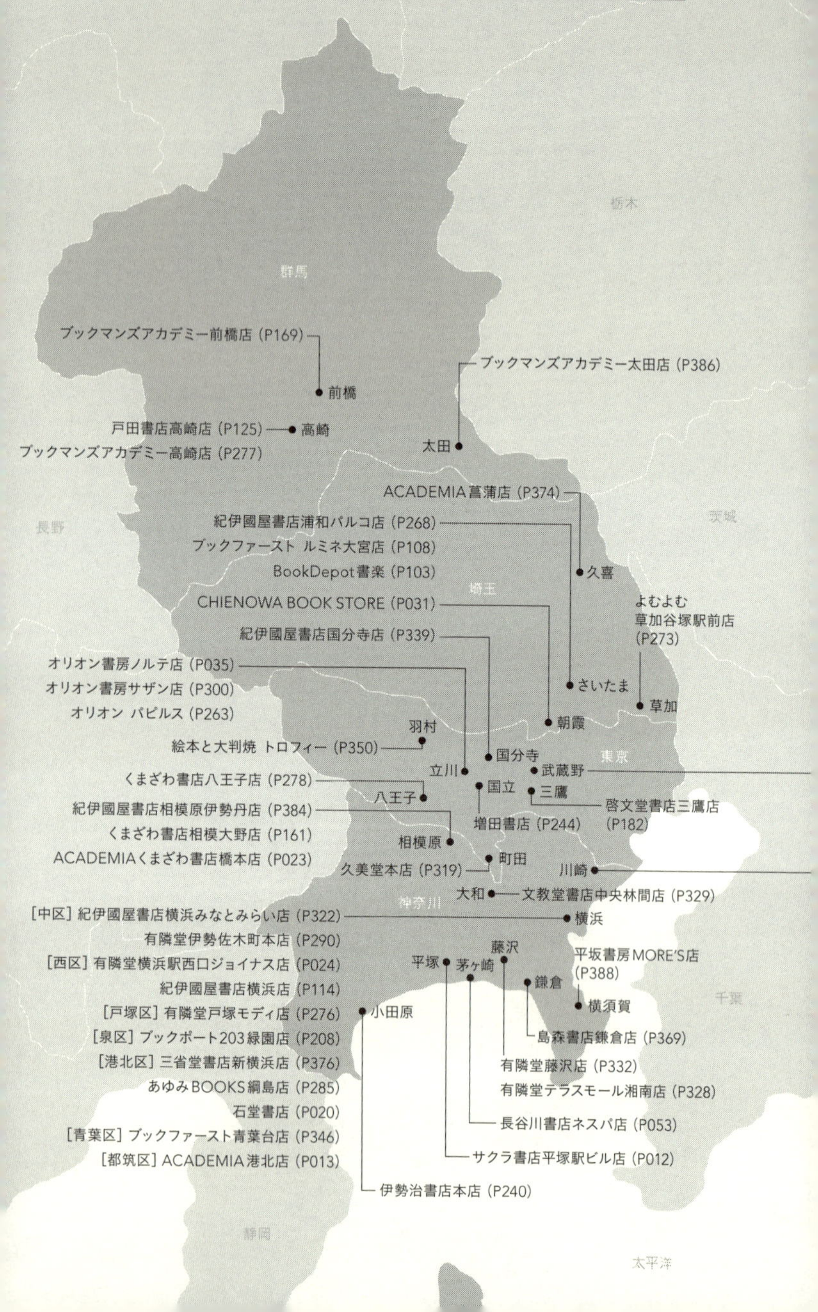
新潟
福島
群馬
栃木
茨城
長野
埼玉
東京
神奈川
千葉
静岡
太平洋
ブックマンズアカデミー前橋店（P169）
前橋
戸田書店高崎店（P125）
ブックマンズアカデミー高崎店（P277）
高崎
ブックマンズアカデミー太田店（P386）
太田
ACADEMIA菖蒲店（P374）
久喜
紀伊國屋書店浦和パルコ店（P268）
ブックファースト ルミネ大宮店（P108）
BookDepot書楽（P103）
さいたま
よむよむ
草加谷塚駅前店
（P273）
草加
CHIENOWA BOOK STORE（P031）
朝霞
紀伊國屋書店国分寺店（P339）
国分寺
オリオン書房ノルテ店（P035）
オリオン書房サザン店（P300）
オリオン パピルス（P263）
立川
羽村
絵本と大判焼 トロフィー（P350）
武蔵野
くまざわ書店八王子店（P278）
八王子
国立
増田書店（P244）
三鷹
啓文堂書店三鷹店
（P182）
紀伊國屋書店相模原伊勢丹店（P384）
くまざわ書店相模大野店（P161）
ACADEMIAくまざわ書店橋本店（P023）
相模原
町田
久美堂本店（P319）
川崎
大和
文教堂書店中央林間店（P329）
［中区］紀伊國屋書店横浜みなとみらい店（P322）
有隣堂伊勢佐木町本店（P290）
［西区］有隣堂横浜駅西口ジョイナス店（P024）
紀伊國屋書店横浜店（P114）
［戸塚区］有隣堂戸塚モディ店（P276）
［泉区］ブックポート203緑園店（P208）
［港北区］三省堂書店新横浜店（P376）
あゆみBOOKS綱島店（P285）
石堂書店（P020）
［青葉区］ブックファースト青葉台店（P346）
［都筑区］ACADEMIA港北店（P013）
横浜
藤沢
平塚
茅ヶ崎
平坂書房MORE'S店
（P388）
鎌倉
横須賀
小田原
島森書店鎌倉店（P369）
有隣堂藤沢店（P332）
有隣堂テラスモール湘南店（P328）
長谷川書店ネスパ店（P053）
サクラ書店平塚駅ビル店（P012）
伊勢治書店本店（P240）

福島
ハートブックス若草本店 (P083)
大田原
栃木
群馬
落合書店宝木店 (P191)
文教堂書店新栃木店
(P387)
宇都宮
うさぎや自治医大店 (P072)
栃木
下野
茨城
小山
小山進駸堂中久喜本店 (P180)
友朋堂書店梅園店 (P081)
つくば
埼玉
ジュンク堂書店吉祥寺店 (P177)
ブックファースト アトレ吉祥寺店 (P158)
リブロ吉祥寺店 (P364)
啓文堂書店吉祥寺店 (P199)
ブックス ルーエ (P138)
八重洲ブックセンター
イトーヨーカドー武蔵境店 (P253)
浅野書店 (P250)
柏
流山
紀伊國屋書店流山おおたかの森店 (P333)
リブロ松戸店 (P334)
松戸
市川
東京
佐倉
船橋
習志野
文教堂書店ユーカリが丘店 (P224)
山下書店行徳店 (P119)
千葉
三省堂書店そごう千葉店 (P082)
[幸区] 丸善・ラゾーナ川崎店 (P144)
[中原区] 中原ブックランドTSUTAYA小杉店 (P262)
[麻生区] 有隣堂新百合ヶ丘エルミロード店 (P256)
丸善・津田沼店 (P255)
ときわ書房本店 (P017)
神奈川
千葉
太平洋

埼玉
北区
板橋区
練馬区
くまざわ書店大泉学園店（P143）
大泉学園
西東京市
ブックショップ書楽阿佐ヶ谷店（P351）
豊島区
あゆみBOOKS荻窪店（P198）
今野書店（P306）
颯爽堂（P342）
旅の本屋 のまど（P042）
中野区
西荻窪
荻窪
阿佐ヶ谷
新宿区
杉並区
三鷹市
サンブックス浜田山（P271）
浜田山
永福町
啓文堂書店永福町店（P095）
渋谷区
下北沢
三省堂書店下北沢店（P071）
ヴィレッジヴァンガード下北沢店（P375）
調布市
三省堂書店成城店（P141）
成城学園前
世田谷区
三軒茶屋
狛江市
TSUTAYA三軒茶屋店（P314）
目黒区
文教堂書店二子玉川店（P265）
二子玉川
神奈川
大田区

ブックスペースワン イトーヨーカドー赤羽店（P360）
赤羽
練馬区
板橋区
北区
ジュンク堂書店池袋本店（P096）
リブロ池袋本店（P167）
荒川区
豊島区
伊野尾書店（P058）
池袋
ひぐらし文庫（P367）
鬼子母神前
文京区
中野区
中井
台東区
芳林堂書店高田馬場店（P043）
高田馬場
早稲田
あゆみBOOKS早稲田店（P040）
紀伊國屋書店新宿本店（P289）
ブックファースト新宿店（P044）
杉並区
新宿区
新宿
千代田区
幸福書房（P037）
代々木
紀伊國屋書店新宿南店（P049）
紀伊國屋書店笹塚店（P296）
中央区
渋谷区
笹塚
代々木公園
オン・サンデーズ（P315）
代々木上原
外苑前
青山ブックセンター本店（P320）
SHIBUYA PUBLISHING & BOOKSELLERS（P136）
表参道
渋谷
COOKCOOP（P343）
SHIBUYA TSUTAYA（P124）
大盛堂書店（P230）
文教堂書店渋谷店（P359）
ブックファースト渋谷文化村通り店（P299）
リブロ渋谷店（P060）
MARUZEN＆ジュンク堂書店渋谷店（P283）
山下書店渋谷南口店（P186）
Book Cumu NHK店（P093）
代官山
代官山 蔦屋書店（P184）
恵比寿
中目黒
中目黒ブックセンター（P251）
有隣堂アトレ恵比寿店（P272）
恭文堂書店学芸大学店（P010）
学芸大学
目黒区
五反田
あゆみBOOKS五反田店（P011）
世田谷区
品川区
大崎
大井町
自由が丘
ブックファースト自由が丘店（P216）
不二屋書店（P175）
ブックファースト大井町店（P151）
文星堂 ThinkPark店（P355）
御嶽山
藤乃屋書店（P172）
大田区
蒲田
くまざわ書店グランデュオ蒲田店（P009）
羽田書店（P301）
穴守稲荷

足立区
北千住
ブックファースト ルミネ北千住店（P059）
板橋区
北区
荒川区
豊島区
千駄木 往来堂書店（P379）
千駄木
オークスブックセンター
東京ドームシティ店
（P231）
文京区
明正堂書店アトレ上野店（P120）
台東区
上野
あゆみBOOKS小石川店（P056）
春日
丸善・お茶の水店（P312）
墨田区
新宿区
有隣堂ヨドバシAKIBA店（P129）
書泉ブックタワー（P062）
水道橋
秋葉原
三省堂書店神保町本店（P291）
書泉グランデ（P307）
東京堂書店神田神保町店（P243）
御茶ノ水
神保町
紀伊國屋書店大手町ビル店（P236）
丸善・丸の内本店（P038）
松丸本舗（P149）
青山ブックセンター丸ビル店（P061）
八重洲ブックセンター本店（P264）
市ヶ谷
文教堂書店市ヶ谷店（P298）
千代田区
大手町
東京
日本橋
丸善・日本橋店（P361）
文教堂書店赤坂店（P190）
丸善・アークヒルズ店（P365）
三省堂書店有楽町店
（P176）
有楽町
中央区
江東区
教文館（P294）
銀座
外苑前
赤坂
東銀座
山下書店東銀座店（P189）
表参道
六本木
新橋
築地
Book Cumu 朝日新聞本社店（P288）
港区
文教堂書店カレッタ汐留店（P282）
リブロ汐留シオサイト店（P156）
浜松町
文教堂書店浜松町店（P116）
青山ブックセンター六本木店（P098）
TSUTAYA TOKYO ROPPONGI（P297）
TSUTAYA Lifestyle CONCIERGE（P131）
リブロ青山店（P162）
クレヨンハウス東京店（P204）
山陽堂書店（P335）
品川区

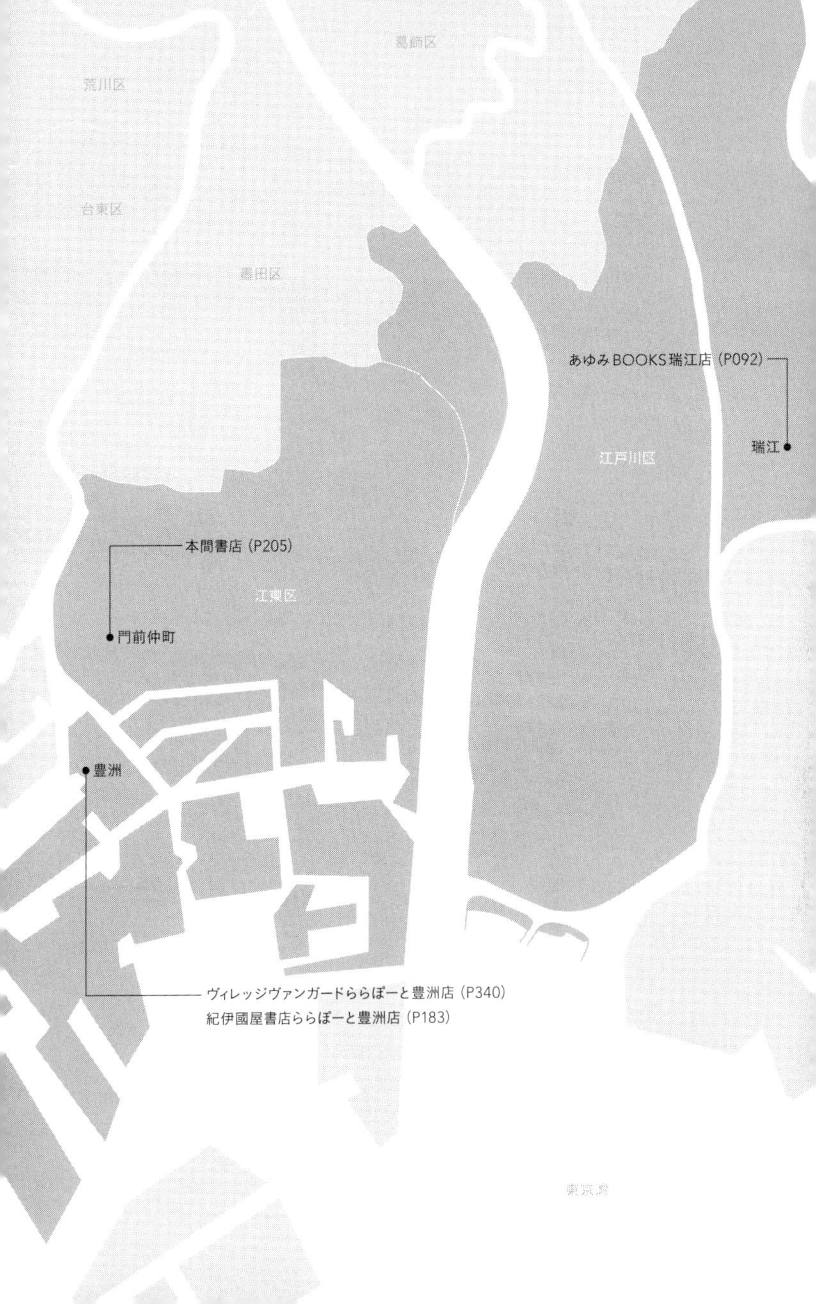
葛飾区
荒川区
台東区
墨田区
あゆみBOOKS瑞江店 (P092)
瑞江
江戸川区
本間書店 (P205)
江東区
門前仲町
豊洲
ヴィレッジヴァンガードららぽーと豊洲店 (P340)
紀伊國屋書店ららぽーと豊洲店 (P183)
東京湾

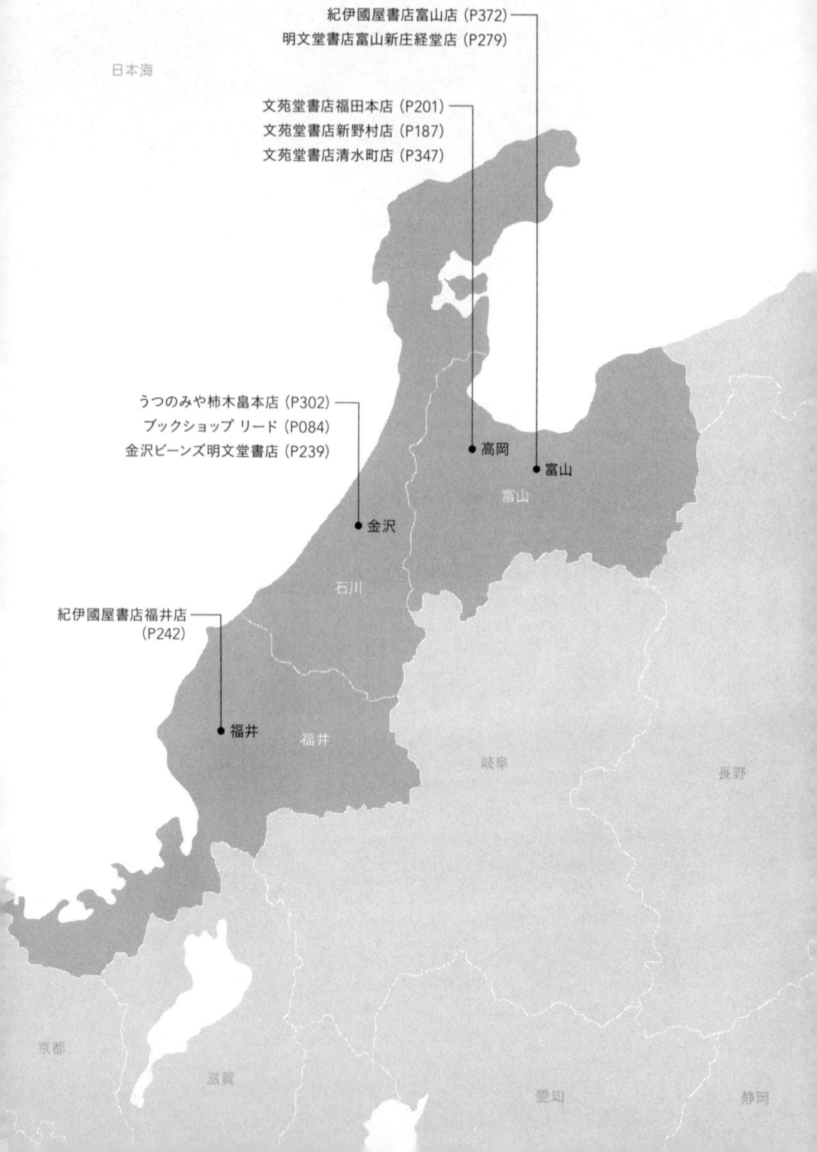
紀伊國屋書店富山店（P372）
明文堂書店富山新庄経堂店（P279）
日本海
文苑堂書店福田本店（P201）
文苑堂書店新野村店（P187）
文苑堂書店清水町店（P347）
うつのみや柿木畠本店（P302）
ブックショップ リード（P084）
金沢ビーンズ明文堂書店（P239）
高岡
富山
富山
金沢
石川
紀伊國屋書店福井店
（P242）
福井
福井
岐阜
長野
京都
滋賀
愛知
静岡

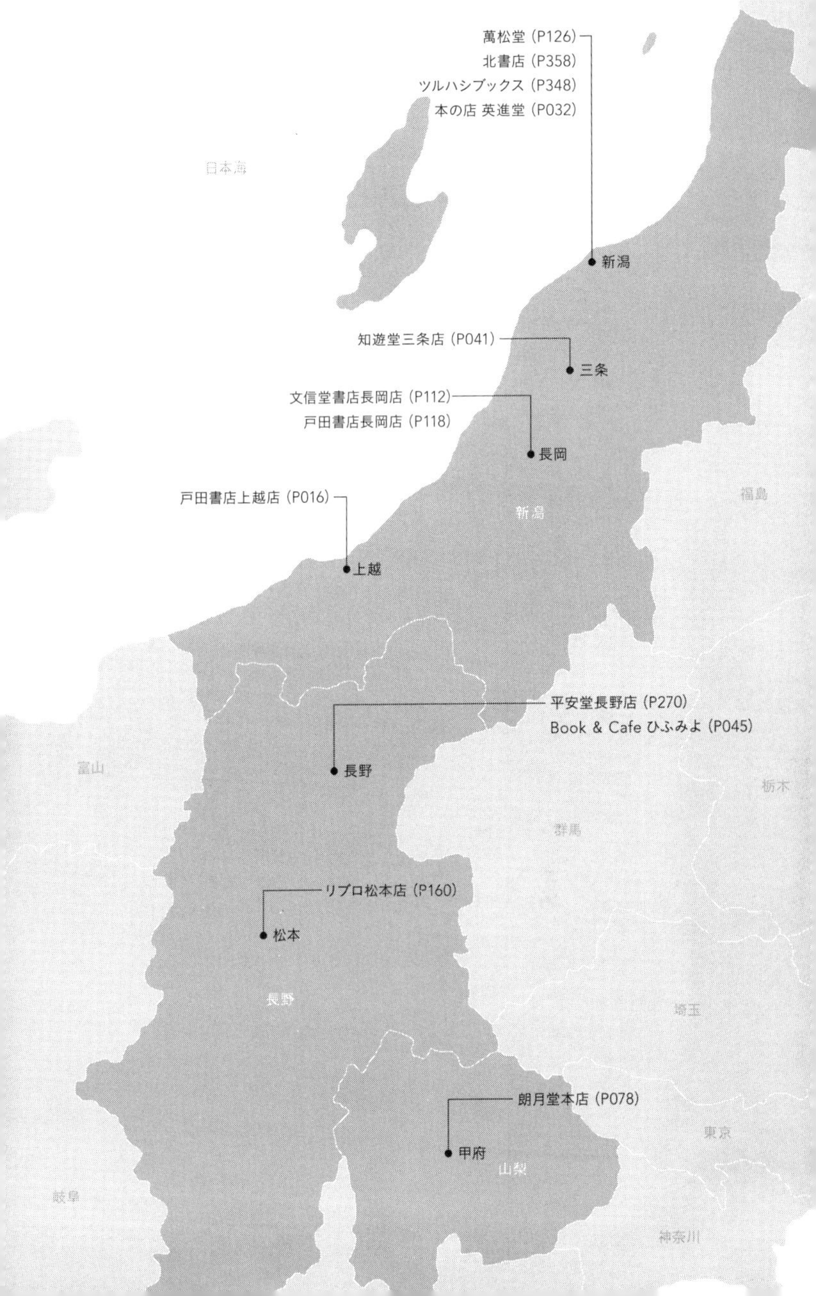
萬松堂（P126）
北書店（P358）
ツルハシブックス（P348）
本の店 英進堂（P032）
日本海
新潟
知遊堂三条店（P041）
三条
文信堂書店長岡店（P112）
戸田書店長岡店（P118）
長岡
福島
戸田書店上越店（P016）
新潟
上越
平安堂長野店（P270）
Book & Cafe ひふみよ（P045）
富山
長野
栃木
群馬
リブロ松本店（P160）
松本
長野
埼玉
朗月堂本店（P078）
東京
甲府
山梨
岐阜
神奈川

富山
日本海
石川
福井
長野
岐阜
自由書房EX高島屋店 (P063)
ACADEMIA大垣店 (P210)
紀伊國屋書店名古屋空港店 (P014)
岐阜
大垣
安藤書店 (P034)
西春日井
春日井
名古屋
滋賀
愛知
精文館書店本店 (P173)
豊川堂本店 (P311)
豊川堂カルミア店 (P286)
四日市
静岡
シェトワ白揚四日市書籍館 (P202)
豊橋
三重
ジュンク堂書店ロフト名古屋店 (P281)
リブロ名古屋店 (P310)
三省堂書店名古屋高島屋店 (P383)
ヴィレッジヴァンガード ビックカメラ店 (P295)
ちくさ正文館 (P076)
名古屋大学生協書籍部ブックスフロンテ (P050)
奈良
太平洋

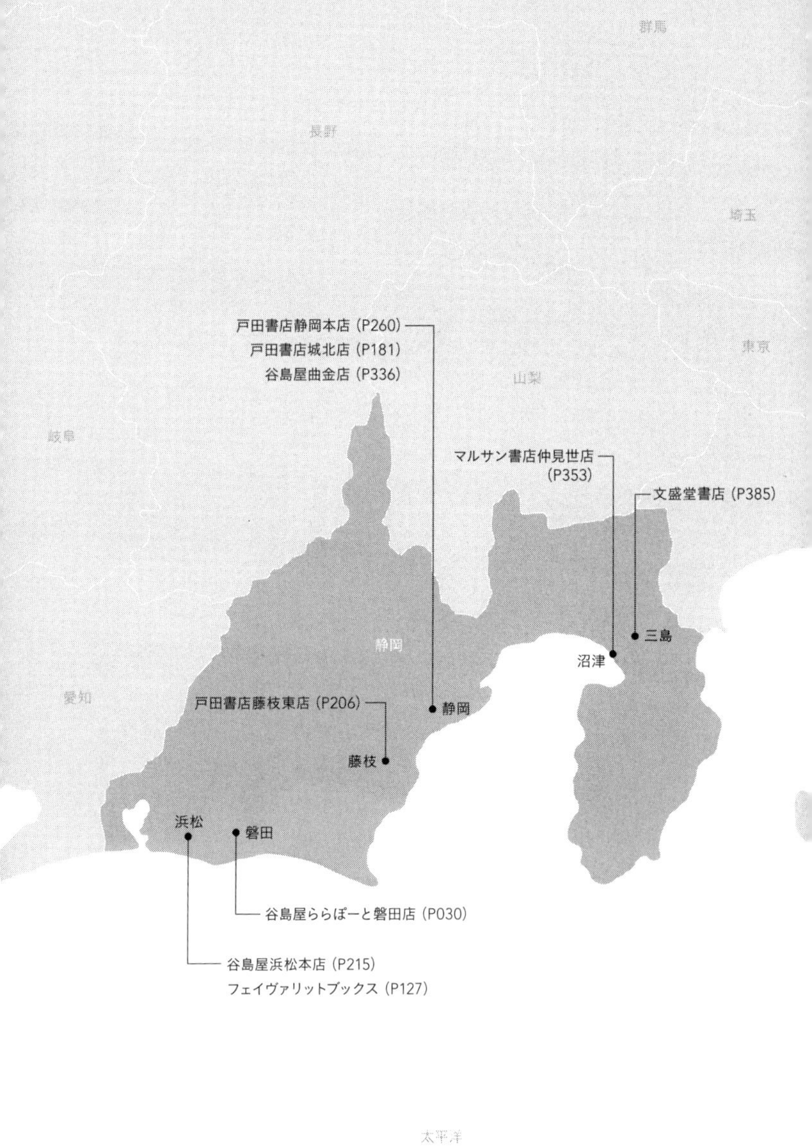
富山
群馬
長野
埼玉
東京
山梨
岐阜
愛知
戸田書店静岡本店（P260）
戸田書店城北店（P181）
谷島屋曲金店（P336）
マルサン書店仲見世店
（P353）
文盛堂書店（P385）
静岡
三島
沼津
戸田書店藤枝東店（P206）
静岡
藤枝
浜松
磐田
谷島屋ららぽーと磐田店（P030）
谷島屋浜松本店（P215）
フェイヴァリットブックス（P127）
太平洋

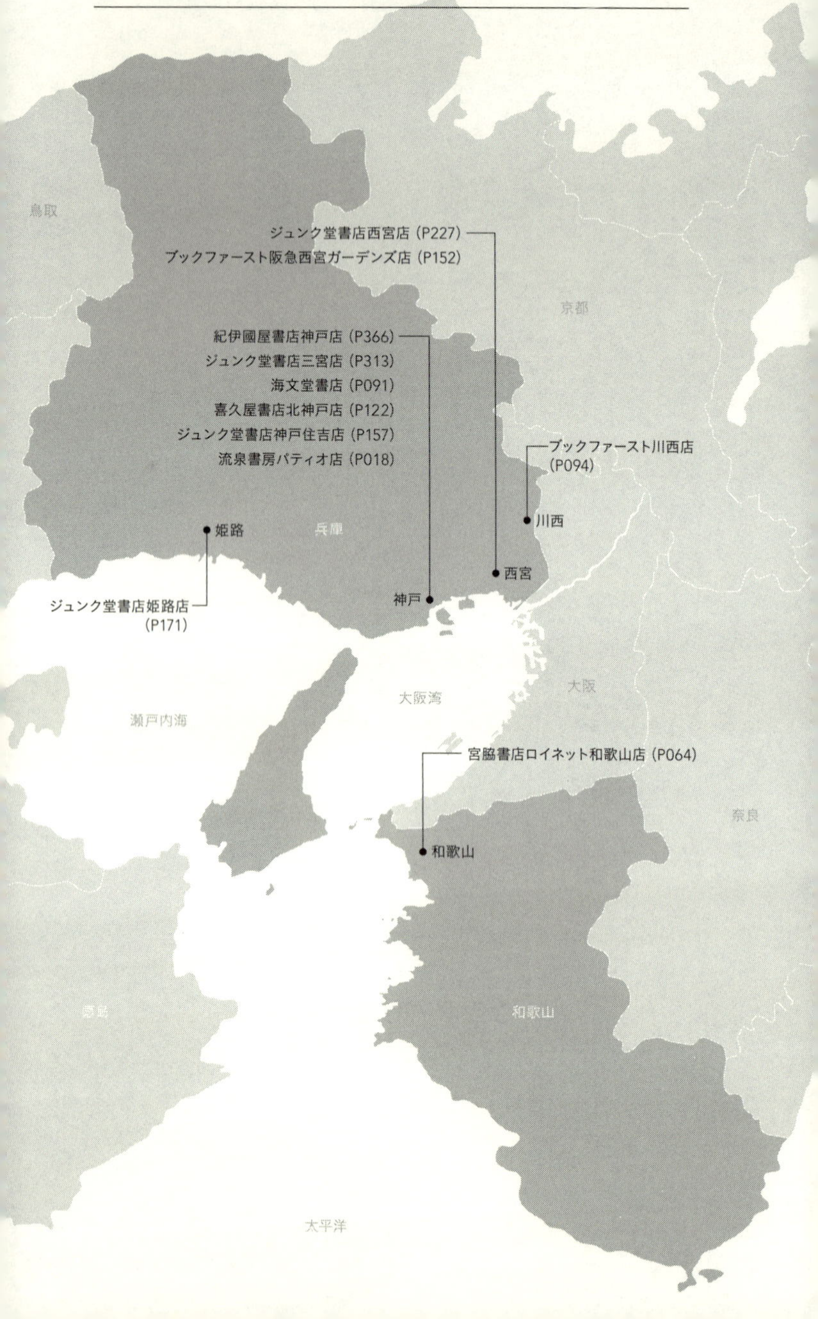
日本海
鳥取
ジュンク堂書店西宮店（P227）
ブックファースト阪急西宮ガーデンズ店（P152）
京都
紀伊國屋書店神戸店（P366）
ジュンク堂書店三宮店（P313）
海文堂書店（P091）
喜久屋書店北神戸店（P122）
ジュンク堂書店神戸住吉店（P157）
流泉書房パティオ店（P018）
ブックファースト川西店
（P094）
姫路
兵庫
川西
西宮
ジュンク堂書店姫路店
（P171）
神戸
大阪湾
大阪
瀬戸内海
宮脇書店ロイネット和歌山店（P064）
奈良
和歌山
徳島
和歌山
太平洋

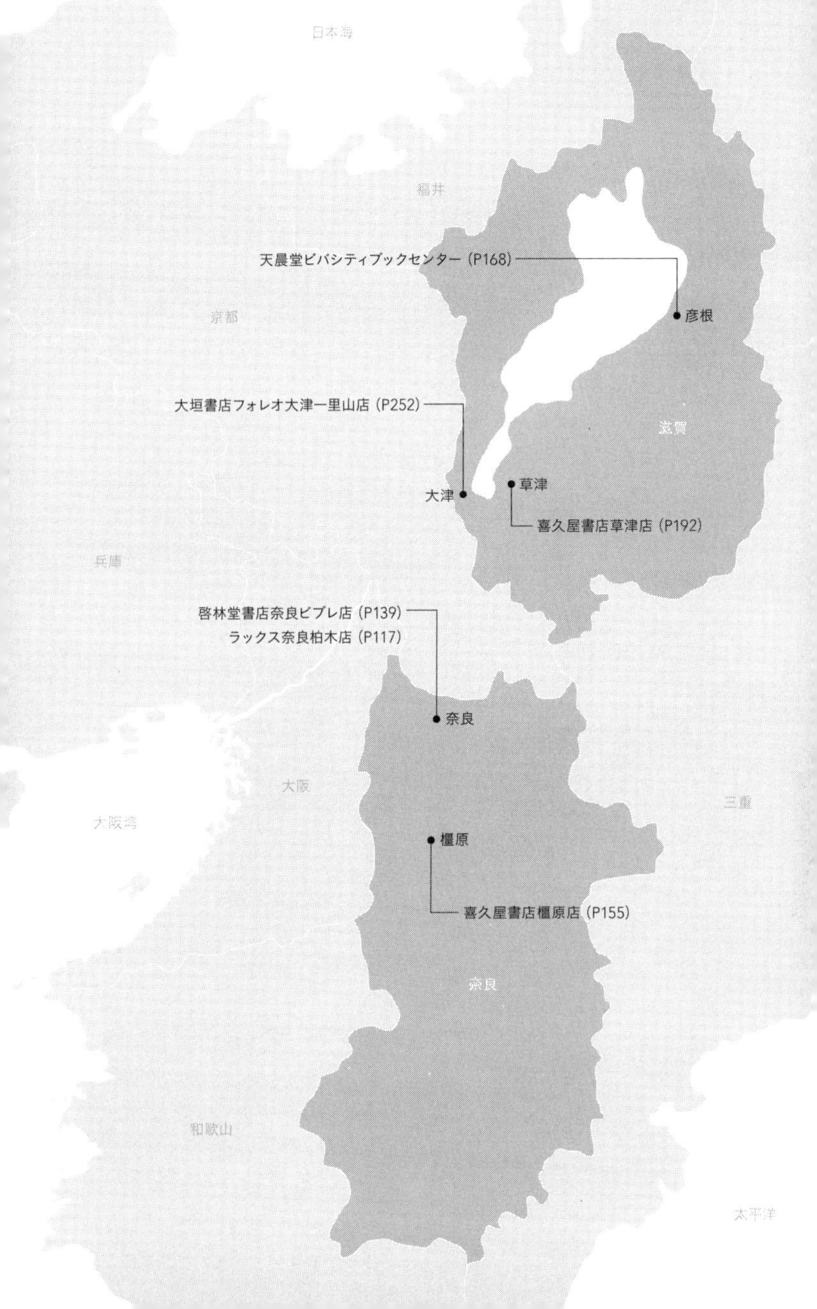
日本海
福井
天晨堂ビバシティブックセンター (P168)
彦根
京都
大垣書店フォレオ大津一里山店 (P252)
滋賀
草津
大津
喜久屋書店草津店 (P192)
兵庫
啓林堂書店奈良ビブレ店 (P139)
ラックス奈良柏木店 (P117)
奈良
大阪
三重
大阪湾
橿原
喜久屋書店橿原店 (P155)
奈良
和歌山
太平洋

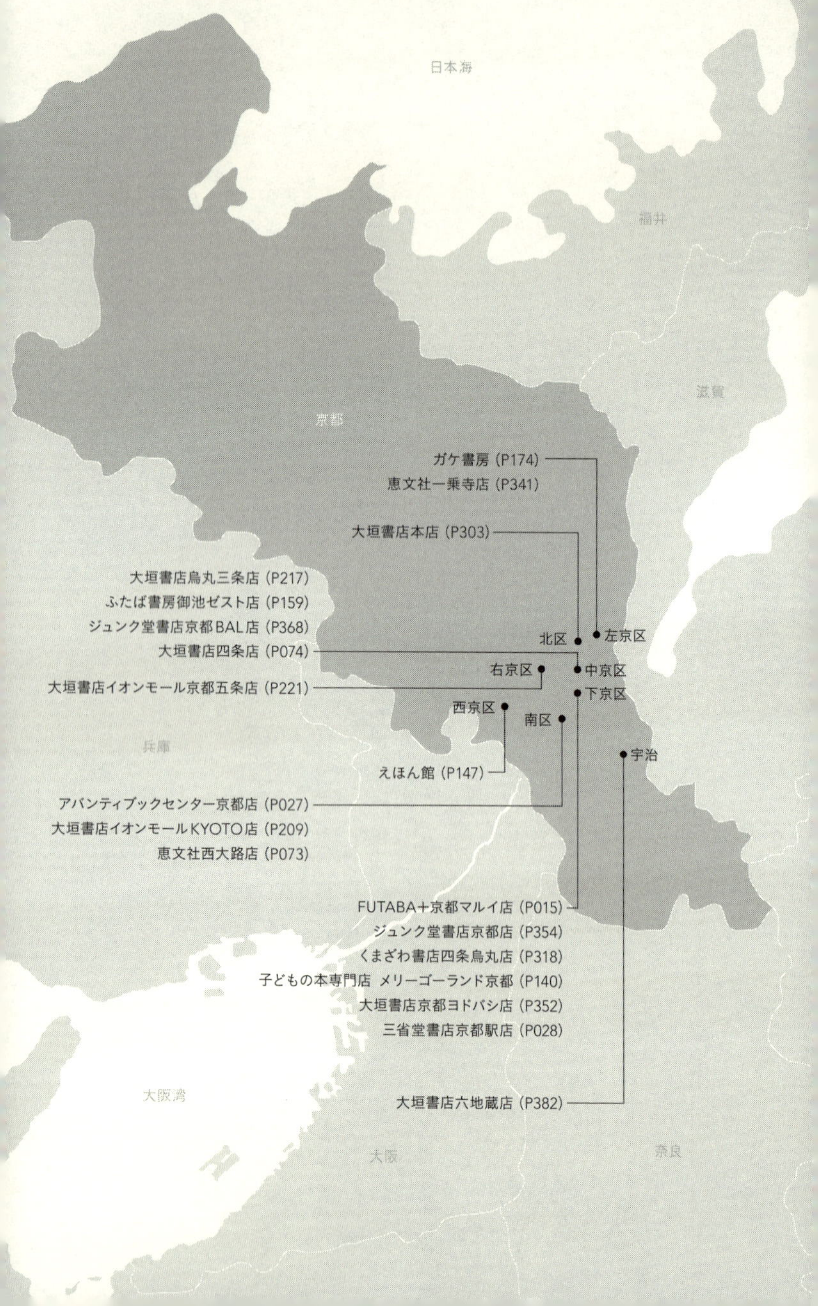

日本海
福井
滋賀
京都
ガケ書房（P174）
恵文社一乗寺店（P341）
大垣書店本店（P303）
大垣書店烏丸三条店（P217）
ふたば書房御池ゼスト店（P159）
ジュンク堂書店京都BAL店（P368）
大垣書店四条店（P074）
大垣書店イオンモール京都五条店（P221）
北区
左京区
右京区
中京区
下京区
西京区
南区
宇治
兵庫
えほん館（P147）
アバンティブックセンター京都店（P027）
大垣書店イオンモールKYOTO店（P209）
恵文社西大路店（P073）
FUTABA＋京都マルイ店（P015）
ジュンク堂書店京都店（P354）
くまざわ書店四条烏丸店（P318）
子どもの本専門店 メリーゴーランド京都（P140）
大垣書店京都ヨドバシ店（P352）
三省堂書店京都駅店（P028）
大垣書店六地蔵店（P382）
大阪湾
大阪
奈良

京都
クレヨンハウス大阪店（P088）
ブックファースト
デュー阪急山田店（P222）
紀伊國屋書店梅田本店（P154）
ジュンク堂書店大阪本店（P057）
ジュンク堂書店梅田ヒルトンプラザ店（P106）
MARUZEN&ジュンク堂書店梅田店（P145）
ブックファースト梅田3階店（P218）
ブックファースト茶屋町口店（P233）
スタンダードブックストア茶屋町（P362）
清風堂書店（P305）
旭屋書店堂島地下街店（P338）
本は人生のおやつです!!（P077）
西日本書店OAP店（P274）
HYPER BOOKS茨木店（P170）
長谷川書店水無瀬駅前店（P275）
三島
TSUTAYA枚方駅前本店（P287）
TSUTAYA東香里店（P211）
茨木
枚方
豊中
兵庫
吹田
学運堂フレスト店
（P107）
寝屋川
田村書店千里中央店（P026）
リブロ イオンモール鶴見店
（P055）
都島区
北区
鶴見区
紀伊國屋書店京橋店（P248）
Calo Bookshop
& Cafe（P219）
西区
中央区
ジュンク堂書店天満橋店（P148）
ブックファースト淀屋橋店（P381）
紀伊國屋書店本町店（P102）
隆祥館書店（P070）
心斎橋アセンス（P337）
スタンダードブックストア心斎橋（P164）
ジュンク堂書店千日前店（P266）
旭屋書店なんばCITY店（P115）
リブロなんばウォーク店（P153）
浪速区
天王寺区
旭屋書店天王寺MIO店（P344）
阿倍野区
喜久屋書店阿倍野店（P247）
ジュンク堂書店難波店（P080）
堺
大阪
大阪湾
大阪狭山
Books & Goods Studio
TOKYU金剛店（P258）
天牛堺書店光明池店（P345）
紀伊國屋書店堺北花田店（P304）
泉南
旭屋書店イオンモールりんくう泉南店（P228）
和歌山

日本海
出雲
今井書店出雲店（P104）
島根
MARUZEN 広島店（P257）
廣文館広島駅ビル店（P308）
廣文館金座街本店（P317）
フタバ図書MEGA中筋店（P086）
文榮堂本店（P203）
広島
広島
山口
山口
下関
くまざわ書店下関店（P377）
松山
明屋書店MEGA平田店（P052）
福岡
愛媛
大分
熊本

境港
松江
米子
鳥取
倉吉
今井書店倉吉パープルタウン店（P321）
鳥取
定有堂書店（P090）
今井書店吉成店（P226）
今井書店湖山店（P225）
本の学校 今井ブックセンター（P241）
今井書店錦町店（P327）
一月と六月（P099）
artos Book Store（P316）
今井書店グループセンター店（P324）
兵庫
岡山
ウィー東城店（P046）
庄原
宮脇書店総社店（P075）
三省堂書店岡山駅店（P212）
本の森セルバ岡山店（P054）
丸善・岡山シンフォニービル店（P066）
総社
岡山
広島
倉敷
喜久屋書店倉敷店（P323）
福山
高松
啓文社ポートプラザ店（P109）
啓文社コア春日店（P179）
啓文社コア福山西店（P097）
香川
瀬戸内海
徳島
宮脇書店総本店（P029）
宮脇書店本店（P195）
紀伊國屋書店高松店（P085）
ヴィレッジヴァンガード高松アッシュ店（P123）
徳島
愛媛
高知
香美
高知
紀伊國屋書店徳島店（P245）
金高堂土佐山田店（P051）
金高堂本店（P033）
金高堂朝倉ブックセンター（P008）
蔦屋書店フジグラン高知（P220）
太平洋

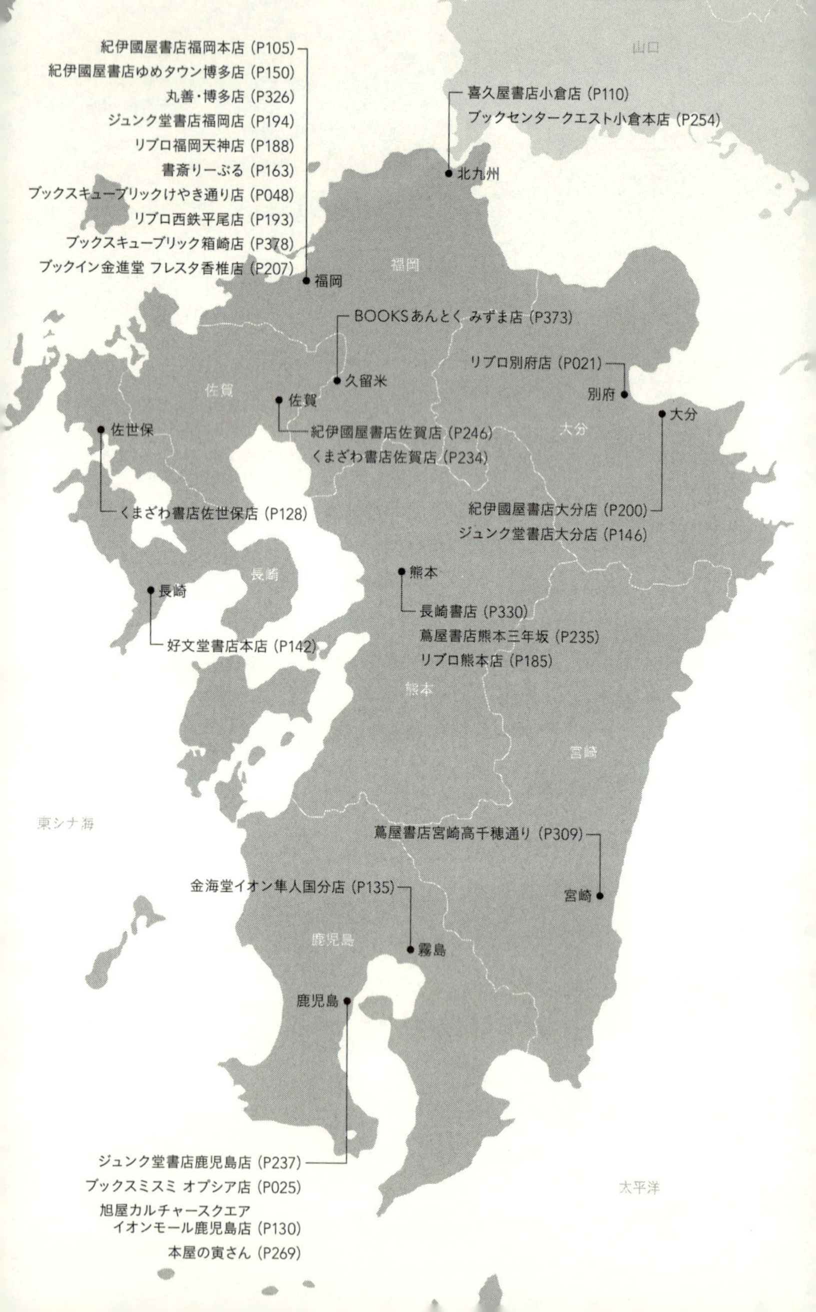
山口
紀伊國屋書店福岡本店 (P105)
紀伊國屋書店ゆめタウン博多店 (P150)
丸善・博多店 (P326)
ジュンク堂書店福岡店 (P194)
リブロ福岡天神店 (P188)
書斎りーぶる (P163)
ブックスキューブリックけやき通り店 (P048)
リブロ西鉄平尾店 (P193)
ブックスキューブリック箱崎店 (P378)
ブックイン金進堂 フレスタ香椎店 (P207)
福岡
喜久屋書店小倉店 (P110)
ブックセンタークエスト小倉本店 (P254)
北九州
福岡
BOOKSあんとく みずま店 (P373)
久留米
リブロ別府店 (P021)
別府
佐賀
佐賀
紀伊國屋書店佐賀店 (P246)
くまざわ書店佐賀店 (P234)
佐世保
くまざわ書店佐世保店 (P128)
大分
大分
紀伊國屋書店大分店 (P200)
ジュンク堂書店大分店 (P146)
長崎
長崎
好文堂書店本店 (P142)
熊本
長崎書店 (P330)
蔦屋書店熊本三年坂 (P235)
リブロ熊本店 (P185)
熊本
宮崎
東シナ海
蔦屋書店宮崎高千穂通り (P309)
宮崎
金海堂イオン隼人国分店 (P135)
鹿児島
霧島
鹿児島
ジュンク堂書店鹿児島店 (P237)
ブックスミスミ オプシア店 (P025)
旭屋カルチャースクエア
イオンモール鹿児島店 (P130)
本屋の寅さん (P269)
太平洋

東シナ海
沖縄
OMAR BOOKS（P213）
北中城
ジュンク堂書店那覇店（P371）
リブロ リウボウBC店（P134）
那覇
豊見城
戸田書店豊見城店（P214）
太平洋

索引
〈タイトル〉

※ページ数を記載

あ

か

さ

た

な

は

ま

や

ら

わ

索引
〈著者・編者・翻訳者など〉

あ

か

さ

た

な

は

ま

や

ら

わ

Special Thanks to
365人の書店員さん&日本全国の本屋さん

装丁　大原健一郎（NIGN）
編集協力　足立綾子
編集補助　松井真平
仕掛け屋ジュニア
（赤穴千恵　臼井菜摘　浦川彩　大滝空　岡本そら
小田垣絵美　加藤雄之　北川真紀　喜屋武悠生　富田茜
長谷川彩　林江里）
関西仕掛け屋ジュニア
（新居未希　有本香純　北岡恵里奈　松村惇平　森口京香
山﨑美和子　山田勝哉）

・本書に収録している本や書店・書店員情報は、2012年6月末現在のものです。ただし、2018年6月第2版を制作するにあたり、閉店や移転の情報を加えました。
・単行本と文庫本がある本は、在庫がある場合は基本的に単行本を収録しています（ただし、書店員さんの希望により文庫本を掲載しているものもあり）。
・本の価格は、重版などにより、変更になることもありますので、ご了承ください。
・書名・著者名・出版社名（シリーズ名）・出版年などの書誌データは、国立国会図書館のデータベースや出版社のホームページなどを参考に作成いたしました。

THE BOOKS
365人の本屋さんがどうしても届けたい「この一冊」

2012年8月11日　初版第1刷発行
2015年4月6日　初版第5刷発行
2018年7月5日　第2版第1刷発行

編者　ミシマ社
発行者　三島邦弘
発行所　(株)ミシマ社
郵便番号152-0035
東京都目黒区自由が丘2-6-13
電話 03-3724-5616
FAX 03-3724-5618
e-mail hatena@mishimasha.com/
URL http://www.mishimasha.com/
振替 00160-1-372976

印刷・製本　(株)シナノ
組版　(有)エヴリ・シンク

ISBN：978-4-903908-37-3